现代餐饮运营、酒店管理专业规划教材

# 餐厅服务与管理

（第2版）

主　编　邓维佳
副主编　戴湘晓　江　雨
参　编　唐　巍



中国商业出版社

**图书在版编目(CIP)数据**

餐厅服务与管理 / 邓维佳主编. -- 2 版. -- 北京 : 中国商业出版社, 2024. 10. -- ISBN 978-7-5208-3133-8

Ⅰ. F719.3

中国国家版本馆 CIP 数据核字第 2024QG3991 号

责任编辑:李　飞

(策划编辑:蔡　凯)

中国商业出版社出版发行

(www.zgsycb.com　100053　北京广安门内报国寺 1 号)

总编室:010－63180647　编辑室:010－83114579

发行部:010－83120835/8286

新华书店经销

北京荣泰印刷有限公司印刷

*

787 毫米×1092 毫米　16 开　15.75 印张　350 千字

2024 年 10 月第 2 版　2024 年 10 月第 1 次印刷

**定价:58.00 元**

*　*　*　*

(如有印装质量问题可更换)

# 前　言

本书是在原第1版基础上修订而成的，《餐厅服务与管理》（第1版）自出版以来，该书为广大餐饮从业人员、餐饮酒店管理培训机构提供很好的学习参考价值。随着时代的发展，餐饮管理行业也发生很大的变化。原第1版内容已经远远不能适应新时代的教学学习的需求。

新时代新征程，为全面贯彻时代党的教育方针，落实立德树人的根本任务，坚持为党育人、为国育才，强化教材育人理念，以培学生的创新精神、敬业爱岗精神和实践能力为重点。我们组织餐饮管理专业教师对第一版进行修订。本次修订，按照新课程标准，参考全国职业技能大赛大纲，更新了一些现代餐饮酒店管理的新知识、新内容。更好地方便广大餐饮酒店管理人员学习使用。

本书作为餐饮、酒店管理专业主干课教材，对餐厅服务的摆台、餐巾折花、分菜等基本技能进行详细讲述，同时也对中餐服务、西餐服务、菜单设计、中西餐厅总体布置设计、餐厅日常服务管理、财务管理、餐厅岗位人员实训等内容，作具体介绍。在修订过程作者参考有关书籍资料，在此深表谢意。

全书由广西商业技师学院邓维佳老师任主编，戴湘晓老师、江雨老师任副主编，唐巍老师参加本书编写工作。由于时间仓促，修订过程有疏漏之处，敬请广大读者不吝赐教，以便进行修订、完善。

# 目 录

# 第一章　餐厅服务概述

【本章提要】

本章主要对餐厅服务进行了综合概述，阐述餐厅服务的概念及类型、特点与发展趋势、地位与任务、组织机构与部门职责及服务人员的素质要求共五个方面的基础知识。作为餐厅服务人员，必须了解餐厅服务有关基础知识和基本内容，按优秀服务员的素质，严格要求自己，确保为宾客提供优质高效的服务。

【学习目标】

◇明确餐厅服务在酒店的重要性。

◇了解餐厅服务的发展趋势与类型。

◇理解餐厅服务的概念、特点及组织机构。

◇掌握餐厅的部门职责及服务员的素质要求。

# 第一节　餐厅的概念及类型

## 一、餐厅的概念

餐厅是通过出售菜肴、面点、饮料和服务来满足客人饮食需求的场所。一般来说，餐厅必须具备以下三项条件：

（1）具有一定的场所。即具有一定的接待能力的餐饮空间和设施。

（2）能够为客人提供菜肴、饮料和服务。菜肴、饮料是基础，而餐厅服务是保证。

（3）以赢利为目的。餐厅是饭店的利润中心之一，餐厅工作者应致力于开源节流，增加盈利。

## 二、餐厅的类型

餐厅的类型繁多，风格各异，各国各地有关餐厅的分类不尽相同。在我国，餐厅大致可分为中式餐厅和西式餐厅两大类。根据餐厅服务内容，又可细分为宴会厅、快餐厅、零餐餐厅、自助餐厅等。

### （一）中式餐厅

中式餐厅是提供中式菜点、饮料和服务的餐厅。我国是一个幅员辽阔、民族众多的国家。由于各地的物产、气候、风俗习惯及历史发展不同，长期以来逐渐形成了许多菜系、流派和地方风味特色。因此，各地经营的中餐厅也颇具地方特色。近年来，随着各地饮食、文化的相互交流，各种风味的中餐厅竞相开业，又形成了一种崭新的局面。

常见的中式餐厅有以下几种：

1. 中式宴会厅

宴会厅在环境布置、室内装潢上都较为高档，整体舒适、干净，营造出隆重热烈的气氛。在食品上应按预订的标准，安排富有特色的名菜、佳肴、美点，并讲究造型美。宴会厅使用的餐具器皿奢华名贵，在服务上也讲究细致周到，突出服务礼貌礼节，服务技巧与服务规格（图 1—1）。

**图 1—1　中式宴会厅**

2. 零餐餐厅

零餐餐厅的特征主要体现在服务方式上。除了旺季，在这种餐厅用餐不用事先预订座位，客人通常是随到随吃，服务也是按先到者先服务的原则进行。

零餐餐厅的装潢都比较简洁明快，各种设备、器皿配置都较实用，环境舒适，并具有时代的特点（图 1—2）。在这类餐厅用餐，气氛比较轻松随便，更具有家庭式的气氛，一般不会因环境压力而造成拘谨。

图 1－2　零餐餐厅

3. 快餐厅

由于目前经济生活节奏加快，许多人不愿意在平时吃食物上花太多的时间，快餐厅可满足这部分客人的需要（图 1－3）。同时，快餐厅还有质量稳定、清洁卫生、价格低廉以及分量充足等优点。

图 1－3　快餐厅

4. 自助餐厅

自助餐厅是一种方便餐厅，主要是方便希望迅速、简单就餐的客人。它的特点是客人可以自我服务，如菜肴不用服务员传递和分配，饮料也是自斟自饮（图1—4）。自助餐有西式、中式，目前许多大中城市发展了一种叫作海鲜火锅自助餐的餐厅。

图1—4　自助餐厅

5. 特色餐厅

（1）风味餐厅

风味餐厅是一种专门制作一些富有地方特色菜式的食品餐厅。这些餐厅在取名上也颇具地方特色（图1—5）。

图1—5　风味餐厅

（2）海鲜餐厅

海鲜是烹制以鲜活海鲜、河鲜产品为主要原料的餐厅（图 1—6）。

图 1—6　海鲜餐厅

（3）野味餐厅

顾名思义，野味餐厅是烹制以山珍、野生非受国家保护的动物为主要原料的餐厅，特别是春、秋、冬季很受欢迎（图 1—7）。

图 1—7　野味餐厅

（4）古典餐厅

古典餐厅无论从装饰风格，还是服务人员服饰、服务方式，直至所供应的菜点均为古典风格（图1—8）。而且它的古典风格往往还具有某一时代的典型特点，如唐代、宋代、明代及清代。

**图1—8　古典餐厅**

（5）食街

食街是供应家常小吃的餐厅（图1—9）。有南北风味食品，以营业时间长、品种多、有特色、供应快捷而受客人普遍欢迎。这种餐厅虽消费低，但营业额高。

**图1—9　食街**

（6）火锅餐厅

火锅餐厅专门供应各式火锅。此类餐厅的设备很讲究，安装排烟管道，备有空调，一年四季不受天气影响品尝火锅（图1—10）。火锅厅内一般火锅品种式样较多，供客人挑选。服务也有一套专门的程序，上料控火等有专门的讲究。

图1—10　火锅厅

（7）烧烤厅

烧烤厅专门供应各式烧烤。这类餐厅内也都设有排烟设备，在每个烤炉上方即有一个吸风罩，保证烧烤时的油烟焦煳味不散播开来（图1—11）。烧烤炉是根据不同的烧烤品种而异，有的是专门的烤炉，有的是组合于桌内的桌炉。服务也有其自身的特点。

图1—11　烧烤厅

（8）旋转餐厅

旋转餐厅是一种建在高层酒店顶楼一层的观景餐厅。旋转餐厅一般一小时至一小时二十分旋转一周，客人就餐时可以欣赏窗外的景色（图1—12）。

图1—12　旋转餐厅

**（二）西式餐厅**

西式餐厅是向客人提供西式菜点、饮料及服务的餐厅。西餐大体上分为西欧和东欧两大类，西欧以法国最为著名，此外还有英式、意式等；东欧以捷克、俄罗斯为代表。

西式餐厅的种类如下：

1. 扒房

扒房是酒店宾馆里最正规的高级西餐厅，也是反映酒店西餐水平的部门。它的位置、设计、设备、装饰、色彩、灯光、食品、服务等都很讲究（图1—13）。扒房主要供应牛扒、羊扒、猪扒、西餐大菜、特餐。同时还可举办西餐宴会等。

图 1—13　扒房

2. 咖啡厅

咖啡厅是酒店必须设立的一种方便宾客的餐厅。根据不同的设计形式，有的叫咖啡室、咖啡间、咖啡廊等，供应以西餐为主，在我国也可加进一点中式小吃，如粉、面、粥等。通常是客人即来即食，供应一定要快捷，使客人感到很方便（图 1—14）。

图 1—14　咖啡厅

3. 西餐厅

西餐厅是指饭店专供西餐（西菜馆）的餐厅。这类西餐厅内供应的菜目，一般有法式的、欧美式的、俄式的、意大利式的；等等。环境一般布置的有异国情调，菜肴有时并不那么正宗，但更加迎合当地消费者口味（图 1—15）。

图 1—15　西餐厅

4. 酒吧

酒吧是专供客人饮酒小憩的地方，装修、家具设施一定要讲究，因它也是反映饭店水平的场所，通常设在大堂附近。酒吧柜里陈列的各种酒水一定要充足，名酒、美酒要摆得琳琅满目，显得豪华、丰富。调酒和服务都要非常讲究，充分体现现代饭店的水平（图 1—16）。

图 1—16　酒吧

5. 茶室

茶室又称茶座，这是一种比较高雅的餐厅，一般设在正门大堂附近，也是反映酒店格调水准的餐厅（图 1—17）。其是供客人约会、休息和社交的场所。供应食品与咖啡厅略同，营业时间比咖啡厅收市稍早一些。

图 1—17　茶室

# 第二节　餐厅服务的特点与发展趋势

## 一、餐厅服务的特点

餐厅服务是餐饮企业的员工为就餐客人提供餐饮产品的全过程。餐厅服务可分为直接对客的前台服务和间接对客的后台服务。前台服务是指餐厅、酒吧等餐饮营业点面对面为客人提供的服务；而后台服务则是指仓库、厨房等客人视线不能触及的部门。前台服务与后台服务相辅相成，后台服务是前台服务的基础，前台服务是后台服务的继续与完善。餐厅服务的特点如下：

### （一）无形性

餐厅服务与其他任何服务一样不能够量化。餐厅服务的无形性是指就餐客人只有在购买并享用餐厅产品后，才能凭借其生理与心理满足程度来评估其优劣。

### （二）一次性

餐厅服务的一次性是指餐厅服务只能当次享用，过时则不能再使用。这就要求餐厅应接待好每一位客人，提高每一位就餐客人的满意程度，才能使他们不断光临。

### （三）直接性

餐厅服务的直接性是指餐厅产品的生产、销售、消费几乎同步进行，即企业的生产过程就是客人的消费过程。这就要求餐厅既要注重产品生产的质量和服务过程，还要重视就餐环境。

### （四）差异性

餐厅服务的差异性主要表现为以下两个方面：一方面，不同的餐厅服务员由于年龄、性别、性格、受教育程度及工作经历的差异，他们为客人提供的服务不尽相同；另一方面，同一服务员在不同的场合、不同的时间，其服务态度、服务效果等也会有一定的差异。这就要求餐饮企业应制定服务标准，并加强服务员的培训和对服务过程的控制。

## 二、餐厅发展趋势

20 世纪末期以来，中国的餐饮业进入了史无前例的大发展时期，软件和硬件的建设日新月异，市场竞争日益激烈。一方面，随着东西方饮食文化的交汇，饭店餐饮市场异彩纷呈，美食节的兴起、菜肴的创新、经营模式的变异、餐饮市场的进一步细化，使得人们能随时、随地、随心、随意地享受美食带来的欢愉；另一方面，随着经济实力的增长，传播媒介的积极引导，营销的合理组合，使人们可以支配的收入有了大幅度增加，也使得我国餐饮市场的消费潜力不断壮大。总之，我国的餐饮业将走向餐饮多元化、地方化和国际化阶段。

### （一）餐饮超市的涌现与发展

餐饮超市以全天候的客源市场、多功能的经营布局、全方位的周期循环为基础，融地方风味、外国风味、乡土风味为一体，实施“明厨、明炉、明档、明价”的全透明经营模式。在餐饮超市里，客人对自己所点的菜肴从规格、分量、定价、加工、烹调、销售等一条龙服务均能一目了然；客人自称斤两、自定口味、主随客便、因人而异；不设最低消费，价格面向大众，实行超市价格。餐饮超市集中各行业的优势，促成餐饮、购物、旅游、休闲、娱乐等消费活动相互牵连、相互渗透，逐步形成规模经营，获得巨大的效益。

### （二）餐饮企业的地理位置日趋重要

饭店业先驱埃尔斯沃思·斯塔特勒曾说过：“对任何饭店来说，取得成功的三个根本要素是地点、地点、地点。”现代餐饮企业在进行全方位、深入细致的市场调查的基础上，根据地区经济、区域规划、文化环境、消费时尚、竞争状况、经营成本、地点特征、地点面积、餐饮企业的形象特征、旅游资源、交通流量、社区服务等诸多因素来综合分析、预测本餐饮企业所占的市场份额，制订可行性经营计划方案，确定目标市场，进行餐饮定位，并付诸实施。选择餐饮场所的地点和确定营业区域要考虑以下几个因素：

（1）餐饮场所的地点要设在交通便捷之处，但并不一定要位于城市中心、经济中心、旅游中心或文化中心。餐饮场所必须具备广阔的停车空间，增设代客泊车、免费代客洗车服务。

（2）在不断扩大餐厅营业面积的同时，必须配备优良的中央空调系统，以改善就餐环境，提高服务工作效率。餐厅中系统协调高、中、低档消费区域，例如上海最大的餐厅红子鸡，可容纳 2500 人同时用餐，服务员均脚蹬旱冰鞋，穿梭于客人之间，使客人在品尝美食的同时，也能观赏服务人员的“溜冰”技巧。当然，这也是提高服务效率的措施之一。

(3) 餐饮市场的区域分布，由中心向周边辐射（这里的中心是指地区或城市中的餐饮龙头企业或餐饮企业相对集中的区域），这样有助于加强餐饮企业之间的沟通协调，从而提高餐饮市场的总体经营管理水平。例如，早在20世纪80年代末，广州环市东路一带就成了饭店业、餐饮业的高度集中地区；香港的兰桂坊，早先是专营兰花、桂花等花卉买卖的花店，如今却变成了全球餐馆密度最高的地区，促进了香港旅游业和餐饮业的繁荣；北京凯宾斯基饭店对面的食街，有北京的“万国料理”之称，意、日、韩、德式菜等应有尽有，中餐更是名目繁多，不胜枚举。

### （三）快餐业将迅速发展

1987年11月12日，在北京前门的繁华商业地段出现了中国第一家肯德基餐厅。截至目前，肯德基连锁店在中国的分店早已超过500家，遍布中国130多个城市。现在，我国专业性快餐企业逾300家，不同形式连锁经营的加盟企业也超过千家，呈现出海内外、高中低、传统与现代并存，取长补短，互相竞争，共谋发展的市场格局。据统计，快餐业营业收入约占全国食品营业额的1/3。

洋快餐秉承标准化质量监控系统，做到口味独一无二、始终如一；以营造温馨的氛围作为其服务主题，以儿童作为目标和市场的基准点，在中国迅速掀起快餐旋风。上海人民公园的肯德基分店以39万元的日营业额刷新了当时的肯德基的全球纪录。

洋快餐值得学习的地方很多，尤其是它的经营管理信条、文化气氛和严格的产品质量监控。麦当劳把Q. S. C. V（品质、服务、清洁和价值）作为神圣不可侵犯的信条。对于产品质量控制，麦当劳规定：“巨无霸汉堡包”肉饼的直径为98.5毫米，厚度为5.65毫米，重47.32克；“炸薯条”炸出7分钟，如果还未出售，即不允许出售。相比之下，中式快餐经营品种单调、产品质量较低、卫生状况令人担忧、服务态度呆板冷漠、不注重塑造企业形象、后劲不足等问题正是需要改进的。

### （四）餐饮企业经营方式日趋多样

餐饮企业除独立经营之外，还可以连锁经营、特许经营。

1. 连锁经营

餐饮企业的连锁经营有以下特点和长处：

(1) 管理模式统一。连锁店以主店为大本营，在中央管理系统严格的管理下进行投资、采购、出品、服务、销售、业务推广等一系列经营活动，在成本投入方面能够有效地加以控制。

(2) 连锁企业经营的产品可以说是主店产品的“克隆品”，其餐饮产品和餐饮服务能够保持主店的水准，遇到问题时又能及时得到主店管理系统的帮助和解决。

(3) 连锁经营可不断增强本餐饮系统集团在市场上的竞争能力。由于其分布地点大多位于新城旺地和繁华的商业地带，加之企业品牌鲜明，传播速度极快，能迅速拓展业务，可形成规模经营。

(4) 营销计划和促销活动同步展开。各连锁经营店分摊广告宣传费用，能在进一步挖掘潜在客源市场的同时，有效调节各店之间的需求平衡，使本系统在市场的调节和引导下良性发展。

2. 特许经营

通过出让特许经营权，一些餐饮娱乐公司得以在全球推广它们的产品，并统一规格，统一市场形象，统一服务方式。大多数特许经营店为本地企业或私人投资，它们在母公司购得商标使用权，母公司有责任对投资者在可行性研究、地点选择、资金筹措、建筑设计、人员培训、广告宣传、原料采购、管理方法、操作规程和服务质量等方面给予咨询。目前，在我国的麦当劳、肯德基、必胜客、硬石餐厅、星期五餐厅等，都是特许经营的餐饮企业。

**（五）高、中、低档餐饮企业各具个性，和平共处**

市场风云变幻莫测，只有及时研究市场运作规律，掌握餐饮需求的动态趋势，适时调整定位，灵活主动地提高市场竞争能力，才能稳操胜券。餐饮企业在获得最大经济效益的同时，还扮演着向大众传播餐饮文化的角色，让人们了解美食，钟情美食，享受美食。民以食为天，经营以民为本，所以，从现实和长远的观念来看，大众化永远是餐饮消费市场的主旋律。目前，许多中、低档餐饮场所已占据了较大比例的市场份额，它们凭借充足的客源市场、合理的定价策略、整洁宽松的就餐环境、可口卫生的菜肴、优良快捷的服务态度、诚实可靠的信誉，走上了良性发展的轨道。

高档饭店的餐饮经营，其规模和经营水准，代表了我国目前餐饮界的最高水平，在当地发挥着领导美食潮流、影响餐饮时尚的巨大作用；注重追求文化品位、体现个性魅力、升华美食理念，是它们的共同特点。高档餐饮企业设备设施先进，技术力量雄厚，信息来源广泛，形象设计完美，这些明显的行业优势有利于加强地区之间和国家之间的餐饮企业合作。美食节的成功策划与举办，一方面为餐饮市场注入了新鲜的血液，扩大了客源市场；另一方面又有效地推动了餐饮文化多元化的发展进程。高档饭店餐饮客源市场以社会名流、专家学者、高档商务客人为主。他们在消费的同时也潜移默化地带动了其他领域的经济增长。因此，高档餐厅在社区的政治、经济、文化活动中扮演着重要的角色。

综上所述，餐饮业的发展趋势客观存在。对于餐饮服务与管理者来说，应不断地研究餐饮市场需求的发展规律，树立危机意识，积极参与竞争，把握机遇，迎接未来餐饮业的挑战！

## 三、餐厅服务项目

餐厅服务项目指的是向客人提供的服务内容，以满足客人在饭店中的需求。服务项目是随着客人的需求而变化的，任何一家饭店都不可能百分之百地满足客人的要求，所以要在考虑成本和客人需求的情况下，尽量协调好这对矛盾。

饭店中的餐饮服务项目大致可分为普通服务项目与特色服务项目两类。

**（一）普通服务项目**

普通服务项目按餐饮场所及设施的功能又可分为以下几类：

（1）中餐早餐、正餐服务（零点、套餐）。

（2）中式宴会服务。

（3）西餐早餐、正餐服务（零点、套餐）。

（4）西式宴会、冷餐会、鸡尾酒会服务。

(5) 自助早餐、自助正餐服务。

(6) 会议服务。

(7) 酒吧服务。

**(二) 特色服务项目**

(1) 客房送餐服务 (roomservice)。

(2) 外卖服务 (outsidecatering)。

(3) 主题庆祝活动 (themeparties)。

## 第三节　餐厅在酒店中的地位与任务

餐厅是指酒店向宾客提供菜肴、面点、饮料和相应服务的部门。餐厅是酒店饮食部门主要销售服务的场所。酒店几乎无一例外地拥有一个到几个餐厅。餐厅设计和装潢布置突出民族风格和地方特色。上菜程序及销售服务方式都反映中国民族文化传统。因此，严格执行各种服务规程，做到服务标准化、布置规范化、操作程序化，优质高效地搞好餐厅服务是酒店餐饮部门的一项重要工作。

### 一、餐厅在酒店中的地位

**(一) 餐厅是酒店的重要部门**

餐厅除为当地的宾客提供交际应酬、喜庆宴会、家庭聚餐等服务外，还给住店宾客提供饮食。宾客通过品尝异国风味的美酒佳肴，领略异国情调的饮食文化，不仅能得到必要的营养补充，也能从中受到艺术感染。既加深了对异国文化的了解，又增进了各国人民之间的友谊。所以说，餐厅是酒店得以发展的重要部门。

**(二) 体现社会主义精神文明的窗口**

中餐厅工作人员，特别是餐厅服务人员，他们与宾客直接接触，其一举一动，只言片语都会在宾客的心目中产生深刻的影响。服务员的良好表现必然也会感动人，甚至不讲文明的人，处于这样的环境中也会受到规范、受到教育，从而对推动社会主义精神文明建设发挥重要作用。

**(三) 促进酒店经济活动的重要环节**

中餐餐厅服务工作，是由服务员架设起来的沟通酒店与宾客之间的桥梁。它一方面向宾客宣传本企业，同时又从宾客那里取得各种信息，使本企业经营得更好。

宾客对餐厅印象的好与差，重要的根据之一，就是他所受到的服务如何，他所受到的尊重如何。得到了满意的服务，他便向其周围的人宣传这家酒店。顾客的肯定和宣传往往比酒店自身的宣传更能被潜在的顾客所接受。故服务员认真地服务好每位客人，就可能招徕更多的客人，从而促进经济活动。

另一方面，企业必须十分了解客人在饮食上的要求和用餐特点。酒店要获得这种信息，最经常、最切实可行的方法便是由服务员在平时服务中，直接从顾客那里获得。用餐者的国籍、民族、年龄、性别、职业等不同，因而对饮食的需求也往往大不一样。有针对性地提供他们要求的饮食，才可能赢得更多顾客的满意，促进酒店经营活动的顺利开展。

## 二、餐厅在酒店中的任务

### （一）提供能够满足客人需要的优质菜点和饮料

中国的饮食魅力无穷，饮食已作为消费者美的追求和享受。餐厅所提供的餐饮食物不仅可以满足宾客最基本的生理需求，还可以在色、香、味、形、温度、质、器及营养方面使宾客得到多角度的享受。餐厅服务员可以通过在日常服务中及时掌握各种不同宾客的饮食需求，有针对性地进行有效服务；还可以通过征求意见、获取信息、积累经验，建立科学的客户档案，准确记录宾客的特殊需求，不断推出受消费者欢迎的优质菜点和饮料。餐厅的饮食产品最终是通过餐厅服务员的介绍、推销提供给消费者，从而达到销售的目的。

### （二）提供恰到好处的优良服务，满足客人的就餐需要

餐厅是酒店餐饮产品的销售场所，又是提供优质服务的直接领域。优质的餐厅服务包含了一流的服务态度、服务技艺、服务水平及服务方式。餐厅服务人员主动、热情、耐心、周到的服务必将吸引更多的宾客，餐厅服务人员的一举一动、只言片语都将引起宾客的高度重视。训练有素的餐厅服务员都能正确认识宾客的每一心理需求，设计并保证实施有效的服务程序，倡导和养成亲切的服务态度，精心筹划自己独特的服务项目，创造和发掘风格迥异的服务方式，尽可能地扩大餐厅服务的范围，做到有针对性地服务在客人开口之前、服务在宾客需要的时候。

### （三）扩大营业收入，促进企业经营活动的开展

增加餐厅营业收入，为饭店创造更多的经济效益，这是餐厅的主要经营目标之一，也是一项重要的任务。酒店能否取得较好的经济效益，优质服务工作有着举足轻重的作用，它关系到企业在市场竞争环境下能否生存与发展，关系到企业的发展速度和规模，关系到员工的利益分配。就目前国内而言，餐饮部的营业收入约占饭店营业总收入的 1/3，发达地区的某些饭店餐饮收入已超过了客房收入，占整个饭店营业收入的 1/2 左右，这一势头仍有发展的趋势。餐厅服务具有灵活多变、复杂多样、工艺性强等特点，其经营活动具有波动性和伸缩性，如果经营得当，将会大大地提高经济效益。

### （四）树立酒店高品质的服务形象

餐厅服务是酒店服务的一个重要环节，餐厅服务员代表着企业直接为宾客服务。因此，优质的服务将得到宾客的信任，并通过宾客对酒店的宣传，扩大酒店的社会影响，树立酒店高品质的服务形象，提高酒店的知名度。

一是树立窗口形象。餐厅是企业的窗口，餐厅服务人员是企业的主人。餐厅服务员与宾客接触面广、量大，面对面的服务时间长，从而对客人的影响也大。若在餐厅服务中，服务人员能尊老爱幼，对宾客有礼有节，帮助困难宾客，就会使宾客在餐厅中感受到温馨和宾至如归的氛围，领略到企业良好的道德风尚和精神文明风貌。餐厅通过优质服务能树立文明窗

口形象及酒店高品质的服务形象。

二是树立整体形象。餐厅服务与酒店的客房服务、前厅服务、商场服务及其他与宾客直接接触的第一线服务是密切相连、融为一体的。宾客在饮食方面的满意程度，宾客对餐厅服务质量的评价，都将影响和涉及酒店的整体形象。餐厅服务又是衔接企业各个工作环节的枢纽，餐厅是企业经营活动的一面镜子，同时也是架设在酒店各部门之间的一座桥梁。若宾客对酒店某一部门、某一环节略有不满，而在餐厅得到热情友好的接待，就会缓和一些矛盾，消除宾客的不满情绪，维护酒店的整体形象，从而展示酒店高品质的服务形象。

**（五）弘扬中华民族灿烂的烹饪文化艺术**

中国被誉为“烹饪王国”，中国的历史与饮食有密切关系，被称为饮食文化之邦。中国饮食文化既博大精深，又具自己的民族特色及生活风貌。“吃在中国”有口皆碑，饮食作为美的追求和享受，已是宾客心理上的重要内容之一。餐厅服务员要抓住机遇，广泛宣传中华民族灿烂的烹饪文化艺术也是一项义不容辞的任务。

## 第四节　餐厅的组织机构与部门职责

### 一、组织机构

餐厅的组织机构是协调各部门之间的网络，它是酒店的综合服务系统，以组织形式来明确职工的工作岗位、职责及业务范围。简而言之，餐厅的组织机构是执行酒店管理和经营任务的协调网络。

**（一）建立组织机构的原则**

1. 应根据本部门的经营需要设置机构，要因事设人，力求精简。

餐厅的组织机构应根据其经营规模的大小而定。规模大的酒店、餐厅在机构设置上就必须齐全，分工就比较细。如果是中小型酒店，机构就必须小，分工就不能细，有些部门或职位就没有必要单独设置。总之，要从实际出发，根据本部门的经营需要设置机构，要因事设人，力求精简。

2. 应根据有效的指挥幅度科学地设置机构。

指挥幅度是指一个管理者能够直接有效地指挥下级人员的人数。由于一个管理者的精力和能力有限，要有效地执行指挥职能、领导下级，必须科学地确定指挥幅度。心理学研究结果表明，指挥幅度的确定应以指挥者和下级的情况及要处理他们之间的复杂关系为依据。总之，幅度过大，超过一名指挥者的精力和能力，就会影响管理效果；层次太多，则影响指令和信息的传递速度。目前，一般的中型饭店，管理层次从上到下设 4～5 层。并加强业务第一线，使管理者和服务员保持合适的比例。避免机构臃肿、人浮于事的现象。

3. 机构设置要有利于发挥各组人员的业务才能和主观能动性。

这就要求组织机构在集中领导下实行分级管理，给基层管理人员、班组一定的管理权，使他们在业务经营活动中有可能独立自主地、因地制宜地处理各种具体问题，充分发挥他们的积极性和创造性，为餐厅的经营出谋划策，提高餐厅的经济效益。

4. 组织中的各级机构要职权相当，职责分明。

餐厅组织根据经营目标、业务特点划分各级机构，每级管理者都应明确自己所担负的职责，同时必须树立管理者的权威，授予每个职位上的管理者以相应的权力。一定的权力是履行一定职责的保证，同时要明确有一定的权力应担负的相应的责任，根据工作责任大小和工作实绩，明确公平合理的待遇报酬。

5. 组织机构的设置，要有利于各种信息的沟通和传递，提高管理效率。

本原则应是建立组织机构的最高原则。以上四种原则都是为了本原则。餐厅组织结构是否科学合理，归根到底要看管理效率。若餐厅管理效率高，组织内各级人员同舟共济，互相配合，积极性充分发挥，则酒店的经济效益会高；反之，管理效率低下，各部门互不协调，互相推卸责任，则酒店的经济效益必然下降。

### （二）组织机构示意图

餐厅的组织机构，一般用组织图表示（见图 1—18、图 1—19），根据责任和权力，确定了餐饮部各部门之间，各成员之间的相互分工（见图 1—20）。

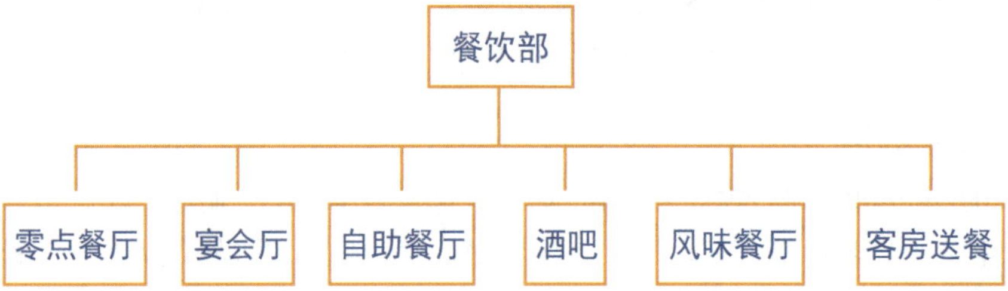


**图 1—18　大型酒店餐厅组织机构**

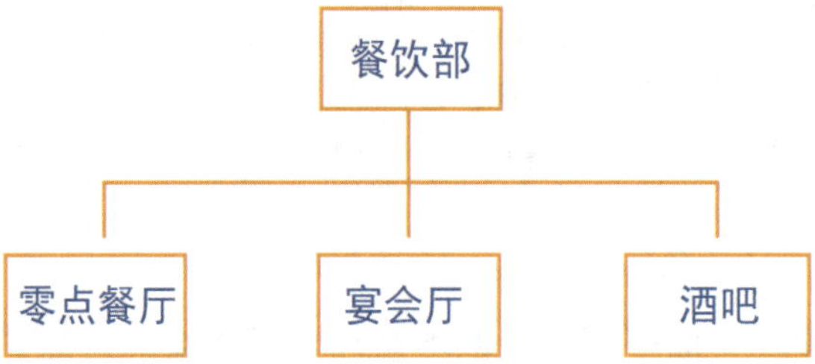


**图 1—19　中小型酒店餐厅组织机构**

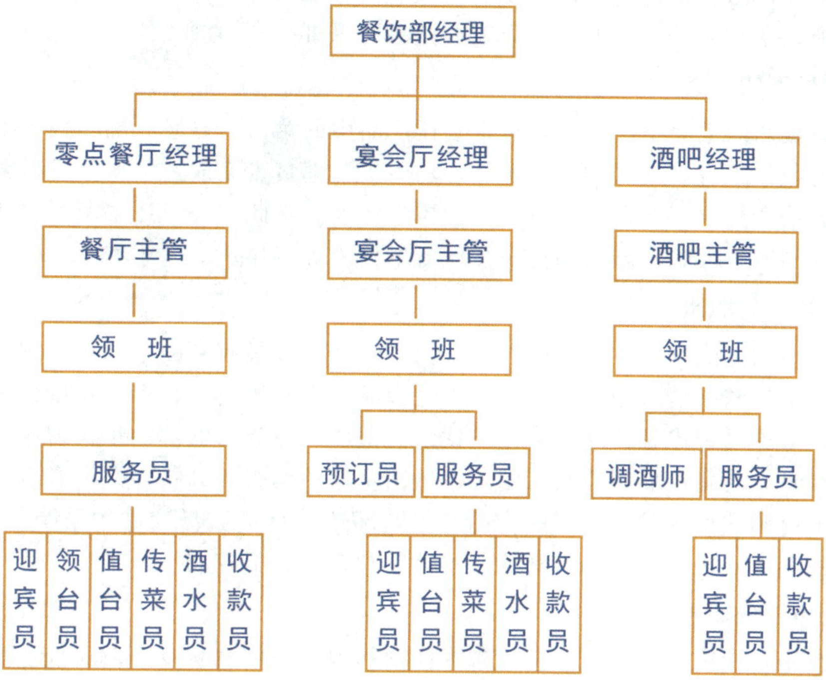


图1—20　一般酒店餐厅人员分工组织机构

## 二、餐厅部门职责

### （一）宴会部的职责

酒店餐饮部通常设有宽敞的宴会厅，宴会厅是高雅、华丽、设备齐全的豪华餐厅，可为宾客提供理想的活动场所和制作讲究的配套菜肴，可供各种类型的宴会、酒会、招待会使用。大型的宴会厅可容纳数百上千名宾客，小型的仅可接待十至几十名宾客。宴会厅接受宾客的委托，组织各种消费水平及礼仪要求都较高，并具有一定就餐目的的聚餐活动。由于宴会的就餐目的、规格标准、就餐人数、就餐方式等不同，所以，有关食品的准备、宴会厅的布置、宴会服务的程序都应根据具体情况而确定。有的酒店，宴会部还负责外卖业务。

### （二）餐厅部的职责

餐厅部是直接对客服务部门，包括各类餐厅、房内用餐服务部等。这些部门的服务水平高低、经营管理状况的好坏，最终关系到餐饮产品能否变为商品。

### （三）吧台的职责

吧台又称酒吧，是专供宾客享用酒水饮料、休息、消遣、娱乐的场所。也是酒店增加服务项目和营业收入的部门。酒吧若按所处位置的不同又可分为大堂吧、泳池吧、健身房吧、客房吧等。设在餐厅内的酒吧，宾客不直接在吧台上要求酒的服务，而是通过服务员开票，由吧台服务员调制后，再送给宾客饮用；一般的酒吧，宾客可坐在吧台前的高吧椅上饮酒，吧台服务员站在吧台内直接面对宾客进行调酒操作。

现代酒吧往往与娱乐场所融为一体，形成综合性酒吧。例如：舞厅酒吧、迪斯科酒吧、卡拉 OK 酒吧、录像酒吧、琴吧等。宾客在酒吧不仅可以享用酒类饮料，还可以自娱自乐。

**（四）厨房部的职责**

厨房部是饭店的主要生产部门，负责餐饮产品中的菜肴、点心等的烹饪加工。从过程上看，从原料的粗加工直到菜肴的成菜出品，均由厨房部负责完成。从产品质量方面看，厨房部依据不同的消费档次，指定并执行不同的质量标准。除此之外，还要负责厨师的培训、菜点的创新、食品原料采购计划的制订及餐饮成本控制等工作。

**（五）采购部的职责**

采购部是餐饮部的物资供应部门，它根据实际需要以最有利的采购价格按时、保质、保量地为餐饮部组织和采购所需的物品，特别是食品原料和酒类饮料等，然后将采购进来的原料送入仓库，分库妥善保管，随时补充餐饮部的消耗，保障餐饮部的正常营业。采购部要随时掌握市场信息，对餐饮部所需物品的价格做出定期的调查和分析，并要有多家供应商的报价，从而以最有利的价格购进优质的物品。采购部还要负责监督物品的采购、验收、库存、领用等制度的制定和执行，并进行餐饮成本控制和仓库存货控制。

**（六）管事部的职责**

管事部负责打扫厨房、餐厅、酒吧等处的清洁卫生及所有餐具、器皿的洗涤、消毒、存放、保管和控制。将餐饮部所需换洗的布单及时送交洗涤部门（洗衣房）并支援各餐饮部门的临时需求，还要负责培训和提高清洁工的业务技术。有些饭店将厨房以外的地面清洁工作交客房部负责。

# 第五节　餐厅服务人员的素质要求

随着竞争的日趋激烈和消费者自我保护意识的增强，客人对餐厅服务质量的要求越来越高。而餐厅服务质量的提高有赖于高素质的员工。因此，餐厅服务人员应树立正确的观念与意识，改善服务态度，更新本职工作所需的知识，提高管理与服务能力，从而提高餐厅服务质量。良好的思想素质是做好服务工作的基础，思想素质的具体要求有以下几个方面：

## 一、政治思想素质

**（一）树立正确的世界观、人生观和价值观**

一个人的行动是受其思想所支配的，世界观和人生观是人们确定生活方向、人生道路的指导思想，是人们一切行为的总枢纽。一个人只有具备了正确的世界观、人生观和价值观，才能把崇高的理想与脚踏实地的奉献精神结合起来，忠实地履行岗位职责并作出应有的贡献。

### （二）树立稳固的专业思想

做好餐厅服务工作，提高餐厅服务质量，必须要有一支相对稳定的专业技术队伍。长期以来，由于世俗的偏见，餐厅服务工作，被认为是伺候人的低档工作，餐厅服务员也得不到社会的尊重。然而在市场经济的大潮下，这种偏见已失去了立足之地，人的价值已不在于其地位的高低、财富的多少、职业的差别，而在于他对人民的利益和社会的进步事业作出的贡献。人们无论从事何种工作，都是社会的需要。因此，餐厅服务员必须充分认识餐厅服务工作对发展旅游业及对整个国民经济的重要性，要热爱自己的专业，积极培养对本专业的浓厚兴趣。只有这样，才能激励自己努力学习专业知识，奋发向上，开拓创新，为祖国多作贡献。

### （三）培养高尚的职业道德

职业道德是指从事一定职业的人，在职业活动的整个过程中必须遵循的职业行为规范，以及相应的道德观念、道德情操和道德品质等。具体到餐饮行业，其职业道德就是指从事餐饮工作的人，在职业活动整个过程中，必须遵守的行为规范和行为准则。

餐厅服务与其他服务行业一样，都是市场经济社会中生产与生活不可缺少的部分，都是为人民服务的。因此，服务人员的道德规范与其他职业的道德规范在本质上是一致的，都贯穿着爱岗、敬业的基本原则。但餐厅服务工作兼有生产、销售和服务三种职能，有其特殊性。因而对餐厅服务员也有相应的道德要求。

1. 要有满腔热忱的服务精神

满腔热忱的服务精神是服务人员高尚道德情操的具体表现，也是职业道德的基本要求。满腔热忱的服务精神，主要体现在“主动、热情、耐心、周到”地为宾客服务，使宾客高兴满意。

（1）主动服务。就是要服务在宾客开口之前。主动服务表现了酒店功能的齐全与发挥；主动服务也意味着要有更强的情感投入。有了酒店的服务规范和工作标准，只能说是为了达到一流服务而应具备的基础条件，并不等于就有了一流的服务。餐厅服务员只有把自己的情感投入到一招一式、一人一事的服务中去，真正把客人当作有血有肉的人，真正从心里理解他们，关心他们，才能使自己的服务更具有人情味，让客人倍感亲切，从中体会到餐厅的服务水准。

例如，北京的一家酒店餐厅早餐时间，餐厅服务员注意到一位年岁较大的来自欧洲国家的客人先用餐巾纸将煎鸡蛋上的油小心擦掉，又把蛋黄和蛋白用餐刀切开，再就着面包把蛋清吃掉，而且在吃鸡蛋时没有像其他客人那样在鸡蛋上撒盐。服务员揣摩客人可能是患有某种疾病，才会有这样特殊的饮食习惯。第二天早晨，当这位客人又来到餐桌落座后，未等其开口，服务员便主动上前询问您是否还是用和昨天一样的早餐。待客人应允后，服务员便将与昨天一样的早餐摆放在餐桌上。与昨天不同的是，煎鸡蛋只有蛋白而没有蛋黄。客人见状非常高兴，边用餐边与服务员谈起，之所以有这样的饮食习惯，是因为他患有顽固的高血压症，遵从医嘱的结果。以前在别的饭店用餐，他的要求往往被服务员忽视，而这次在这家酒店住宿用餐，他感到非常满意，为服务员的细致观察及主动服务精神所叹服。

（2）热情服务。是指服务人员出于对自己从事的职业有肯定的认识，对客人的心理有深切的理解，因而富有同情心，满腔热情地向客人提供的良好服务。服务中多表现为精神饱满、热情好客、动作迅速、满面春风。

例如，有家酒店中餐厅，午餐时间，一位来自香港的客人到餐厅进餐。客人入座后，服务员热情地为客人端茶、送香巾。上菜时，还主动为客人介绍菜肴特点及烹调方法。当看到客人愁眉不展似有心事时，服务员便轻声询问能帮助做些什么。原来这位客人要去拜访一位朋友，具体地址和联系电话却又不慎丢失，只记得大概方位。服务员凭借平时注意积累的常识，进行重点提示，结果使客人想起地址名称。对于服务员这种非本职工作范围内的“分外”热情服务，客人非常满意。

（3）周到服务。是指服务内容和项目上，想得细致入微，处处方便客人、体贴客人，千方百计帮助客人排忧解难。这些服务是实质性的，客人能直接享受到的。周到服务还体现在不但能做到共性规范服务，还能做到做好个性服务。在当前酒店业竞争日益激烈的情况下，对相近星级和类型的饭店而言，最根本、最有效、最持久的竞争手段，是通过向客人提供竞争对手无法学到或短期内无法仿效的、客人需要的、酒店可长期坚持下去并能促进盈利的服务，这也就是人们常说的个性服务。

个性服务是国外酒店业为进一步提高服务水平而摸索总结出的新的服务领域。著名心理学家马斯洛把人的需求划分为五种基本需求：生理需求、安全需求、归属需求、尊重需求和自我实现需求，后来，他又补充了认知需求和审美需求。宾客来到酒店后，除得到基本的需求外，还希望得到其他方面的满足，如个人癖好的满足，隐私问题被保护的满足，人格被尊重的满足和特殊要求被解决的满足等。宾客的这些高层次、深层次的要求，往往不是按标准程序操作规范服务所能完全解决的，这样，就需要针对不同宾客的国籍、年龄、性别、职业、身份、性格等的不同，因人而异、力所能及地向他们提供周到、细致的优质服务，这就是个性服务的内涵。

个性服务有别于一般意义上的规范服务，它要求有超常服务。所谓超常服务就是用超出常规的方式满足宾客偶然的、个别的、特殊的需求。法国里兹大酒店，为了让一位心血来潮、临时要求吃到海胆的客人满意，专门雇请渔夫下海捕捞，空运到巴黎。中国香港一家五星级酒店，承办一家公司在酒店举行的招待会，公司老板为扩大知名度，点名要求正在欧洲休假的著名女演员前来剪彩，困难可想而知。但通过酒店的努力，女演员如期而至。

周到服务还要求有更灵活、更具体、更细致的服务。宾客到餐厅消费，寻求的不仅是实物产品，更重要的是希望享受到轻松的氛围、惬意的回忆、体贴的照顾。这就要求餐厅能从客人的角度出发考虑问题，根据其不同需要提供针对性服务。比如：衣着艳丽、打扮入时的女士，往往挑选居中显眼的餐位，并喜欢服务员靠近服务；热恋中的情侣一般喜欢选择安静的角落，希望服务员站得远一些，尽量少打扰他们等。对这两种需求不同的客人，就应在保证他们舒适满意地用好餐的前提下，针对他们不同的身份，细致入微地“投其所好”，满足其内在要求，这样才能体现出一家餐厅的服务水准。

要想达到周到的服务要求，首先要有良好的规范服务作为前提和基础。个性服务并不是想当然的、没有标准的服务，而是源于规范服务，却又高于规范服务。两者互为依存、互相促进。如果只停留和满足于规范服务，不向个性服务发展，酒店的质量水准就难以上新台阶。个性服务和规范服务并重，更能显示出服务的周到性来。

(4) 耐心服务。就是无论在何种情况下，不急躁，不厌烦，为宾客提供优良的服务。作为餐厅服务人员，每天要面对面地给宾客服务。服务再好，也难免宾客产生误会，常常要听取客人的各种抱怨以至于近似吹毛求疵的质问，甚至要面对可能是粗暴的态度。即使这样，也不能不予理睬而一推了之，而应妥善处理。要耐心地予以倾听，并区分具体情况分别对待。若“小不忍”则会“乱大谋”，就有可能影响餐厅及至整个酒店的声誉。如何才能做到耐心呢？途径很多，但主要靠自我培养和锻炼，即养成良好的修养习惯。

例如，某酒店餐厅迎宾员在餐厅门口值班。一位就餐客人在急匆匆经过自动门时，因自己不慎，被门卡了一下。这位女士大发雷霆，冲着迎宾员又喊又叫，并一通指责。迎宾员实在感到很委屈，但为了顾全大局，加上平时修养的结果，还是克制住自己。她关切地对那位女士说道：“真对不起，请问挤得严重吗？刚才怪我没有向您提示一下注意防挤。”忍耐的神态，关切的询问，化解了那位女士的火气，她转而向迎宾员道歉。

2. 要有文明礼貌的职业风尚

我国是文明古国，具有优良的文明礼貌传统，素有“礼仪之邦”的美称。在当今的社会主义时代，人与人之间建立了平等友爱、相互合作的关系。在餐厅服务中难免出现这样或那样的矛盾。只要餐厅服务员能够大力提倡和讲究礼貌，相互谅解，相互尊重，矛盾就会迎刃而解。讲究礼貌也是有分寸的，应不亢不卑，落落大方，既不失礼，又讲原则。讲究礼貌绝不意味着就应该放弃原则，卑躬屈膝。礼貌修养是一个人自我认识、自我养成、自我提高的过程，是通过有意识的学习、仿效、积累而逐步形成的，是要有高度的自觉性。只有人们把礼貌修养看作自身素质不可缺少的一部分，是事业发展的基础，是完美人格的组成，才会形成真正的自觉意识和礼貌服务的主动性。

(1) 自觉接受礼貌教育。人的自觉性不是先天就有的，而是要依靠教师的指点，依靠不断的培养，靠社会的健康舆论导向和良好的环境熏陶，礼貌教育是使礼貌修养充实完美的先决条件。因此加强餐厅服务员的礼貌培训就十分必要了。通过礼貌教育和培训，可以分清是非，明辨美丑，懂得常识，树立标准，这就使人们的礼貌行为形成了外因条件，为进一步的自我修养的内因创造了条件。通过这一重要条件，促使人们经过努力，不断磨炼、养成、产生强烈的自我修养的愿望，最后达到处处讲究礼貌的目的。

(2) 广泛涉猎科学文化领域，自觉学习礼貌礼节方面的知识，使自己博闻多识。在当今科教兴国的社会里，仅仅满足现状是远远不够的。涉猎相应广泛，具备多方面一定水平的文化素养，对于人际交往及餐厅服务工作是大有益处的。所以餐厅服务员除应具备一定的专业对于人际交往及餐厅服务工作是大有益处的。所以餐厅服务员除应具备一定的专业服务知识和服务技能外，还应掌握许多方面的知识，如烹调知识、旅游知识、礼仪知识、营养知识、心理学知识、美学知识、外语知识、导购与推销知识、房间美化、企业管理、政策法规等，并在日常服务工作中，积累资料，总结经验，不断扩大知识面，增强逻辑思维能力、正确分析事物的能力及灵活应变的能力，在餐厅服务中才会显示出独有的魅力而不显得呆板，不会给人以浅薄的印象。

(3) 积极参加社会实践活动，注意逐步养成文明礼貌的习惯。现代社会，人际交往越来越广泛，仅仅从理性上了解，而不到实践中去运用是远远不够的。如果能经常在文明气氛较浓的环境中接受熏陶，对于自己增强文明意识、培养礼貌行为、涤荡粗俗不雅等不良习惯是大有益处的。要注意既要克服妄自尊大、不屑一顾的顽症，也要克服自卑自怯、不敢涉足的通症。在实践中增强自己的礼貌修养，才能在餐厅服务中运用自如。那么文明礼貌在餐厅服务中的重要性表现在哪些方面呢？

①服务员的礼貌修养体现餐厅的管理水平。如我们到商场买东西，或与朋友一起到酒店用餐，遇上一个说话粗俗、不讲礼貌的服务员，你会憋一肚子气，认为这里管理太差，以后再也不来了。许多事实表明，服务质量的高低，在很大程度上是由服务员的态度好坏来集中表现的。服务员没办法把不合口味的饭菜变得香甜可口，却有可能把香甜可口的饭菜变得无滋无味。不管厨师的饭菜做得多么好，餐具器皿多么精致，如果服务员缺乏文明礼貌的修养，客人都是不会满意的。尤其是外宾，远离他们的国家和亲人，更希望在衣、食、住、行等方面都很舒适，心情愉快欢乐。

②文明礼貌也是服务人员本身素质的表现。在日常生活中，有些人由于家庭教育、工作环境的需要，以及个人的偏爱，对礼貌修养非常重视。但也有一些人，总觉得这样做太啰唆，可有可无。甚至还有一些人认为“请”字当头，“谢谢”不离口，是近乎虚伪。其实这些看法都是错误的。餐厅服务员，上班后穿上漂亮的工作服，但说起话来不讲礼貌，甚至粗鲁，马上就会让人感觉没有教养。良好的礼貌修养，不仅给人以好感，自己也会从心里感到真正的美。餐厅服务员每天接待很多宾客，迎进来，送出去，无不礼貌当先，表现得好与坏，人们很自然地把它和个人的素质联系起来。

③文明礼貌是宾客心理需求的满足。“店靠人开，和气生财”，宾客来餐厅就餐不仅是想满足物质上的需求，也是想从餐厅这优雅的环境中享受到对他的尊重和有礼，来获得精神上的满足。

④好的文明礼貌修养可弥补不足，使工作增辉。餐厅服务工作是个琐碎而细致的工作，很难做到尽善尽美。而有些宾客非常挑剔，甚至近乎苛刻。比如一宾客要一瓶啤酒，喝了几口之后，提出说不凉。服务员应该以恰当的语言、温和的语调、和蔼的态度，伴之以微笑跟客人说：“我给您放回冰箱冰一冰好吗？”如果冰回来的啤酒客人还说不够凉，那么你可以说：“我给您加点冰块好吗？”若加了冰块客人仍然觉得不凉，服务员仍以礼相待，说：“对不起，先生，我不知道您如此喜欢喝冰啤酒。您看这样好吗？您下次来之前，跟我们打个招呼，我一定提前两小时把啤酒冰上，一定让您满意。”一般情况，只要话说到，礼做到，是会得到宾客的谅解的。假如你本身工作就完美无缺，再配以良好的礼貌服务，当然会锦上添花。

3. 要有廉洁奉公的优良品质

廉洁就是不损公肥私，不占公共和他人便宜，不侵占、贪污公共财产；奉公就是要一心为公。每个餐厅服务员都应具有廉洁奉公的良好职业品质，要尽忠职守，克己自律，对企业负责，对国家负责，不追求除应得劳动报酬以外的个人特权和私利。当个人利益和国家、企业集体利益发生冲突时，应不惜牺牲个人利益。

餐厅服务员要具备廉洁奉公的优良品质，需要认真解决好以下几个问题：

（1）在餐厅接待服务中要站稳立场，坚决维护国家利益和声誉，坚决维护企业集体利益，不允许丧失立场私自同客人做交易，不允许损害企业利益向客户单位索取财物和贿赂，切实做到廉洁奉公。

（2）在提供优质服务，同客人交往过程中，要坚持原则，严守国家机密，不辱国格、人格，不索取小费，不私收回扣，更不许以获得小费的多少来确定服务态度和服务水平的优劣。

(3) 餐厅人员要敢于同自私自利、贪污腐化的不良行为作斗争。对个别利用职权谋私的人和事，要敢于坚持原则，大胆揭发。反对和抵制来自酒店外部的不正之风。

4. 遵守商业道德，正确开展社会竞争

我国是具有中国特色的社会主义国家，酒店业的竞争必须遵守社会主义市场经济商业道德，要树立质量第一、信誉第一、顾客第一的观念。以管理水平、服务质量的竞争为基础，坚持国际竞争为主、国内竞争服从于国际竞争的原则，反对不顾质量，不讲信誉，巧立名目随意涨价、乱收费用，坚决反对不顾国家利益，尔虞我诈、肥水外流等各种不正确的做法。只有坚持讲信誉、重质量、以服务质量和管理水平为基础来开展公平的市场竞争，才能收到良好的效果。

**(四) 要有良好的纪律修养**

严格的组织纪律是做好餐厅服务工作的重要保证，餐厅服务人员要有严格的组织观念和法制观念，服从领导，服从分配，遵守餐厅劳动纪律，严于律己，宽以待人。服务中不怠慢、不冲撞客人，自觉遵守劳动纪律，提高服务质量，顺利完成餐厅接待任务，为酒店创造良好的经济效益和社会效益。

## 二、业务素质

餐厅服务员不仅要有良好的思想素质，而且要具备良好的业务素质。这对于提高餐厅服务质量和工作效率，降低成本，增加竞争能力都具有重要的作用。

**(一) 熟悉掌握专业操作技能**

这是做好服务工作的基本条件。餐厅服务工作手工操作性强、服务要求高，每一个环节都有特定的操作标准和要求。例如：托盘、摆台、上菜、分菜、口巾折花和服务人员的语言技巧、应变能力等。因此服务人员必须努力学习，刻苦训练，熟练掌握餐厅服务的技能技巧，懂得各种服务的标准、程序和要求，达到服务规范化、标准化、个性化。同时还要善于观察和揣摩客人的心理和习惯，及时准确地提供相应服务。

**(二) 熟练掌握各种服务礼节**

餐厅服务中的服务礼节，贯穿于各个服务环节之中。所谓礼节，就是在社会生活中，由于风俗习惯而形成的大家共同遵守的举止、言语或行动的表现，即向他人表示敬意的仪式。所谓服务礼节，即是在服务工作中向宾客表示敬意的仪式和态度。服务中的礼节归纳起来，主要有：问候礼节、称呼礼节、迎送礼节、应答礼节、操作礼节、仪表礼节、宴会礼节七种。

服务人员掌握服务礼节，做到礼貌待人，对于体现人与人之间相互尊重、团结友爱的社会风尚，对于提高服务质量都具有积极的意义。

1. 问候礼节

问候礼节主要是接待客人时对客人的问候。一个亲切的问候，可以给人留下美好的印象。根据不同的时间主动问候："您好！""早上好！""下午好！""晚上好！"。初见客人时应说："您好，见到您很高兴。""您好，很高兴为您服务，请问有什么可以帮您？"等；在服务过程中应说："这菜怎么样？""还需要什么吗？"客人就餐完毕后应说："再见，谢谢光临，请慢走。""希望您再次光临！"当节日来临时，应向宾客表示节日的祝贺："节日快乐！""新年好！""祝您圣诞快乐！"客人过生日或结婚喜庆活动，应向客人表示祝贺："祝您生日快乐""祝你们新婚愉快，白头偕老！"对身体不好的客人应关心地说："请您多加保重，早日康复"等。

2. 称呼礼节

称呼礼节是指服务员在日常工作中对客人的称呼。目前，酒店对宾客使用最普遍的称呼是"先生""女士""太太""夫人"。一般地说，男宾称为"先生"，而且不论年龄大小。如果知道客人的姓名，可以称"××先生"；如果知道客人的职称或职位，可以称"××教授""××经理""团长先生"等。对未婚女宾称为"女士"，已婚女宾称为"太太""夫人"；若无法断定对方婚否，可称为"女士"。

对于国王、王后称"陛下"；对王子、公主、亲王称"殿下"；对于部长以上的官方人士、外交使节或军队中的高级将领，一般称"阁下"，如"总统阁下""将军阁下"等。

3. 迎送礼节

迎送礼节主要指服务员迎送客人的礼节。客人进店主动迎接并引客人入座。领位时，服务员应走在客人的左前方，距离保持1.5米左右，走近座位时，服务人员要把椅子轻轻一拉，请客人入座。对重要宾客应在店门口迎接。

客人就餐完毕离店时，要热情送客，亲切道别，送客时，服务人员应走在客人的后方，保持1.5米左右，对重要的客人应送上车并帮助提行李。

总之，正确应用迎送礼节，既可以给客人形成良好的第一印象，又可以使客人对餐厅服务产生依恋之情。

4. 应答礼节

应答礼节主要指与客人谈话时的礼节。其总的要求是表情自然，语言亲切，态度和蔼，面带微笑，两眼注视客人，集中精力倾听客人谈话，然后有针对性地给予回答或提供某种服务。同时要求语调温和、语气婉转，给客人以舒适、亲切的感觉。如有事打扰客人时说："对不起，打扰您了。"未听懂、未听清客人的问题时应说很抱歉，请您说得慢一点好吗？或说"对不起，请您重复一遍好吗？"在酒店服务中，同客人交谈或服务交往中的具体情况是十分复杂的，正确运用应答礼节，主要取决于服务员的礼节礼貌知识和灵活反应程度。如餐厅服务中客人询问菜点和价格，这时，你要分析客人的需求和心理，灵活而有礼貌地介绍。提供某种服务后客人向你表示感谢，并送给你礼物时，你应谦虚地说："您过奖了，这是我应该做的。"并婉言谢绝。如果服务工作太忙，不能及时为客人提供某种服务，你应礼貌地说："对不起，请你稍候，我马上就来。"等。

5. 操作礼节

操作礼节主要指服务员在日常工作中的礼节。其基本要求是在遵守劳动纪律和服务规程的前提下，做到仪容整洁、礼貌大方、保持良好的气氛。在服务操作中，不大声喧哗、聚众说笑、哼歌曲、不随意打扰客人。应答客人时也不要高声，接应如距离较远，可点头示意。服务要做到"三轻一快"，即说话轻、走路轻、操作轻，动作快。还需要做到"眼观六路、耳听八方"，以勤为本，即眼勤、耳勤、嘴勤、手勤、腿勤。腿勤是基础，只有勤走动，才能看到和听到宾客的反映和需要，才能主动地迎送宾客，及时完成服务项目。

6. 仪容仪表礼节

仪容仪表即人的外表。服务员要做到穿着干净、大方得体，符合服务人员职业形象气质要求。服务人员的仪容仪表不仅体现着员工的个人素质，同时也反映出餐厅饭店的服务水准，是餐厅对客服务质量的组成部分之一。因此，注重仪容仪表理解要求，是礼貌待客的起码要求。

7. 宴会礼节

宴会礼节是指在宴会服务过程中服务人员应有的礼节，按宴会服务规程进行服务。

**（三）具有良好的文化素质**

良好的文化素质和广博的社会知识，不仅是做好服务工作的需要，而且有利于帮助服务人员形成高雅的气质、广泛的兴趣和坚韧不拔的意志。

餐厅服务涉及面广，服务项目多，因此要有上通天文、下知地理的广泛知识。

1. 专业知识方面

要求了解酒店销售知识及国内外市场销售信息；懂得市场调查与预测知识；熟悉酒店业务成本核算；熟悉世界主要国家历史背景和民族特点、风土人情、宗教信仰、生活习惯等；熟悉我国旅游点的分布情况；掌握酒店管理、计算机应用基础知识和安全保卫、消防管理知识及外宾接待知识。

2. 政策法规知识

掌握或懂得有关企业、国际商务、对外贸易、国家安全、财税、合同等法律、法规知识，了解涉外人员工作手册。

3. 外语方面

要求能熟练运用一门外语阅读、翻译酒店专业外文资料，并能与宾客交谈会话。

4. 能力方面

（1）决策能力。要求能在国内外酒店业现状和发展趋势作出准确分析和预测基础上，确定酒店销售新目标及经营管理的新途径。

（2）开拓创新能力。要求敢于在酒店营销业务领域进行风险投资，在市场激烈竞争中，组织开发酒店新产品，敢于改革不适应酒店业发展的管理系统、人事制度、工资制度、奖励制度等。

（3）业务实施能力。要求能根据酒店业发展趋势制订本店的中、长期发展计划，以提高竞争能力，能从战略高度制订人才培养计划，并及时将优秀人才提拔到部门领导岗位上来，正确处理国家、集体、个人之间的利益关系。

（4）社交能力。要求能根据开拓酒店营销市场和改善酒店服务，积极与宾客对话，主动征求意见，改进工作方法，能与各大旅行社、旅游汽车服务公司等建立紧密的业务关系，保证宾客高兴而来，满意而归。

（5）语言文字能力。要求讲话具有逻辑性、鼓动性，用词准确，词汇丰富，口齿清楚，会话流利。给客人点菜迅速无差错。并注意讲究语言艺术。语言艺术的要求：一是用好敬语；二是委婉灵活；三是幽默风趣。

（6）操作能力。要求具有独立完成餐厅服务操作规程的能力。

（7）应接服务能力。要求聪明伶俐，动作敏捷，准确自然。

（8）灵活应变能力。要求能及时妥善处理服务中出现的问题。

5. 其他方面

除以上的要求外，还要了解公关学、宾客心理学、食品、物品实用保养学等。

## 三、身体素质

### （一）健康的体格

服务人员“日行百里不出门”，站立、行走、端托等都要一定的腿力、臂力和腰力。只有健康的体格才能胜任此项工作。要求服务员饮食起居有规律，坚持参加体育锻炼，始终保持旺盛的精力和体力。服务员每年必须进行一次体格检查，取得健康证后方可上岗，凡患有各种传染病和皮肤病的人不宜从事餐厅服务工作。

### （二）端庄的仪表

服务人员处在接待工作的第一线，服务人员仪表端庄大方、和蔼可亲，会给宾客留下美好的第一印象，而这个第一印象会使客人对其他服务人员乃至整个酒店产生好感。仪表即人的外表，一般来说，它包括人的容貌、服饰、体形、姿态等。服务人员的仪表在一定程度上体现了酒店的服务形象。形象代表档次，档次决定价格，价格产生效益，这是一个连锁反应循环圈。良好的仪表会产生积极的宣传效果，同时还可能弥补某些服务设施方面一时未跟上的不足。所以，仪表在酒店优质服务中是非常重要的。

酒店作为高级消费场所，在接待服务过程中应十分重视服务员的仪表。其基本要求是：

1. 面容整洁

人之相对，先见其面。面容是给客人留下第一印象的关键。餐厅服务员要保持面容整洁：一要经常修面，保护肌肤，使之面容光洁、皮肤细嫩美观。男性服务员要经常刮脸，不留小胡子、大鬓角；女性服务员要经常洗脸，洗脸最好用冷水，多做面部按摩运动。二要适时理发，保持发型美观大方。男性服务员不留长发，女性服务员不梳披肩发。发型要适当选择，不留怪发型。头发坚持每周至少洗一次。正确使用头油，保持头发轻柔、美观、清洁。三要保护牙齿，不吃零食，少吃甜食，保持牙齿洁白美观。四要保护眼睛。要常做眼睛运动，美化眼眶眉毛，不使眼睛疲倦。

2. 化妆淡雅

餐厅服务员上班前要化妆，特别是女性服务员经过梳洗打扮，看起来更加年轻美丽，充满青春活力。但化妆要淡雅自然，不可浓妆艳抹，给人造成娇艳、轻佻、华而不实的感觉，使人产生反感。

3. 饰物适当

一般情况，餐厅服务员不戴饰物，特别是女性服务员不戴贵重耳环、手饰、项链等。必要的饰物如手表、胸针、胸花、头上花结、发夹等要选择适当，使其和面容、发型、服饰协调一致，美观大方。

4. 服饰美观合体

餐厅服务员上班时要穿规定的服装。注意制服、衬衫、领带、裤子、裙子、鞋袜等的整齐、清洁、挺括、协调，保持服装美观，以突出女性的形体美，给人以舒适、美观的感受。

5. 讲究个人卫生

个人卫生对仪表起配合作用，也是提供优质服务的重要条件。所以餐厅服务员一要养成勤洗澡、勤换内衣的习惯，以保持形体干净，皮肤细润光滑，使服务员显得年轻、有活力。二要养成饭后刷牙的习惯，保持口腔清洁无异味。三要不食葱蒜、韭菜等有强烈刺激气味的食物。

**（三）文雅的举止**

服务人员的举止主要指服务工作中表现出来的言谈和各种动作的姿态及面部表情等。

1. 言谈

言谈即服务员在餐厅服务接待工作中的语言谈吐。其要求是：一要文明、礼貌；二要语言完整、准确、合乎语法；三要语言简练、清楚，注重场合；四要会使用敬语、礼貌语；五要声音清晰，大小适中。

2. 姿态

姿态即服务员在行走、站立和就座时，身体应保持的姿势。

（1）行走时步子要轻而稳，上体正直，身体重心可稍向前倾，头部要端正，颈要直，双目平视，肩部放松，挺胸，直腰，腹部略微上提，两臂自然前后摆动。两脚行走线迹应是正对前方成直线，两脚尖不要形成“内八字”或是“外八字”。要做到迎客行在前，送客走在后，客过要让路，并行不抢道，不在宾客之间穿行。行走时脚步要利落，有鲜明的节奏感，不要拖泥带水、踢里踏拉蹭着走，显得步履沉重，老态龙钟。

（2）站立时身体要挺拔端正。其要求是：挺胸、收腹、目平视，环顾四周，面带微笑，双手自然下垂或体前交叉，以保持随时为宾客提供服务的最佳状态。女子站立时，双脚呈“V”字形，双膝靠拢，脚跟靠紧。男子站立时，两脚自然分开与肩同宽，防止重心偏左或偏右。

（3）就座时，要坐直坐正，其要求是：人体重心垂直向下，腰部挺起，脊柱向上伸直，挺胸，双肩平、松，颈、躯干、腿、脚正对前方，手自然放在双膝上，双膝并拢，目平视。但不要前俯后仰，摇腿跷足。

3. 表情

表情一般指眼睛、眉毛、嘴巴、面部肌肉及它们的综合运动所反映的心理活动和情感世界。在餐厅服务中，服务人员的面部表情是与宾客交流感情的方式之一。其基本要求是：稳重端庄，不卑不亢，笑脸常开，和蔼可亲，出自内心，毫不做作。表情是一种无声的语言，适度的表情，可向宾客传递对他们的热诚、尊重、宽容和理解的信息，给宾客带来亲切和温暖。

总之，服务员要有意识地严格训练，使自己的言谈举止合乎规范，使其达到规定的服务员的身体标准。

综上所述，服务人员的思想素质、业务素质和身体素质是做好服务工作的必备条件。为造就一支过硬的服务员队伍，必须严格招聘标准，切实组织好岗前培训和考核。

【案例 1－1】人世间最美的语言是微笑

某酒店一位中餐服务员看到有一位客人朝这边走来，于是他面带微笑向客人问好："您好，先生！我能为您做些什么吗？"客人问道："请问，西餐厅在哪？"服务员答道："离这儿不远，请随我来。"服务员把这位客人引到西餐厅门口，客人向服务员致谢，服务员说："不用谢，能为您效劳我很高兴！"

【评析】

微笑服务是服务业的一把金钥匙，是服务员服务的最基本标准，凡是涉足服务的行业，均提倡"笑迎天下客，天下客皆笑"的服务宗旨。微笑是沟通人们心灵、缩短人际距离、增进相互友谊的极好润滑剂。"人世间最美的语言是微笑"。服务工作中更离不开微笑，谁善于发出真切的自然的微笑，成就与荣誉就会走近他。这位服务员不仅微笑服务，而且服务礼节运用得恰如其分。因此，受到了宾客的赞扬。让酒店微笑起来，这是酒店兴旺的标志。

【案例 1－2】形象工程

某年 6 月 8 日，一份督导记录放在了某酒店总经理的桌上：

1. 营业部门服务员在行走服务中，有行走无力且拖着鞋跟的现象，显得萎靡不振。
2. 后台部门员工有一路匆忙、十分火急的现象。
3. 西餐、康乐、娱乐、中餐服务员站姿歪歪扭扭，有失雅观。

建议：值此酒店三星复核、四星申报之际，有此类现象，应引起重视。建议开展形体强化训练。

第二天的晨会上，总经理便做出了用墙报宣传形体知识的决定。从当天下午三点开始，娱乐部牵头培训全酒店服务员……

一场以抓员工形体形象的强化训练，在酒店如火如荼地开展了起来。

【评析】

古语有"行如风、坐如钟、站如松、卧如弓"的说法，酒店应借鉴。除"行如风"不可照搬之外，其余各点均可以触类旁通，讲究的是一个人的精气神儿，必须要有朝气。

全面质量管理中（TQC）"全面"一词有三层含义：全方位、全过程、全程序，意即"人人、处处、时时"。良好的形体姿势，也应贯穿于我们工作的每一个阶段，须知"酒店无小事，件件是大事"。

良好的行走服务，是一种动态美，也是个人风度、气质的外观表现。客人对酒店印象好坏取决于服务质量的优劣，这是众所周知的。酒店服务员正确的行走服务应是：在保持站姿的基础上，水平向前，步履轻盈、平稳，双臂自然摆动，前后不超过 30 度，面部表情自然、微笑。多人行走，不并排同行。遇到客人时，主动侧身让路并向客人问好。除非是紧急情况，不得在酒店里奔跑，避免客人造成紧张情绪。服务员应随时让自己保持最佳体态，为客人提供尽善尽美的服务。

作为服务员，举手投足、音容笑貌，体现的不仅是一种仪态，更是服务质量优劣的表现。服务质量是酒店的生命线，工作人员从自身的形象姿势做起，增强自身素质，并不断提高服务质量，酒店的优质服务才不会是一句空话。

## 复习思考题

1. 简述餐厅的概念及类型。

2. 结合实际谈谈餐厅服务的特点及服务项目。

3. 试述餐厅在酒店中的地位与任务。

4. 试画出一个大型酒店餐厅的组织结构图。

5. 参观中档酒店，并画出一个中型酒店餐厅的人员分工组织结构图。

6. 结合实际试述餐厅各部门的职责。

7. 根据餐饮服务人员素质要求，结合自身条件，谈谈怎样才能成为一名合格的餐厅服务员。

# 第二章 餐厅服务基本技能

【本章提要】

本章主要阐述餐厅服务人员在工作中涉及的基本技能的种类、概念、要求和操作方法。在一定的物质设备条件下，餐厅服务质量的优劣，主要取决于服务人员技术技能的熟练程度。作为餐厅服务员，必须进行严格的基本技能训练和业务知识培训，才能达到上岗要求。

【学习目标】

◇了解餐厅服务基本技能的概念、种类。

◇理解餐厅服务的基本要求。

◇掌握餐厅服务基本技能操作方法。

餐厅服务基本技能是指与餐饮业务相关的规范的技能或技巧。餐厅服务是一种技术性较强的工作，基本技能主要包括端托、斟酒、中西餐摆台、餐巾折花、上菜、分菜、撤换餐具等，学习和掌握这些基本技能是做好餐饮服务工作的必要条件。

# 第一节　端　　托

## 一、端托的概念及种类

### （一）端托的概念

“端”是指用手平举拿物，如端盘、端菜等；“托”是指用手掌或其他物品向上承受物体的重力。服务员在摆台、上菜、运送酒水等工作时，必须借助于端、托以及身体的移动达到目的。所以，服务人员徒手或借助于托盘运送菜点、酒水、餐具及其他物品的过程称为端托。

端托是整个服务技能中最基本的技能，是斟酒、摆台、上菜、撤换餐具等服务技能的基础。

### （二）端托的种类

端托按其操作方式可分为托盘式和端盘式两种形式。

（1）托盘式。是指将物品先集中放入托盘内，再用手支撑着托盘运送物品。因此，托盘是餐厅运送物品的工具之一。

为了提高服务质量和工作效率，使服务工作规范化、标准化，无论是摆台，撤换餐具，运送酒水饮料、酒具、用具等服务活动都使用托盘式操作。使用托盘不但清洁卫生、量多迅速、启运方便，而且稳重安全。进餐的宾客在获得物质享受的同时，又能欣赏到服务人员熟练而又高超的托盘技艺，无意中又增添了精神上的乐趣。因此，托盘是餐厅服务人员在工作中必须掌握的一项服务技能。

（2）端盘式。是指直接用手端送物品，最早的餐饮服务采用的是这种操作方法。目前，徒手端盘常用于西餐服务中，尤其是美式服务，常用来上菜、撤盘及清理台面。

## 二、托盘的种类及用途

托盘的种类较多。按质地分，可分为金属制品（如不锈钢、铝、银、铜、搪瓷等）、木制品、胶木制品；按形状分，可分为圆形、矩形、方形、椭圆形等；按尺寸分，可分为大、中、小三种规格。

一般大、中型圆盘用于托送菜点、酒水和餐具等较多、较重的物品；大、中型圆盘用于展示饮品、斟酒、撤换餐具时使用；中型长方形盘主要用于自助餐服务和分菜服务；小型圆盘主要用于递送账单、收款、信件等。目前中餐使用的较为普遍的是胶木托盘，它具有轻便耐用、防滑防腐的特点。

服务人员在工作时要按照任务的要求，正确地选择各种规格的托盘，有利于提高服务质量和服务效率。

托盘的操作方式，一般按盘内物品的重量区分，有轻托、重托两种。

### （一）轻托

轻托一般使用中、小型圆盘，用于运送少量的酒水饮料、餐具、传菜、斟酒、摆台、撤换餐具等。盘内物品的重量一般掌握在 3 公斤左右，5 公斤之内。因盘内物品的重量较轻，故称轻托。又因其盘平托于胸前，又称胸前托、平托。轻托一般在客人面前操作，因此该项技能的熟练程度显得十分重要，是评价服务人员技能水平高低的一个重要指标。

轻托按其操作程序可分为理盘、装盘和托盘三个步骤。

1.理盘

根据用途和需要选择合适的托盘。

2.装盘

根据物品的形状、体积和使用的先后顺序合理装盘。几种物品同时装时，其原则是：轻物、低物在外，高物、重物在里；先上桌的物品在上、在前，后使用的物品在下、在后。装盘时要充分考虑重心的稳定平衡，便于操作服务，美观整齐等因素。要求盘内的物品排列整齐，物品的重量要分布得当，重心要安排在盘中或稍偏里。

3.轻托的操作要领

（1）手姿要求。操作时左手臂自然弯曲呈 90 度，手肘自然地离开腰部，掌心向上，五指分开，以大拇指指端到手掌的根部和其余四指托住盘底，手掌形成凹形，掌心不与盘心接触，将托盘平托于胸前。

（2）起放要求。起托时，用双手将托盘移至台边外 2/3 处，左手放入盘底，右手协助左手将盘托起，待托平稳后，再放下右手。放盘时，先用右手扶住盘边，将托盘水平放至桌边，然后抽去左手，再用双手将托盘推至桌内。起放时要随时注意托盘的平稳。

（3）托盘站姿。要求收腹挺胸、头正肩平、目光正视前方，两脚靠拢，右手臂自然下垂或背后。

（4）托盘行走。托盘行走时要求上身挺直，头正肩平，面带微笑，两眼注视前方。做到盘边不贴腹，手臂不撑腰，步履轻快，遇障碍物避让自如，托盘随着步伐的节奏自然地摆动。

4.轻托的基本要求

（1）摆台、斟酒、上菜、撤换餐具等操作时，要注意盘内物品的重量、数量、重心的变化，左手手指要不断地移动，随时调节托盘的重心，保持托盘的平稳。

（2）托盘行走时，托盘可在胸前自然摆动，但摆动幅度不宜过大，以保证盘内的汤汁、酒水不洒。托盘的姿态要美观大方，轻松自如。

（3）用托盘操作时，禁止将托盘放在客人正在就餐的餐桌上。

### （二）重托

重托一般使用的是质地坚固的大、中矩型盘。服务人员用来运送量多的菜肴和较重的物品。盘内的物品基本在 5 千克以上。因为盘内物品重量大，故称为重托。又因操作时托盘在左肩之上，又称肩上托。

重托要求不仅有较强的臂力，而且需要熟练的技术。由于托盘较大，托物较重，一般不适合在餐桌旁使用，多用于传菜员在厨房与餐厅之间传菜。目前，在餐厅内运送重物时，大部分采用各类餐车推送。

重托的主要特点是“重”，因此要求盘内的物品要摆稳、重量分布均匀。

托盘操作要领是用双手将托盘拉出台面，再用左手掌心及五指贴在盘底，掌握好重心后，用右手协助左手向上缓慢托起，再向上左后方转动手腕 180 度，将盘稳托于左肩上方。重托的基本要求是：

（1）重托时要求盘底不搁肩，盘前不近嘴，盘后不靠发。

（2）行走时右手可自然下垂摆动或扶住盘内角，以防意外的碰撞。

（3）盘内物品的装载重量要力所能及，堆物的大小、体积要安排得当，起托后一般不能随意减少盘内的物品。

## 三、端盘

徒手端盘经常用于西餐服务中，常用来上菜、撤换餐具。

### （一）一个盘的端盘技巧

用拇指和掌根压住盘边，其余手指贴在盘子下边，起支撑盘子的作用，见图 2－1（a）。

### （二）两个盘的端盘技巧

用食指、中指和无名指支撑第一个盘子，拇指和小指按在盘子边上；将第二个盘子放在大拇指和左前臂上，用无名指和小指托住盘底，见图 2－1（b）。

**（三）三个盘的端盘技巧**

第二个盘子放在左手第一个盘的下部，食指紧贴着第二个盘边，小拇指提到第二个盘子的上面，将第三个盘子放在左前臂上，并搭在第二个盘子的边缘上，见图 2－1（c）。

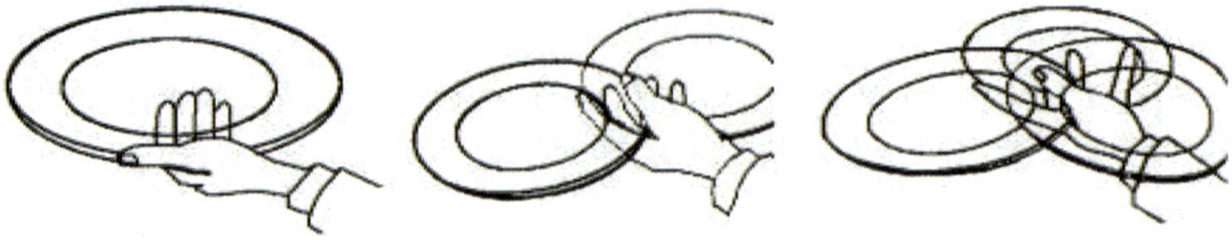

**图 2－1　端盘技巧**

（a）一个盘的端盘技巧　（b）两个盘的端盘技巧　（c）三个盘的端盘技巧

# 第二节　斟　　酒

## 一、斟酒的概念

酒水在饮用前，服务人员将其进行一定的处理，并根据不同的要求斟入客人酒杯中的服务过程称为斟酒。

斟酒的内容包括备酒、示酒、冰镇或温烫、开瓶、斟倒、续斟等。

## 二、斟酒前的准备工作

**（一）备酒**

从库房领取不多于两天平均销售量的酒水，将瓶身擦净，注意观察商标是否完整，并从外观上检查酒水质量：酒水内有无沉淀物、悬浮物、浑浊现象等，瓶身有无破裂。若有问题，应及时更换。

准备齐全的酒水要进行分类，合理地摆放，使其整齐、美观，又便于取用。

**（二）冰镇**

许多酒品的最佳饮用温度较低，如白葡萄酒的饮用温度为 8～12℃；啤酒的最佳温度为 4～8℃；香槟酒和有汽葡萄酒的最佳饮用温度为 4～8℃。因此，斟倒前要对其进行降温处理。

冰镇的方法一般有冰箱冰镇、冰桶冰镇和冰块降温三种方法。

冰箱冰镇需要先将酒水放入冷藏柜中，使酒水缓慢降温，一般用于饮料和啤酒的冰镇；冰桶冰镇常用于白葡萄酒、香槟酒和玫瑰葡萄酒的冰镇；冰块降温是将 2～3 块食用冰块放入饮用杯内，然后进行斟酒，使酒液在杯中降温并稀释。金酒、威士忌、利口酒等一般用此种方法降温。

在对饮用酒降温的同时，也要对盛酒的杯具进行降温处理，即冷酒用冷杯。处理的方法有以下两种：一种是在冰箱内冷藏杯具；另一种方法称为溜杯，是将冰块放在杯壁旋转溜滑，以达到降温的目的。

#### （三）温酒（升温）

温酒也称升温、温烫，即对酒品进行升温处理，以达到最佳的饮用温度。如黄酒在饮用时将酒温升至60℃左右，喝起来滋味独特。日本清酒要做升温处理，有些地区喝白酒也需要温烫。温酒的方法有水烫、烧煮、燃烧、冲泡四种。水烫和燃烧一般是当着客人的面进行操作的，水烫放置在台面上可以增添恬静、雅致的就餐气氛，而熊熊的火焰则形成了热烈欢快的局面。

#### （四）示酒

示酒也称验酒，是服务人员将比较贵重的酒在斟酒前出示给宾客过目的一个服务程序，也是酒品销售的一个重要环节。示酒的目的是：让客人核实所点的酒品品种准确无误；同时，让客人自己通过酒瓶的商标和外观进一步验证所销售的酒品货真价实；通过示酒也可以向客人表明服务人员的周到和对客人的尊敬。

示酒的方法是：服务人员站在点酒人的右侧，左手持折叠好的餐巾，包托着瓶底，右手扶瓶颈，酒标朝向宾客，让宾客认可。非冰镇的酒在示酒过程中，也可以不使用餐巾。

#### （五）开瓶

酒瓶的封口方法有瓶塞和瓶盖两种，因此相应的开瓶器也有两大类，一类是专门用于开瓶盖的扳手，另一类是专门用来开瓶塞的酒钻。开瓶时应注意：

（1）为了安全起见，开瓶要在桌上操作，酒席宴会一般在客人的视线能观察到的工作台上开瓶。

（2）开葡萄酒时动作要轻、准确、敏捷、果断，尽量减少瓶体的晃动。

（3）开瓶后要用干净的布巾擦净瓶口，注意不要将瓶塞渣和污垢落入酒中。

（4）若在餐桌上开瓶，要及时地将瓶盖、封皮等杂物收拾干净。

（5）在开启易拉罐饮料及气体较大的酒水饮料时，不可对着客人开，应将瓶口对着自己，并用手遮挡，以示礼貌。

### 三、斟酒

#### （一）斟酒的操作方法

斟酒的方法有两种：即托盘斟酒和徒手斟酒。徒手斟又可分为桌斟和捧斟。

托盘斟酒多用于酒席宴会服务，要求服务人员不仅有耐心细致的斟酒技巧，而且还必须具备过硬的托盘技术，否则在斟酒的过程中易造成托盘失误。

桌斟操作时，右手握酒瓶的下半部，酒瓶的商标朝向宾客，左手放在自己的身背后，然后站在客人的右后侧，右脚朝前，侧身而进，伸出右臂进行斟倒。

捧斟多用于酒会和酒吧服务，适用于非冰镇处理的酒。其方法是：右手握瓶，左手持杯，站在客人的右后侧向杯内斟倒，然后将斟好的酒杯放在客人的右侧。操作时要在台面以外进行，其动作要做到准确、优雅、大方。

### （二）斟酒量

1. 中餐斟酒

中餐在斟各类酒水时，习惯以八分满为宜。以示对宾客的尊重。但目前大部分餐厅的斟酒量是根据酒的饮用特点及杯具的容量确定的。

2. 西餐斟酒

西餐斟酒的要求是：红葡萄酒斟倒 1/3 杯；白葡萄酒斟倒 2/3 杯；白兰地酒斟倒 1/5 杯，其标准是将白兰地杯横放，以酒液不溢出杯口为准；香槟酒在斟酒时要先向杯中斟 1/3 的酒液，待大量泡沫消失后，再向杯中斟至八成满；啤酒要沿着杯壁缓慢斟倒，分两次进行，以泡沫不溢为准，斟酒时注意不能将瓶口挂在杯口上。

### （三）中餐宴会斟酒

中餐宴会常用的酒水主要有酒精度较高的白酒，如茅台、五粮液、汾酒等；酒精度较低的葡萄酒、黄酒、啤酒等；饮料一般有矿泉水、可乐及各种果汁。

1. 重要宴会斟酒

在宴会开始前 5 分钟，服务人员将葡萄酒和烈性酒作为礼酒斟好，以备客人举杯祝贺饮用，待客人入座后，再斟倒饮料及其他酒水。在有宾主讲话的宴会上，负责主桌的服务员要事先将酒斟好，并放在托盘上，当讲话结束时要及时送上酒水，供宾主举杯祝贺饮用。当主人、主宾离席逐桌敬酒时，服务员可托着酒水或酒瓶，跟随其后 1 米左右，以便随时续斟。

2. 小型宴会

一般是待客人入座后斟酒。斟酒前，应先示意一下酒水，征求客人的意见，再按客人的需求斟倒。

3. 宾客进餐期间

要随时观察每位宾客的酒水饮用情况，见到杯中只剩 1/3 杯时，要及时续斟。但啤酒、香槟酒却要待客人饮用完后再斟，以免影响口味。对于非整瓶销售的酒水，若客人需要添加时，应另换酒杯。

4. 斟酒顺序

若客人还没有入座前进行斟酒时，可以按顺时针方向依次斟倒。待宾客入座后，在酒席宴会开餐前 5～10 分钟将红酒和白酒按“先宾后主”原则，顺时针方向斟倒。啤酒及其他饮料则在客人入座后，按主宾，副主宾，主人，其他客人的顺序，顺时针进行斟酒。如果一桌有两位值台服务员斟酒，则一位从主宾开始，另一位从副主宾开始，顺时针方向进行。零点的斟酒顺序是按照先宾后主、先长后幼、先女后男、先领导后其他的原则进行的。

### （四）西餐宴会斟酒

1. 西餐宴会常用酒水

西餐宴会用酒种类较多。酒品的种类要随菜肴变动。西餐高档宴会几乎每道菜都要跟一种酒，每种酒配备相应的酒杯，以一般西餐配酒为例。

（1）餐前酒。用餐前一般选用具有开胃功能的酒品，如鸡尾酒、软饮料等。

（2）开胃品（冷盘或海味杯）。跟上具有开胃解腥的烈性酒，有时配用威士忌，使用立口杯或威士忌杯。夏季，酒水中还必须放冰块，保持冷度。

(3) 汤。一般不用酒，如需要则跟上雪莉酒，用雪莉杯，又称郁金香杯。

(4) 海鲜类菜肴。应上酒度较低的干白葡萄酒（whitewine），饮用前需要进行冰镇，使用葡萄酒杯。

(5) 肉、禽、野味类菜肴。配红葡萄酒，用葡萄酒杯。由于国外的葡萄酒常带有沉淀物，故需将酒放在酒篮内或事先过滤。斟酒时尽量避免摇动。香槟酒是配主菜的主酒，用香槟酒杯。开瓶时发出清脆的响声，可以增加宴会的热烈气氛，香槟酒也可以配其他菜肴饮用。

(6) 甜品、奶酪。可选用砵酒（portwine）。该酒是一种深红色的葡萄酒，酒味浓郁、味甜带酸，适合配甜食饮用。用葡萄酒杯或砵特杯。

(7) 餐后酒。选用甜食酒、立口酒、白兰地或鸡尾酒等。

2. 西餐斟酒要求

(1) 西餐斟酒前，必须示酒，征得主人的同意才能开瓶。

(2) 斟酒前先将少许酒水倒入主人的杯子里，待主人同意使用这种酒后才能斟倒。

(3) 斟酒顺序：西餐宴会的顺序是：女主宾、女宾、女主人、男主宾、男主人。

(4) 西餐宴会服务时，应先斟酒，后上菜。可以撤换酒杯，也可以将桌面上的酒杯进行调整，把将要使用的酒杯摆在最右侧，以便客人端拿和服务操作。

西餐用酒品种较为繁多，其中有些酒水须冷饮，有些酒水饮用时需要加冰块或兑入苏打水、冰水等。针对不同特点的酒水，在服务中应根据不同的需求，提供相应的服务。如为冷饮的酒备好冰酒桶、包酒布，斟酒前备好冰块、苏打水，同时准备好充足的冷水及斟酒时用的酒篮、酒架。

## 四、斟酒操作要求

(1) 用托盘斟酒时，注意托盘的平稳，禁止托至客人的肩上或餐桌的上部，操作中也不能将托盘临时搁放在客人正在就餐的餐桌上。

(2) 斟酒时为了保证清洁卫生，文明操作，瓶口不能搭在酒杯口上，但瓶口也不能抬得过高，以防酒液溅出杯外。瓶口与杯口之间相距 1～2 厘米为宜。

(3) 手持酒瓶时，尽量不要握住商标，以便让客人及时地了解饮用酒的品牌。

(4) 由于操作不慎将酒杯碰翻时，应立即扶起酒杯，并向客人表示歉意，擦净桌面上的酒迹，换上干净的酒杯。

(5) 凡冰镇过的酒从冰桶或冰柜取出时，要用一块洁净的餐巾包住瓶身，以免瓶内的酒液升温或瓶外滴水。

(6) 在宴会上遇到酒瓶内的酒不够斟满一杯时，为了尊重客人，应换上一瓶酒再斟，切忌先斟半杯、再续半杯的情况发生。

(7) 当宴会开始宾主讲话时，服务员要停止一切操作，站在适当的位置，并保持肃静。

# 第三节 餐巾折花

## 一、餐巾折花的概念

餐巾，又称口布、席巾、花巾、茶巾，英文为“Napkin”。餐巾折花是运用折叠、推、穿、翻、拉、卷、捏、掰等不同的技法，模仿自然形态，将餐巾折叠成不同形态的一种操作技能。

## 二、餐巾的作用

餐巾的使用在我国只有一百多年的历史，随着近年来我国餐饮业的迅猛发展，餐巾在各种酒席宴会上使用非常广泛，因为它具有以下优点：

### （一）卫生保洁、方便客人

宾客在就餐时将餐巾放在膝上或衣襟上，一方面可以防止菜汤酒水玷污衣服，另一方面也可以作为擦手的布巾使用。

### （二）美化席面

将餐巾折叠成栩栩如生的各种花型和惟妙惟肖的实物造型，并根据餐具的特点和台布的色泽进行巧妙的构思，不但表示了各类宴会的主题，起到了美化席面的作用，而且给餐厅增加了欢快的气氛，给客人一种艺术美的享受。

### （三）传递信息

餐巾折花是一种无声的语言，可以用它来传递某种信息，如利用不同的折花造型来表示各类宴会的主题；将餐巾折叠成不同的花型进行摆设，使就餐客人便于识别宾、主席位。一般最高、最突出的花型在主位，副主位花型次高，各位宾客的花型较高，陪同、翻译位的花型最低；在多桌宴席中，一桌餐巾花的造型、色泽或大小不同于其他席面，来宾便能识别出这是主桌；客人通过餐巾的摆放位置，示意是用餐完毕，还是暂时离开餐桌。

## 三、餐巾的种类

### （一）按纺织材料分类

全棉和全麻混纺的正餐餐巾，特点是吸水性强、触感好、色彩丰富，但易褪色、不够挺括，每次洗涤需上浆，平均寿命 4～6 个月，其规格为 50～65 厘米边长的正方形；化纤餐巾，其薄型餐巾边长规格一般只有 35 厘米；维萨餐巾（Visa）特点是色彩鲜艳丰富、挺括、感觉好、方便洗涤、不褪色，并且经久耐用，可用 2～3 年，但价格较高；纸质餐巾的特点是一次性使用，成本较低，一般用在快餐厅和团队餐厅。

### （二）按色泽分类

可将餐巾分为白色和彩色两大类。

## 四、餐巾花的造型种类和应用

### （一）餐巾花的造型种类

餐巾花的品种众多，其造型一般有以下两种分类方法：

1. 按摆放的餐具不同进行分类

可分为杯花和盘花两种。

杯花是将折好的花型放入酒杯或水杯内，若从杯中取出，花型即散，散开后餐巾皱折较多。

盘花是将折好的花型置于餐碟内或直接放置在台面上，花成型后不会自动散开。常用于西餐、散座、茶市等服务。

因为盘花具有技法简单、折叠迅速、造型美观大方、餐巾折皱少、操作清洁卫生等优点，目前餐巾折花逐渐趋向于选择盘花。

在自助餐服务中，为方便客人，提高工作效率，常将餐巾折叠成简单的几何图形，然后用不同的色彩餐巾折成的正方形、长方形、三角形拼成一个整体图案，摆在自助餐台前，供客人自行使用。

环花是盘花的一种折叠形式，是将餐巾平整卷好或折叠成造型，套在餐巾环内。餐巾环也称为餐巾扣，有瓷制、银制、象牙、塑料、骨制的等。此外餐巾环也可用色彩鲜明、对比感较强的丝带或丝穗带代替，也可以配以鲜花，显得传统、简洁和雅致。

2. 按外观造型分类

（1）植物类。是根据植物的形态折叠的花型，如荷花、水仙花、月季花、牡丹、雨后春笋、丰收玉米、冰上雪莲等。

（2）动物类。包括以飞禽走兽为主，昆虫、鱼虾为辅的造型花型。

（3）实物造型类。此类花型是模仿日常生活中各种实物形态折叠而成，如僧帽、皇冠、折扇、领带、蜡烛等。

### （二）餐巾花型的选择

花型的选择和运用一般是根据餐厅的装饰风格、宴会的性质、规模、餐厅的大小、冷盘的造型、季节时令、来宾的宗教信仰和习惯、宾主的座次安排、餐具的规格等诸多因素考虑的。总之，选择的花型要与餐厅的环境气氛协调，以达到总体美观的效果。

（1）根据餐厅的大小选择花型。大型餐厅一般选用简单、统一的花型，若是花型太多反倒显得杂乱无章；小型餐厅可以在同一餐桌上摆放不同的花型，或选择较为复杂的花型，营造一种生动活泼的气氛。

（2）根据宴会的性质选择花型。根据宴会的性质选用与之相应的花，易于突出宴请主题，渲染宴请气氛。如利用餐巾花可以组成鸟语花香、友谊花篮、热爱和平、百花齐放、百鸟朝凤、蝴蝶闹席、花好月圆等富有寓意的台面。

（3）根据宴会的规模选择花型。大型宴会一般选简单、快捷、挺括、美观的花型，小型宴会则反之。

（4）根据冷盘造型选择花型。冷盘的造型若是鸟则折叠飞禽类花型；冷盘的造型是花则以植物类花型衬托，花型与菜肴相互呼应，形成一种欢快活泼的气氛。

（5）根据时令季节选择花型。冬天可选择腊梅、冬笋、仙人掌等花型；夏天则可以折荷花、折扇等花型，使台面的花反映出季节的特色，富有时令感。

（6）根据宾客的宗教信仰和风俗习惯选择花型。在宴请活动中，若选用来宾家乡的国花作为台面餐巾花，可以进一步增进与客人之间的友谊。如日本的樱花、印度的荷花、英国的红玫瑰、加拿大的枫叶、泰国的金莲花等都可以用餐巾折成逼真的花型，摆设在餐桌上，使客人感到对他的尊敬。折花时要注意禁用客人忌讳的花型，如英国把孔雀看成祸鸟；法国讨厌仙鹤；欧洲许多国家忌用菊花放在餐桌上等。

（7）根据宾主席位选择花型。宴会主人位上摆放的花成为主花，主花一般选用高大、醒目、美观的花型，如迎宾花、孔雀开屏、友谊花篮、天鹅飞翔等，其目的是使宴会的主位更加突出。

（8）根据餐碟的尺寸选择花型。一般盘花的体积较大，而中餐餐碟的直径较小，在中餐台面选择盘花时，成型后的花型与餐碟之间的尺寸不能相差太大，否则造成一种头重脚轻之感。

大多数西方人认为餐巾折裥越少越好，简朴的餐巾折法既卫生又省事，而中国人却视花样复杂、折叠细腻、形象逼真的餐巾为美观。从卫生的角度，现在一般餐厅以逐渐将餐巾折法简单化，尽量减少对洗过的餐巾进行不必要的接触。

### （三）餐巾花的摆设

（1）餐巾花插入杯中的深度要合适，插花时要保持花型的完整，插入后要整理花型，使其到位，插入杯内的餐巾也要折整齐。

（2）主花要摆在主位，副主位为次高花，一般花则摆在宾客席上，使整个台面上的花型高低均匀，错落有致。

（3）不同的花型在同桌摆放时，要将形状相似的花对称摆放。

（4）摆花时要将花型的观赏面朝向宾客，飞禽走兽类的花型要将头部朝向客人。

（5）摆放餐巾花时要间距一致，摆放整齐，长台上的花要摆在一条直线上。

## 五、餐巾折花的操作要求

### （一）手法卫生

折花前操作者的双手要消毒洗干净，在干净的托盘或台面上操作，绝对禁止用嘴叼、口咬。插花时，不能在杯身上留下指纹。

### （二）一次成型

折花要注意每种花型的造型特点，运用每一种手法要准确得当，尽可能一次将花折叠而成。

### （三）造型逼真

餐巾花也是台面上的一件艺术品，因此造型要美观大方，与进餐环境和谐。

## 六、餐巾折花的基本技法

餐巾折花的基本技法主要有叠、推、卷、翻、拉、穿、捏、掰等。

(1) 叠即折叠的意思，是最基本的折花技能，几乎所有的餐巾折花都要运用这种技法。一般有正方形折叠、长方形折叠、多层折叠、对角折叠等。可以折叠成矩形、正方形、三角形、菱形、梯形、锯齿形等几何图案。其要领是：要熟悉基本造型，看准角度，一次叠成，尽量避免反复折叠，使餐巾上留下一条条痕迹，影响餐巾花的质量。

(2) 推又称推折。是在餐巾上打折的一种技法，使花形层次丰富，立体感强，造型更加美观、逼真。推折又可以分为直推和斜推两种。直推也称平行推，折裥的两头大小一样；斜推要求一手固定不动，另一手绕中点沿圆弧形方向推折、斜推的折裥一头大，一头小，形似扇状，如图 2—2 所示。

(3) 卷是做成桶形的一种技法。有直卷和斜卷两种形式。直卷也称平行卷，是将餐巾的两头同时平行地向前卷，形成卷筒的两头粗细相同；斜卷也称螺旋卷，操作时将餐巾的一头固定，只卷一头。或一头多卷，一头少卷，形成的卷筒为圆锥状。卷的操作要领是：平行卷时两手用力要均匀，卷筒的直径基本相同；斜卷要按花形的要求控制卷筒的大小。无论采用哪一种卷法，均要求卷紧，卷得挺括。

(4) 翻是指餐巾花折制的过程中，上下、前后、左右、里外改变部位而进行翻折的一种技法。如图 2—3 所示。翻的要领是翻出的边或角大小适宜，比例恰当，自然美观。

图 2—2　斜推操作技法

图 2—3　翻的操作技法

(5) 拉是将餐巾向一定的方向牵引的技法。

(6) 穿是用筷子从餐巾的夹缝中穿过去，并形成精致的一种技法。

(7) 捏是利用餐巾的一角做成鸟的头部的一种技法，如图 2—4 所示。

(8) 掰是将打过的褶裥的餐巾按褶裥的顺序一层一层地向两边掰的一种技法，如图 2—5 所示。

图 2—4　捏的操作技法

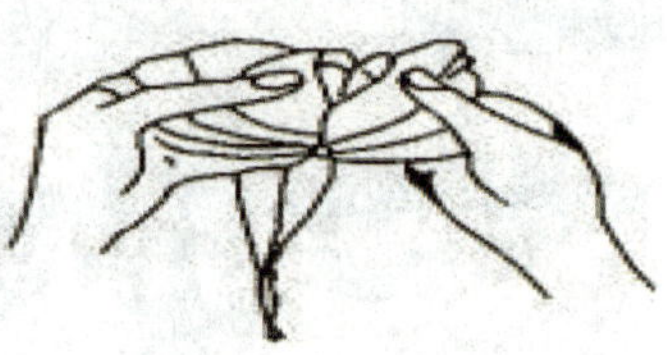

图 2—5　掰的操作技法

## 七、常见餐巾花型折叠示例

（1）杯花造型。如图 2－6 至图 2－11 所示，为杯花折叠示例。

图 2－6　玫瑰花

图 2－7　仙人掌

图 2－8　芭蕉叶

图 2－9　单荷花

图 2－10　蝴蝶

图 2－11　四尾金鱼

（2）盘花造型。如图 2—12 至图 2—17 所示，为盘花折叠示例。

图 2—12　**海星**

图 2—13　**海螺藏花**

图 2—14　**香蕉**

图 2—15　**玫瑰花**

图 2—16　**帐篷**

图 2—17　**僧帽**

# 第四节 摆 台

## 一、摆台的概念

摆台又称餐台设计、餐桌布置、铺台，是指为客人就餐确定席位，并将餐饮活动中所需要的餐具用具及其他物品按一定的要求摆设于餐桌上的过程。摆台是餐厅服务工作中一项技术性较高的技能之一，是宴会设计的重要内容，也是餐饮服务人员必须掌握的一门基本功。

摆台的具体内容有餐台的排列、席位的安排、铺台布、摆放餐具，台面小件布置及美化台面等工作。

## 二、摆台的基本要求

摆台可以分为中餐摆台和西餐摆台两大类。由于各地的饮食习惯不同，宾客的就餐形式和规格不同，所摆放餐具的种类、件数及台面的造型都有所不同。而且各饭店具有各自独特的摆台方式，不可能完全统一，但是摆台的基本要求是相同的。

### （一）餐具洁净，完整无缺

摆在台面上的餐具应该是无污渍、水渍、油渍，消毒指标达到国家的有关标准，无缺口、裂纹、品种花色一致，整体搭配协调。

### （二）手法卫生

摆台操作时要求盘碗拿边，杯盏拿底，刀、叉、匙、筷拿柄，手持餐具时尽量不要接触餐具的入口处部分。

### （三）间距恰当

中餐摆台一般是以骨碟定位，西餐是以餐盘定位，因此要求定位餐具之间的距离均匀，每组餐具的摆放要相对集中。

### （四）便于进餐和席间服务

摆放餐具的顺序是：骨碟定位，然后按先左后右、先里后外、先中心后两边的原则来摆放。餐桌餐椅的排列要整齐协调，井然有序，中餐每个客位所占有的桌边距应在 60 厘米左右，既便于客人就餐、活动，又确保服务工作的顺利进行。

### （五）装饰适宜

台面的装饰要符合餐厅整体布置的风格，富有艺术性。普通宴席的装饰不能过于华丽，以免与菜肴相比，形成喧宾夺主的局面，同时也提高了经营成本。高档宴席不能布置得过于简单，否则无法体现宴会的主题、规格及高雅隆重的宴请气氛。

### （六）台面清洁、整齐美观

台面上所有的布件、餐具用具、装饰品都要洁净，餐具用具的摆放要有规律，整体布局要整齐统一。

### （七）符合各国、各民族的生活习惯和社交礼仪

在酒席宴会上，席位的安排，餐具的摆放可根据宴请客人的生活习俗、就餐形式和规格而定。

## 三、台面的种类

按一定的要求布置、装饰的餐桌称为台面。

台面一般由餐桌、餐椅、台布、餐具、装饰等组成。

台面的分类方法很多，一般情况分为中餐台面、西餐台面两大类。考虑到许多外宾在中餐厅不会使用筷子就餐，所以还有中餐西吃台面（也称中西混合台面等）。

按进餐的餐次分，有早餐台面、午餐台面、晚餐台面。

根据餐桌的形状及特点分，有圆桌台面、转台台面、方桌台面、直长台面、T 形台面、M 形台面、U 形台面、弧形台面、异形台面等。

中餐台面的分类方法有按进餐特点分，有散客台面、茶市台面、风味餐台面（如火锅、海鲜餐、民族餐、生片餐等）、酒席宴会台面；按每位客人面前所摆放的小件餐具数量分，有二件头台面到十五件头台面等多种形式；按餐桌的布置方法分，有普通台面和看台两种。看台是供客人观赏的台面，主要由鲜花、工艺品、餐具、口布花等拼制成花坛或图案，多用于喜庆宴会。

## 四、中餐摆台

### （一）中餐摆台用具

主要有餐碟（也称骨碟、食碟、吃碟、围碟、渣碟）、汤碗（口汤碗）、汤勺、酒杯、筷架、筷子、公用餐具、台面小件等。

### （二）摆台的操作程序

中餐摆台分为便餐和宴会两种方式。一般使用圆形餐桌、方形餐桌、厢式餐桌或长桌。

1. 铺台布

台布的作用是保持台面的清洁卫生、美观大方，同时又便于工作人员服务。圆桌铺台布的方法一般有三种形式：抖铺式、推拉式与撒网式。圆桌铺台布的要求是：

（1）台布的正面向上。

（2）宴会圆桌台布的折缝要正对正副主人位，十字点居于桌面正中。

（3）同一餐厅中所有餐台和台布折缝要横竖统一。

（4）台布的四角要遮住桌腿，四角下垂部分与地面之间的距离要相等。

（5）铺好的台布要平整，无皱折，图案花纹要置于餐台正中，文字要正对主位。

铺完台布后，随即要将转盘置于餐台中央。转盘应无油渍、污渍、洁净光亮，转动灵活无偏心摆动，无杂音等不良现象。

2. 中餐餐具的摆放原则

（1）餐碟。可将码好的餐碟置于托盘上，也可以在左手上放一块折叠好的餐巾，端起餐

碟，从主人位开始，顺时针方向依次摆放。

（2）汤碗、汤勺。汤碗置于餐碟的左边，汤勺放于碗中。

（3）酒具。一般使用水杯、葡萄酒杯和烈性酒杯三套杯。葡萄酒杯作为定位杯置于餐碟的正前方，烈性酒杯在葡萄酒杯的右侧，水杯在左侧，三杯之间的间距均为 1 厘米，以能插入一指为度。三套杯可以摆成直线、斜线或弧线形，折好的杯花可以直接插入水杯之中，如图 2—6 所示。

（4）筷架、筷子。置于餐碟的右侧，筷子放在筷架上，文字图案一律朝向客人。

（5）公用餐具。一般使用公用盘或搁筷架，上面放置公用筷和公用勺。10 人就餐的餐桌通常摆放 2 套公用餐具，分别置于正、副主人位正前方的转盘上。公用盘距转盘 2 厘米，公用勺和公用筷平行横放在公用盘上，勺柄、筷把一律朝向客人的右边。

10 人以上的餐桌放置四套公用餐具时，其他两套餐具摆放方向与正副主人位垂直，即所谓“十字摆放法”。

有些餐厅的台面较大，习惯将公用筷架放在正副主人位酒具的正前方，将筷、勺托起，以防转盘转动时移位。

（6）台面小件。

①烟灰缸。10 人台面一般摆 2 个烟灰缸，分别置于正副主人位的右侧，与其相邻的两套餐具之间。高档宴每 2 个餐位放一个烟灰缸，要从主人的右侧摆起，每隔一个餐位放置一个烟灰缸。若有 4 个烟灰缸同样采用“十字”摆法。值得注意的是许多公用场所已经提倡禁止吸烟，许多宴会台面已经不再摆放烟灰缸，待客人需要时，再用托盘及时送上。

②调料壶、牙签筒。可根据当地习惯摆放，或客人需要时临时送上。

③台号。放在餐桌的下首，字面朝向餐厅入口处。

④菜单。若只有一份菜单则摆在主人位的右边。两份菜单，在正副主人位右侧各放置一份，四份菜单则采用“十字”摆放法。高档宴会每个餐位放置一份菜单。菜单的摆放方式有：平放式、帐篷式、翻页式等。

⑤席位卡。安置席位卡，用于高档宴会的主桌、副主桌。卡上写有宾客的姓名，便于宾客进餐时对号入座。席位卡一般横放在餐具与酒具之间，字面正对客人。

⑥餐椅。中餐宴会摆台一般习惯于“对客位围椅法”，即餐椅的正中对着餐碟的中心，椅座的边沿与餐桌边对齐。为了使餐厅整体美观大方，整齐划一，目前大部分餐厅采用“三二三二”围椅法。

（7）美化台面。为了突出主台、美化环境、烘托宴请主题和气氛，摆台时要对台面进行相应的装饰。美化台面的原则是：造型得体、干净鲜艳；不挡视线，便于交谈；合理占地，不碍就餐；突出主台，美化席面。

3. 便餐摆台

便餐台面一般有以下两种形式，一种是早餐台面，由 2～6 头餐具组成，另一种是午、晚餐台面，由 5～12 头餐具组成。摆台时可根据餐厅的规模、餐桌的大小、菜肴的特点和接待对象的不同来确定每个客位餐具的数量与种类。

（1）早餐摆台。早餐摆台较为简单，只有餐碟、汤碗、水杯等。

（2）午晚餐摆台。午晚餐摆台的餐具与早餐台面基本相同，只是增加了饮料杯和茶具等，中高档餐厅还要摆放口布花，如图 2—18 所示。

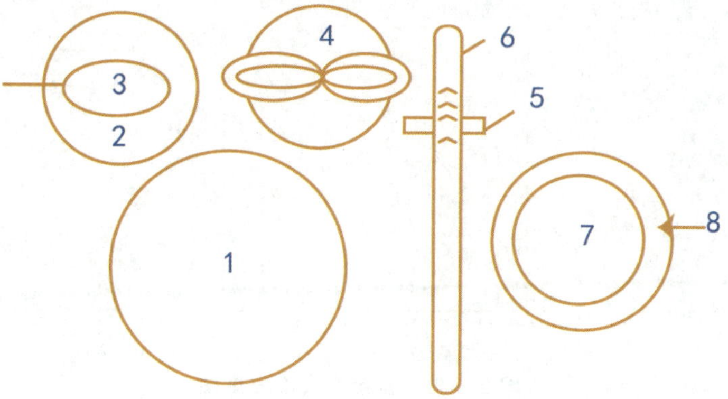


**图 2—18　中餐午晚餐摆台图**

1—餐碟；　2—汤碗；　3—汤勺；　4—水杯、餐巾花；
5—筷架；　6—筷子；　7—茶盅；　8—茶盅碟；

4. 中餐宴会摆台

(1) 合理布局

中餐宴会的摆台首先要根据宴请的主题、具体要求、参加宴会的人数、宴请的规格、餐厅的大小、形状等进行合理的布局。要突出主桌，开辟主通道。大型餐厅还需要留有支通道，以便客人敬酒和服务人员行走。

(2) 安排席位

要根据参加宴会的宾主身份安排席位。宴会席位安排的原则是：主人坐在餐厅的正面，面对餐厅的入口；副主人安排在主人的对面；主宾在主人的右侧；主人的左侧可以安排第二宾或主宾的夫人；第三、第四宾坐在副主人的右、左两侧。有时也可以把第二宾安排在副主人的右侧。为了便于对话，翻译安排在主宾、副主宾的右侧。其他席位为陪同、翻译席。中餐宴会的席位安排如图 2—19 所示。

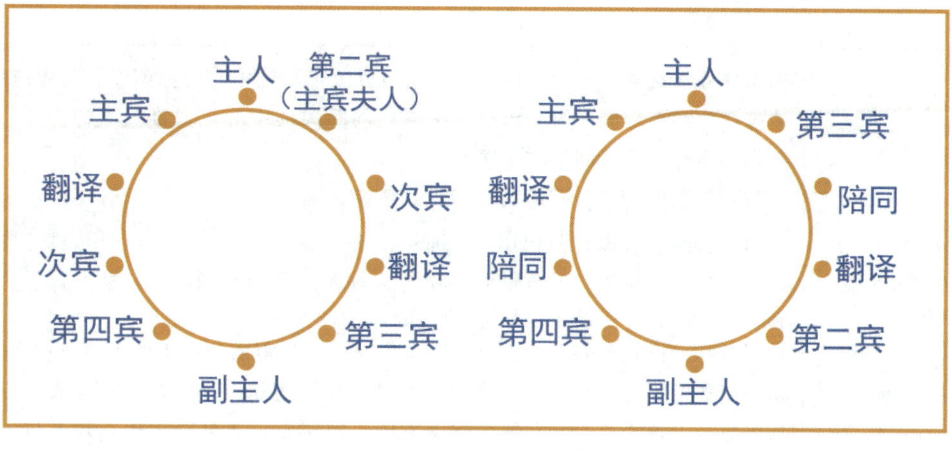


**图 2—19　中餐宴会席位安排图**

对于两桌以上的宴会，各桌主人位的确定有三种方式：即统一式见图 2—20（a）、包围式见图 2—20（b）、课堂式见图 2—20（c）。

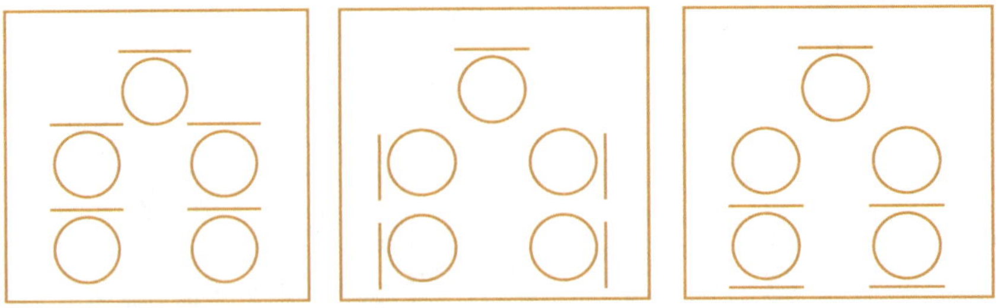

图 2—20　宴会主人位安排图

（a）统一式　　（b）包围式　　（c）课堂式

（3）摆放餐具

宴会摆台使用餐具的件数和质地要根据宴会菜肴的内容和规格来定，餐具摆放的图案设计也要不断创新，以满足宾客求新的心理。在宴会摆台过程中，要做到餐具摆放正确，距离相等，整齐、美观、清洁大方，为宾客提供一个舒适的就餐位置，一套必需的就是餐具，以及良好的服务体验。要用高档餐具，如银餐具等；餐具的件数也要增加，筷架是用匙筷两用架，增加一把长柄汤匙；中餐宴会摆台标准见表 2—1、图 2—21 所示。

表 2—1　中餐宴会摆台标准

| 操作步骤 | 摆放标准 |
|---|---|
| 1. 铺装饰布、台布 | 拉开主人位餐椅，在主人位铺装饰布、台布；装饰布平铺在餐桌上，正面朝上，台面平整，下垂均等；台布铺在装饰布上，正面朝上；定位准确，中心线凸缝向上，且对准正副主人位；台面平整；台布四周下垂均等。 |
| 2. 餐碟定位 | 从主人位开始一次性定位摆放餐碟，餐碟边沿桌边 1.5 厘米；每个餐碟之间的间隔要相等；相对的餐碟与餐桌中心点三点成一直线；操作要轻松、规范、手法卫生。 |
| 3. 摆放汤碗、汤勺、味碟 | 汤碗摆放在餐碟左上方 1 厘米处，汤勺放置于汤碗中，勺把朝左，与餐碟平行，味碟摆放在餐碟右上方。汤碗与味碟之间距离的中心点对准餐碟的中心，汤碗分别与味碟、餐碟间相距 1 厘米。 |
| 4. 摆放筷架、席面更、牙签 | 筷架摆在碗碟右边，其横中线与汤碗、味碟横中线在同一条直我上；筷架左侧纵向延长线与餐碟右侧相切。席面更，筷子搁摆在筷架上，筷子与对座餐碟中心线平行，筷尾的右下角距桌边沿 1. 5 厘米，筷套正面朝上；牙签位于席面更和筷子之间，牙签套正面朝上，底部与席面更齐平。 |
| 5. 摆放葡萄酒杯、白酒杯、水杯 | 葡萄酒杯摆改在餐碟正上方（汤碗与味碟之间的距离的中点线上）；白酒杯摆在葡萄酒杯的右侧，水杯位于葡萄杯左例，杯肚间隔 1 厘米，三杯杯底中点连线成一直线，该直线与相对两个餐碟的中点线垂直；水杯待餐中花折好后一起摆上桌，杯花底部应整齐、美观，落杯不超过三分之二处，水杯肚距离汤碗边 1 厘米；摆杯手法正确（手拿杯柄或中下部）、卫生。 |

续表

| | |
|---|---|
| 6. 折餐巾花 | 折十种不同造型杯花，花型突出正、副主人位；有头尾的动物造型应头朝右，主人位除外；巾花观赏面面向客人，主人位除外；巾花挺拔、造型美观、款式新题；操作手法卫生，不用口咬、下巴按、筷子穿；手不触及杯口及杯的上部。 |
| 7. 摆放公用餐具 | 公用筷架摆放在主人和副主人餐位水杯正上方，距水杯肚下沿切点 3 厘米，公勺、公筷置于公用筷架之上，勺柄、筷子尾端朝右。 |
| 8. 上花盆、桌号牌和菜单（2个） | 花盆摆在台面正中；桌号牌摆放在花盆正前方，面对副主人位；菜单摆放在正副主人的筷子架右侧，位置一致，菜单右尾端距离桌边 1.5 厘米 |

图 2－21　中餐宴会摆台图

## 五、西餐摆台

### （一）西餐餐台

西餐餐台通常用的是方桌或长桌。宴会使用的餐桌可由方桌、长方桌、半圆桌拼接而成。拼接的大小、形状可根据宴会的人数、餐厅的形状、面积、服务方式、客人的要求等因素来确定。

### （二）餐具的类型

因为菜点的种类不同，食用方法各异，餐具的形状、大小也不同，餐具的配备还必须同整个餐厅的设计和经营风格相一致（参见第四章第二节内容）。

### （三）西餐摆台的步骤与要领

1. 准备桌椅

要根据客人的人数、用餐类型、规格、客人爱好正确地选用餐桌。每个客人餐位所占有的桌边距标准如下：经济型餐厅不少于60厘米；舒适型餐厅不少于75厘米；豪华型餐厅每客餐位应在90厘米左右。餐椅放在每个餐位的正前方。

2. 铺台布

西餐多用白色台布，方桌也有用方格台布，质地选择棉或亚麻制品。高级西餐厅的餐台上一般有三层布草：垫布、台布和装饰布。

（1）方桌铺台布要求

铺好的台布正面向上，中缝线与餐桌的中线重叠，四边的垂角遮住餐桌的桌腿，四边的下垂部分距离相等。

方桌斜方形铺台布的要求是台布的四个中缝线落在方桌的对角线上，台布的边与餐桌的四边呈45°夹角。四角的下垂部分也要与地面的距离相等。

（2）长台铺台布的方法与要求

长台大多作为西餐餐桌、宴会的主桌或自助餐菜台使用，可由2～4个长台或多个方台拼制而成。直长台作为主桌使用时，铺台布前可以事先铺上用法兰绒、毡、泡沫或丝帛棉制作的台垫，以减少餐具与桌面的撞击声，提高宴请规格。铺台时，一般由两人一组合作进行，要从里往外铺，让台布的接缝朝里，台布的重叠部分不少于5厘米，使台面尽量显得整齐美观。

铺台布时要求台布的中缝正对餐桌的中线，所有台布面的中线连为一线，四脚下垂部分相等，台布的下沿正好接触到餐椅的边沿。在规格较高的酒席宴会上，还在餐桌的外沿上围上台裙、缎带，给人一种庄严隆重、典雅豪华之感。

3. 摆放餐具及用品

（1）垫盘。又称装饰盘、餐盘、底盘，是西餐摆台中的定位盘。它既有装饰作用，又可当其他菜品的搁碟使用。用左手垫上餐巾，包住盘底，从主人席位开始用右手在每个席位正中摆放一个餐盘。盘子上端的花纹图案要摆正，盘与盘之间距离要相等。

（2）刀叉匙。根据菜单摆放刀叉匙。西方人用餐讲究食物与餐具的搭配，往往是吃一道菜用一副刀叉。目前西餐摆台的趋势是垫盘两边的餐刀餐叉较少，如果菜单上的菜肴需要更多的餐具，在上菜前将新增加的餐具用托盘送上，并摆放在垫盘外1～2厘米处。为了方便客人使用，在摆放时要兼顾上菜的顺序，先用的刀叉放在外侧，后用的刀叉放在内侧。刀叉摆放的规则是：以垫盘为中心，左叉右刀，叉尖向上，刀刃向左。汤匙放在右侧，正面向上。甜品叉匙放在上方，匙把向右，叉把向左。刀、叉、匙、垫盘之间距离约为1厘米，而鱼叉鱼刀尾端可以与其他餐具相同，也可以突出其他餐具1厘米。

（3）摆放面包盘。面包盘放在餐叉左侧，面包盘的圆心与垫盘圆心的连线与餐桌边平行，也可放在餐叉的正上方。黄油刀竖置在面包盘上，位置应在盘中轴线右侧1/2处，刀刃朝左，黄油刀也可横置于面包盘上，刀柄朝右，刀刃朝下，位置在盘上方1/3处。

（4）摆放酒水杯。在西餐里，摆酒杯往往要根据客人点的酒水而定。一般来说，餐台上至少要摆放一只酒水杯，正餐摆台或宴会摆台通常摆放三至四只酒水杯。酒水杯一律放在右侧餐刀的上方，第一只酒水杯定位在主餐刀正上方2.5～3厘米处，然后按酒水杯的高低，依次由左向右排列，几只酒水杯可呈一条直线，也可呈斜线或三角形。酒水杯之间的距离应在1厘米以上，以方便客人端拿。

摆放酒水杯时，要用托盘，站在餐位的右侧，手拿杯脚部分或平底杯下半部操作。咖啡杯或茶杯视提供的用餐情况摆放在餐台的右边，杯子的把手向右，以方便客人持杯。

（5）摆放餐巾花。将折好的餐巾花放在垫盘正中，正面朝向客位，也可将餐巾花摆放在餐桌上。

（6）摆放调味瓶、牙签筒及烟灰缸。调味瓶、牙签筒一般可按四人一套，摆放在餐台中心；烟灰缸按两人一只，放在两个餐位之间。

（7）摆放烛台、台号、鲜花。蜡烛的烛光可以增加餐厅的浪漫与温馨的情调，一般每四人配一副烛台，放在餐台中间。台号应放在餐台中间部位，正面朝向餐厅入口，以便客人识别，开餐后即撤去。餐台插花有多种形式，一般都布置在餐台中间部位。有多个插花要等距摆在长台的中心线上。餐具的表面有花格图案或店徽时，应使图案的正面向着客人。

在摆台时，要边摆边检查餐具、杯具，发现不清洁或有破损的要马上更换。摆台结束要进行全面检查，仔细观察是否有漏项或错摆，如发现问题，应及时纠正，弥补不足。

4. 西餐摆台

西餐摆台因受饮食内容与服务方式的制约，所以没有统一固定的格式，但摆台的步骤要领是相同的。

（1）早餐摆台

西餐的早餐由咖啡厅或西餐厅提供。一般分为欧陆式早餐、美式早餐、英式早餐和自助早餐。早餐的餐台上可铺台布，也可铺一张一次性的长方形纸台垫或菜单，垫纸与桌边平行，餐巾花摆在垫纸正中。刀叉中间相距30厘米左右，能放下一个垫盘。餐具包括垫盘、餐巾、餐刀、餐叉、汤匙、面包盘、黄油刀、饮料杯。（见图2—22）。

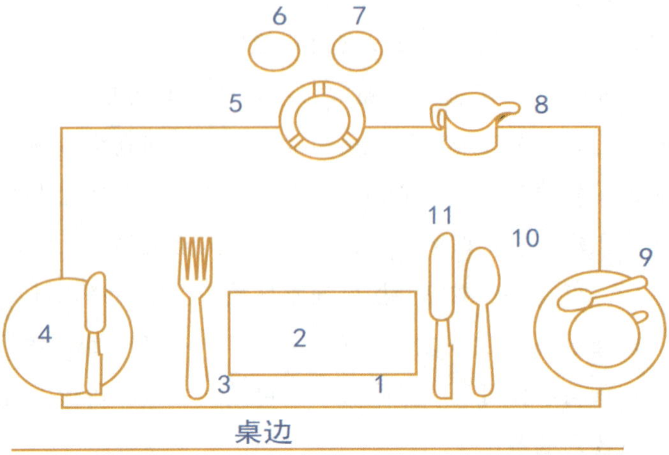


**图 2—22　西餐早餐摆位示意图**

1—垫纸（早餐餐牌）；　2—餐巾纸；　3—主菜叉；　4—面包盘、黄油刀；　5—烟灰缸；6—胡椒；　7. 盐盅；　8—糖缸；　9—奶罐；　10—咖啡碟、杯、匙；　11—汤勺；　12—主菜刀；

（2）午晚餐摆台

午晚餐台也称正餐台。在早餐台面的基础上又增加了开胃品刀（冷餐刀）、开胃品叉。

**图 2—23　西餐正餐摆位示意图**

1—主餐盘与口布；　2—色拉叉；　3—主餐叉；　4—面包盘、黄油刀；
5—甜食勺叉；　6—红葡萄酒杯；　7—白葡萄酒杯；　8—汤匙；　9—主餐刀；

（3）宴会摆台

①西餐宴会的台型布局

西餐宴会台面一般有“一”字台、“T”形台、“口”形台、“山”形台、“U”形台、“E”形台等。要根据餐厅的大小和形状进行布局。目前我国较为流行的主台为“一”字台。台型布局总的要求是左右对称、出入方便、整齐美观。

②西餐宴会的席次安排

西餐宴会主人的席位应正对餐厅入口处，其视线能纵观全厅。在一些国家和地区，尤其是在一些较为正式的宴会中，一般将主人和副主人席位相对安排在长台中间位置，其他宾客按顺序安排在主人和副主人左右，使全桌形成一个交谈中心（见图 2—24）。

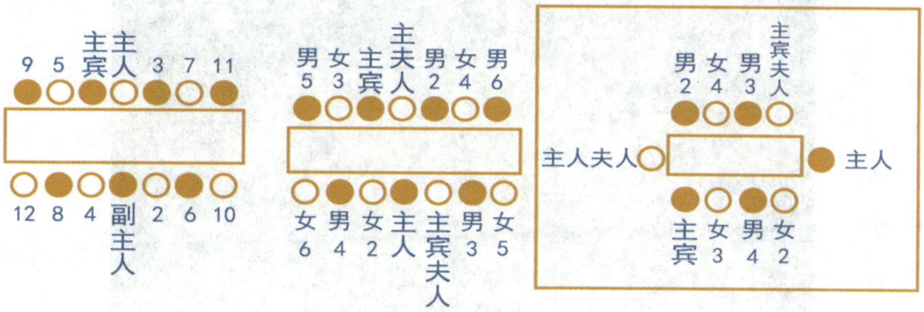


**图 2—24　西餐席次安排示意图**

一般家庭式的西餐宴会席位安排习惯是，长台的一端是主人席，另一端是女主人或副主人席位，宾客在左右两侧。这种宴会席位安排有两个交谈中心，优点是宴会的气氛较为随和。

目前在许多重要的宴会中，将主宾的席位安排在主人的左侧，服务时先从主宾开始，顺时针方向服务，最后到主人位结束，以表示对宾客的尊重。

③西餐宴会摆台

西餐宴会摆台与午晚餐摆台基本相似，不同之处是：摆垫盘时要从主人的席位摆起；摆放鱼刀时可以突出于其他餐具位置 1 厘米；当参加宴会的人数较少时，每人摆一份菜单，也可以每两个席位摆一份，但每桌不少于两份菜单；烟灰缸可以从主人餐具右侧摆起，每隔一个餐位放一个，烟灰缸的上端与杯具平行，宴请项目中如有香烟，则烟盒正面向上，置于烟灰缸左侧。调味品架、牙签筒按四人一套标准摆放在餐台中线位置上，如图 2—25、图 2—26 所示。

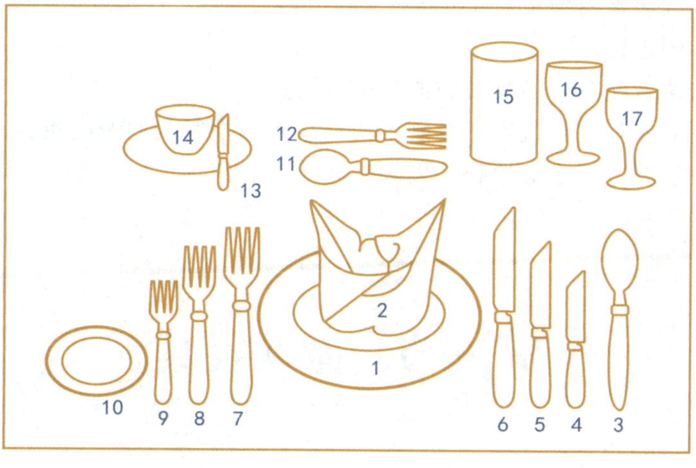

**图 2—25　西餐宴会摆台示意图**

1—垫盘；　2—餐巾花；　3—汤勺；　4—冷菜刀；　5—鱼刀；　6—热菜刀；
7—热菜叉；　8—鱼叉；　9—冷菜叉；　10—面包盘；　11—甜食勺；　12—甜食叉；
13—黄油刀；　14—黄油盅；　15—水杯；　16—红葡萄酒杯；　17—白葡萄酒杯；

图 2—26　西餐宴会摆台

5. 西餐摆台的要领

（1）每套餐具之间不要混淆。摆放在台面上的各种餐具要横竖成行。摆放带有图案的餐具，其图案方向一致，全台看上去要整齐、美观、大方。

（2）摆台时要按照一垫盘、二餐具、三酒水、四调味用具、五艺术摆设的程序进行。

（3）餐具的摆放应该遵照垫盘正中，先外后里，左叉右刀，刀口朝盘，叉、勺面朝上，酒具在右上方的原则进行。

（4）餐具要与菜肴配套，酒具要与酒品配套摆放。

（5）摆台时要对餐具进行检查，发现不清洁或有破损餐具要及时更换。

（6）摆台结束后要进行全面检查，发现问题要及时纠正。

# 第五节　撤换餐具

## 一、撤换餐具的概念

撤换餐具是指服务人员把顾客使用完毕的，多余的或暂时不用的餐具、用具从餐桌上撤下来，并根据需要换上干净的餐具、用具的服务过程。

顾客在就餐的过程中撤换餐具，既可以使台面保持清洁卫生，还能体现工作人员的礼貌服务，提高接待规格，显示菜肴的档次。因此，撤换餐具是接待服务工作中必不可少的一项技能。

## 二、中餐撤换餐具的操作要求

### （一）撤换骨碟、小汤碗

1. 撤换骨碟、小汤碗的时机

（1）吃完冷盘后，或上甜品前，要更换骨碟，以免与上道菜残留的卤汁串味。

（2）食完带骨、带核的菜肴后，客人的骨碟上残留着一些骨、壳杂物，若不及时换碟，会影响到下一道菜的食用。

（3）食用带糖醋、浓汁的菜肴后要及时换碟，否则影响下一道菜的纯正原味。

（4）高档宴会几乎每上一道菜都要撤换一次骨碟，以示菜肴的名贵及周到的服务。

（5）翅碗每次使用后就应及时地撤下。

（6）宾客失误，将餐具跌落在地上要立即更换。

（7）上菜不及时时，也可以更换骨碟，既可以分散客人的注意力，又显示服务周到。

2. 撤碟的位置

中餐撤换骨碟和小汤碗都在客人的右侧进行。

3. 撤碟的顺序（同斟酒顺序）

### （二）撤菜盘

为了保持桌面的整洁美观，突出菜肴的名贵，这就需要及时撤下菜盘。

撤盘的基本程序是：撤下菜盘，撤换骨碟，上新菜。

撤盘时应注意的问题是：

（1）及时观察客人的用餐情况，待要上新菜时，服务员要先伸出右臂，示意某道基本吃完的菜，主动地询问“可以撤掉吗?”待客人给予肯定的答复后才能撤盘。

（2）撤盘时要使用托盘，注意动作要轻，要稳。

（3）不要将汤汁洒在客人的身上或桌面上，若有少许菜在桌面上，应及时收拾干净再上新菜。

## 三、西餐撤换餐具要求

### （一）撤换台布

当餐厅中就餐宾客较多时，需要进行“翻台”，即更换台布，重新摆台。当众更换台布，是每个服务员应该掌握的基本功之一，操作要求快捷利落。

### （二）撤换餐具

（1）西餐服务中，每当客人吃过一道菜，就必须撤走客人用过的餐盘及刀叉，然后再上一道菜。撤盘前，要注意观察宾客刀叉的摆法。如果客人将刀叉分别放在餐盘两边呈“八”字形，说明宾客还将继续食用，不能贸然撤去，当客人将刀叉平行放在盘上，表示可以撤盘。

（2）撤盘时，按顺时针方向依次进行，站在客人的右侧，左手托盘，右手操作。将餐刀餐叉分类放入托盘，然后再撤餐盘。西餐撤换餐具也可以采用徒手式撤盘，它具有灵活简便的优点。

（3）撤盘时要注意先撤后上的原则。

（4）如果宾客将汤匙底部朝天，或勺把正对自己，则应马上征求宾客的意见，问清情况后再进行处理。

（5）在正餐或宴会快结束时，餐台上基本没有多余的物品。待客人食用甜点时，值台员即可将胡椒盅、盐盅、调味架一起收拾撤下。

（6）在宾客未离开餐桌前，桌上的酒杯、水杯不能撤去，但啤酒杯、饮料杯在征求客人的意见后可撤去。

### 四、撤换酒具

撤换餐台上的酒具应使用托盘。从客人的右侧，按顺时针方向进行操作。撤换酒具时，注意保持托盘平稳，杯具不能叠放在一起。换新酒杯时，注意操作方法，只能拿杯柄部分。

### 五、撤换烟灰缸

客人在就餐时，服务人员要主动巡台，若发现客人的烟灰缸中有2～3个烟蒂时就应及时更换。

换烟灰缸时，应先在托盘上放置干净的烟灰缸，走到客人的右侧，用右手将干净的烟灰缸覆盖在用过的烟灰缸上，再将两只重叠在一起的烟灰缸放入托盘，然后再把干净的烟灰缸送回到餐桌。这样操作可以避免烟灰飞扬，污染环境。

### 六、收拾台面

待客人用餐结束离开餐厅后，服务人员开始收拾台面。收拾餐具的顺序是：先收口布、香巾，再收贵重物品，以免丢失，然后收玻璃器具，最后收瓷器及其他物品。收台时应使用托盘或餐车，轻拿轻放，将餐具堆放整齐。

台面收拾完毕，要及时摆台，以迎接下一批客人就餐。

## 第六节　上　　菜

### 一、上菜的概念

上菜就是由餐厅服务人员将厨房烹制好的菜肴、点心按一定的程序端送上桌的服务方式。上菜具有一定的技巧和规则，它是宾客进餐服务过程的中心环节，也是餐厅服务人员必须掌握的基本技能之一。

上菜的整个过程分为端托、行进、摆放、介绍、撤盘（或挪盘）五个步骤。

### 二、走菜

走菜又称传菜、跑菜，是将厨房烹制好的菜肴送到宾客桌前或工作台上的服务过程。传菜员在工作时，一般使用托盘操作，要求传菜员有娴熟的托盘基本功，并努力做到以下几点：

（1）核对菜单。上菜前要认真核对菜单，特别是多台或宴会服务时，尽量避免错上或漏上菜肴。

（2）质量把关。上菜前要观察菜肴的色、形、卫生是否符合标准，原料是否新鲜，盛器是否恰当，分量是否合适。如果发现问题，应立即采取措施纠正。

（3）端法卫生。端盘时要注意用大拇指按着盘边，其余四指端着盘底，既要求端稳，还要避免手指插入菜肴或汤汁中。

（4）保持菜温。一般来说，味觉对 40℃左右的食物的敏感性最高。因此，在餐厅服务中要注意菜肴的温度，使客人能品尝到特色菜肴的独特风味。对于一些热吃的菜肴，应快端快送，也可以在菜盘上加盖或用保温车送菜。

（5）端平走稳。托盘操作不偏不斜，做到盘稳、步稳、身稳。

（6）汤汁不洒。对于汤汁较多的菜肴，装盘时要尽量将菜盘置于托盘的中心。

（7）不损外型。托盘时，左臂的上下摆动幅度不能过大。

## 三、中餐上菜

### （一）上菜的位置

上菜的位置俗称“上菜口”。合食制上菜的位置选择的方法是：零点或团体包餐的上菜位置较为灵活，服务员应注意观察，以不打扰客人为原则；酒席宴会的上菜位置一般选在陪同与翻译之间，或副主人的右侧，有利于翻译和副主人向来宾介绍菜肴的口味特点、名称、典故和食用方法等。选择上菜位置时，应尽量避开老人、小孩及穿着入时的宾客。按照“右上右撤”的原则，中餐分食制的上菜撤盘都在宾客的右侧进行。

### （二）上菜的顺序

上菜的顺序是以味觉器官的接受规律、进餐节奏、菜系的特点以及饮食习惯为主要依据进行编排的。一般遵循以下原则：先冷菜，后热菜；先佐酒菜，后下饭菜；先优质、名贵、风味菜，后一般菜；先咸味菜，后甜味菜；先本地、本店名菜、特色菜，后其他品种菜；先荤菜、后素菜；先菜后点。

上菜的基本程序是先冷盘，后热菜，依次是汤、主食、水果。但也有与此不同的上菜程序，如广东一带习惯冷盘之后先上汤。有些宴会在开始前先上一碗用果汁或清鲜汤制成的头汤，吃饭时再上一道座汤等。因此，上菜的顺序要因地而异，合理安排。

### （三）上菜的时机

上菜时灵活地掌握上菜的时机，才能适应宾客的就餐需要。上菜的时机一般根据餐别、进餐的快慢节奏、宾客的要求等确定。

散客进餐大部分是入座后开始点菜的，当点菜完毕后，要马上送上酒水饮料及冷盘，其他热菜则根据主人的要求，菜肴的烹制特点等及时送上。根据有关规定，当落单 15 分钟之内，便要送上第一道热菜。

团体包餐的进餐时间较短，因此要在进餐前 5 分钟将冷盘摆好，待客人入座后，快速将热菜、汤、点心全部送上，否则对用餐较快的宾客会造成未上完而离席的局面。

中餐宴会一般在开宴前5分钟即将冷盘摆好。当宾客入席开餐后，冷盘食至一半左右上第一道热菜，其他热菜的上菜时机要随宾客的用餐速度而定。

#### （四）摆盘和撤盘

摆菜时要将菜品按一定的要求和格局摆放于餐桌上，其基本原则如下：

（1）易于观赏。摆有图案造型的菜时，其图案的观赏面要朝向主人、主宾，以尊重主宾，供其观赏。

（2）方便取用。零点摆菜要放在小件餐具前面，间距适当；一桌有几批散客的，各客的菜盘要相对集中，相互之间要留有一定间隔，以防止差错；中餐宴会摆菜，一般从餐桌中间向四周摆放；中餐宴席的大拼盘、大菜中的头菜，一般要摆在桌子中间；汤菜如品锅、砂锅、暖锅、炖盅等，一般也摆在桌子中间；散坐的主菜、高档菜，也应摆在中间位置上。

在摆放配有作料的菜时，要求作料配齐后与菜同时摆上，或先上作料后上菜。

（3）尊重主宾。主宾是服务的重点对象，因此挪盘时要向陪客方向移动，每上一道热菜，都要对餐桌上的菜肴进行一次调整，将新上的菜摆在餐台的中心，或摆在转盘边上，再转至主宾前，以示对主人、主宾的尊重。

（4）造型美观。将菜盘按一定的几何图形摆放或对称摆放。

（5）操作礼貌。摆菜前要先进行挪盘或撤盘，操作时要注意轻撤轻挪，做到上菜不推盘，挪菜不拖盘。

#### （五）上菜注意问题

1. 为了保持台面的清洁卫生，摆菜时忌讳盘盘重叠，无等距，无规则地放置。当台面摆菜困难时，可以将某些菜肴折到小盘子中。

2. 撤盘前，需要征求客人的意见，待客人同意后才能操作。

3. 上配有作料的菜，如烤鸭、烤乳猪等，配有葱、酱、饼，在上菜时可略作说明，或简述食用方法。在上洗手盅水时，应向客人交代清楚，以免客人误喝入口中。

4. 上原盅炖品，需要上桌后再启盖。启盖时要用右手将盖竖起，左手持一块干净的布巾或餐巾纸在下面接着水滴。

5. 上铁板类的菜肴要注意安全，既不要烫伤自己，更不能碰撞宾客，在向铁板内倒油、香料及菜肴时，离铁板要近，最好用盖半护着，以免锅内的油溅到客人的身上。

6. 上泥裹、荷叶包的菜肴，要先摆上桌让客人观赏，服务员简介典故特点，然后拿到操作台上剥去泥、叶，再次端送上桌让客人食用，以保持菜肴的风味特色。

7. 上汤类、火锅、铁板类、锅仔等菜肴，要注意防火，必须在其下面放置一个垫盘。

### 四、西餐上菜

#### （一）西餐上菜的顺序

西餐上菜的顺序为开胃品（头盆）、汤、色拉、主菜、甜点和奶酪、水果、餐后饮料。待客人用完后撤去空盘，再上另一道菜点。

**（二）服务的顺序**

西餐采用的是分餐制，在服务过程中，应遵循先女宾后男宾，先宾客后主人的服务顺序。

**（三）上菜程序（参见第四章内容）**

**（四）西餐上菜的基本要求**

（1）根据宾客所点菜肴的类型摆好餐具。

（2）点菜结束后，服务人员用托盘托送面包供客人选择。服务时站在客人的左侧，按女士优先的原则，顺时针方向进行。

（3）上菜时，盘中的主料应该摆在靠近宾客的一侧，配菜应朝向远离宾客的一侧。如果餐具较热，要提醒宾客注意。

（4）主菜需要跟上配汁、调料时，应将其盛器放在铺有花纸垫的小碟托上。

（5）每上一道菜前，要先为宾客提供斟酒服务，并主动征求客人的意见，得到允许后撤下上一道菜的空盘和刀叉。如果盘中的刀叉是并排放在盘中的，无论盘中是否还有菜肴，都表示宾客不再需要这道菜，可以撤下餐具。

# 第七节　分　　菜

我国民间食俗喜欢在"觥筹交错"的气氛中交流情感，殊不知，也在不知不觉中"交流"了病菌。直到这次"非典"肆虐，人们才意识到问题的严重性。

分餐制是否是西餐独有？据研究饮食文化史的专家考证，分餐制是不折不扣的中华传统。从上古文献和残存的器皿图案可知，我们祖先聚宴吃饭，是双膝着地"跽坐"着，人前各一案摆放饭菜，即便只有两人，也是分案而食。到隋唐时期，少数民族的椅凳传入中原，当时叫"胡床""胡坐"，桌腿椅腿全都变高了，围桌就餐的形式开始普及。但此后的民间亲友欢聚，有时也采用"分餐"的办法。北宋何薳的《春渚纪闻》记载过一次"邻人小席"，各菜都由侍从分到每个人盘里。直到明朝，众人合吃的"合食制"才完全取代"分餐制"，并在圆桌上产生了长幼尊卑、主宾陪副的又一种饮食文化来。

随着时代的发展，人们的饮食习惯必将会有改变，"分餐制"将占有越来越重要的地位。

分餐制包括餐桌分餐、厨房分餐、自助餐、摆放公筷公勺及一人一份的用餐方式。分餐制的大部分工作主要是由餐厅服务员进行分菜操作完成的。

分菜也称派菜、让菜。它是由服务人员将已经端送上桌的菜肴、点心分派给每位宾客的服务过程，是一种难度较大的操作技能。

## 一、分菜前的准备工作

**（一）熟练掌握分菜技术**

了解各种菜肴的烹制方法、菜肴成型后的质地、特点、整形菜的结构特点，才能正确地选择分菜工具，分菜时才能操作自如。

**（二）准备好分菜工具、餐具**

要求分菜的工具清洁、无污渍，服务勺、叉大小适当，餐具可事先备在餐具柜中或用托盘在上菜时托出。

**（三）清洁分菜台**

若准备在工作台上分菜，要事先对其桌面进行清理。若在餐车上分菜，要将餐车洗净擦干。

## 二、分菜的工具及使用方法

分菜的工具一般有服务勺、服务叉、切肉刀、长柄汤勺等不锈钢制品；也有瓷制的大汤勺，用于舀汤；公用筷多为木制品。分菜工具的配合方法有以下几种：

1.服务叉、勺配合。此种分菜法是一项技能较高的操作，适用于分派丝、片、丁、块类菜肴（见图 2－27）。

**图 2－27 分菜工具的使用方法**

2.服务勺、服务筷配合。此法多用于餐台分菜。

3.汤勺、筷子配合。一般用于分汤。

4.刀、叉、勺配合。在餐桌边分切带骨带刺的菜肴，如鱼、鸡、鸭等，根据具体情况，可使用刀叉先剔除鱼刺或鸡鸭骨，然后分切成块，用服务勺叉进行分让。

## 三、分菜的方法和要求

根据不同的菜肴的特点，不同规格的宴会，可采用不同的分菜方法。归纳起来有以下四种方法。

**（一）餐位分菜法**

餐位分菜法也称桌上分让式、托菜盘式分菜法。源于西餐俄式分菜。其操作基本程序是服务人员用托盘给客人换上干净的餐盘，将菜肴摆上餐桌，经客人观赏后再将菜撤下，放在垫有口布的左手中，站在客人的左侧，左脚向前，侧身而进，腰部略弯，但身体不能倾斜或依靠宾客，餐盘的边沿正对客人餐碟的边沿，以免菜汁滴洒在餐桌上，然后手持服务勺、叉进行分菜。

**（二）餐台分菜**

餐台分菜也称定点分菜法，是指分菜服务员固定在某一餐位旁操作。餐台分菜有单人分菜法和二人合作式两种。定点分菜的位置基本上与上菜位置相同。

采用单人分菜时，要先将客人用过的餐碟或汤碗撤下，再用托盘送上新的餐具，并以弧形或马蹄形一一摆放在靠近身边的转盘上，然后上菜，再用公用筷勺将菜点分至餐碟中，拨动转盘，按先宾后主的顺序，将菜肴送到客人的面前，逐个请宾客自取，服务人员也可以协助宾客端取。

二人合作式用于高档宴会服务，是由两位服务员同时操作，一位服务员分菜，另一位服务员送菜。分菜时，服务员将宾客面前的餐碟或口汤碗递至菜盘的斜上方，分菜员站在定点的位置双手持分菜工具，将菜点或汤分于餐具中，再由服务员送回每位宾客的席面上。

**（三）旁桌分菜法**

旁桌分菜法也称异台分菜法、服务台分菜法、边桌分菜法。旁桌指的是服务餐车或工作台，桌上摆放干净的餐具。服务员将菜摆上桌经客人观赏后，再双手端下放置在服务车或工作台上，手持分菜工具，快速、均匀地将菜肴按份派到每个餐碟或汤碗中，然后再装入托盘托送至餐桌，按先宾后主的顺序依次从宾客的右边，送到每个客位的面前。多余的菜肴经过整形后重新摆上餐桌。

**（四）厨房分菜法**

源于美式上菜服务，是指将厨房做好的菜肴直接在厨房或备餐间分派好，服务人员用托盘从客人右边上菜。这种方法常用于分食制和比较高档的炖品、汤煲等菜肴，以显示宴席的规格和菜肴的名贵。

一般热炒、汤汁较少的菜、块类的菜及点心，采用餐位式、旁桌式分菜；整形菜、汤汁多的菜，多选用旁桌式或餐台分菜法；对于技能不太熟练的服务员，最好采用旁桌式分菜法。

## 四、分菜注意的问题

**（一）注意分菜的顺序**

分菜服务时，均应按照先女后男、先宾后主的原则进行。

**（二）手法卫生**

分菜的用具要清洁，不要将汤汁滴洒在台面。所有食物摆放不能超过餐盘的内边。

**（三）动作迅速**

服务员在保证质量的前提下，要以最快的速度完成操作，以免菜肴变凉，注意叉勺不能在盘上刮出响声。

**（四）分量均匀**

掌握好菜点的数量，每位客人能分多少，要做到心中有数，并尽量做到一勺准。对于块、只类的菜肴，分菜前最好先数一下，以免分让不均。忌讳将一勺菜分给两位客人，更不允许从客人的菜盘中往外拨菜。

**（五）合理搭配**

分菜时要将最优质的部分分给主宾、主人。注意头、尾、残骨不能分给宾客。有两种以上原料的菜，注意搭配均匀，并连同卤汁一起分让。而且要保证所有餐盘中的主菜放在靠近客人的一侧，配菜放在主菜的上方。

### （六）跟上佐料

在分派带有佐料的菜肴时，要跟上佐料，并略加说明，再将菜肴连同佐料分派给客人的餐碟中。在使用一些特殊佐料时，应先征求客人的意见或让客人自行添加。

西餐中有些菜肴所拌的汁酱不和食物一起分派，应该单独服务。方法是，在分派菜肴后，随即用左手托汁酱盅，站在客人左边，用右手拿分餐勺舀汁淋在食物上，汁酱一般只盖主食物的1/3，也有些汁酱只舀放在食物边。

## 五、特殊菜肴分派方法

### （一）分整形鱼

分整形鱼时要先剔去鱼骨，其方法是：左手持服务勺，按着鱼头，右手持服务刀将鱼头、鱼尾割开，再从鱼脊或鱼身的侧面顺着鱼骨的方向向下划刀，然后将分割成两半的鱼肉从头部开始向两边轻拨，剔出鱼骨，放在空碟上，再将鱼肉整形，浇上卤汁，按份分割后，根据需要由服务员逐一分派或让客人自行取食，分完菜后，要及时将鱼骨撤下台面。

### （二）分多层蛋糕

蛋糕一般由客人自己分切，但特殊情况下，过生日的客人会委托服务员将切过的蛋糕分派给客人。传统上婚礼蛋糕最上面一层和装饰物不切，但被移开，装在盒子里，给新婚夫妇保留下来庆祝他们的第一个结婚纪念日，接着切露出来的第二层，各层分切方法如图2—28所示。

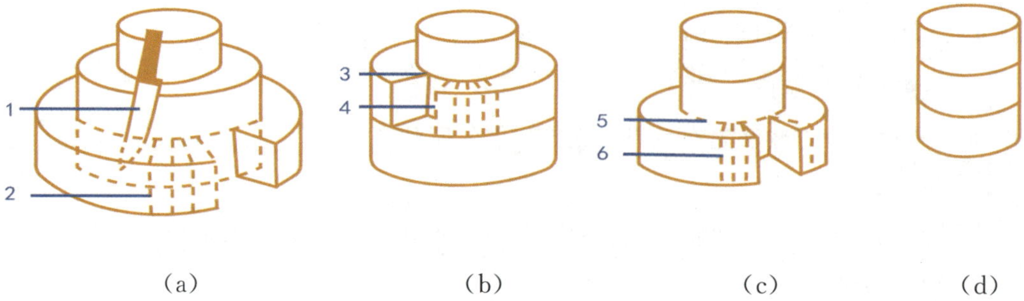


图2—28　多层蛋糕切割法

（a）按第一条虚线竖直切到底层，按第二条虚线切出契形小块。

（b）按第三条虚线竖直切，按第四条虚线切割出契形小块。

（c）当分完全部第二层后，沿第五条虚线切割到底层，然后按第六条虚线切出契形小块。

（d）如有需要再进一步切割剩余层。

### （三）分切大块烤牛肉

切烤牛肉的刀应是长刀，切时用力不要过大，避免将肉弄碎，甚至挤出肉汁，并将烤焦的部分也切掉。然后将叉背轻轻按着牛肉，用刀将右边的肉薄薄地切下一片，但这片肉不上桌，再将其切成 0.5 厘米厚的肉片分派到客人的餐盘中。

【案例 2—1】

在某星级酒店的餐厅里，晚餐时间，客人非常多，实习生小艳忙得手脚不停，直到快下班时，客人们渐渐离去，小艳这才缓缓劲儿。这时，小艳环顾餐厅，看到有一位先生与一位小姐坐在那里聊天儿。小艳走近餐桌一看，盘子里的菜没有多少了，两位客人也不再吃了，就以为客人吃好了，想把他们桌子上的盘子撤掉，只留茶水，好为客人提供更好的谈话环境。小艳走过去为客人添了茶水，对客人说："请问，我可以把这些盘子拿走吗?"谁知客人一听不高兴地说："你的意思是不是让我们走啊?"小艳连忙道歉："对不起，我不是这个意思，请您慢用!"客人这才消气了。时间不长，那两位客人看看餐厅就剩下他们了，就起身离开了餐厅。

【评析】

餐厅到了打烊时间，客人不走，坐在那里悠闲地聊天儿喝茶，是让服务员着急的事，不催吧，到点下不了班；催吧，客人又不高兴，这种情况是必须谨慎处理的。

遇到此类事情可采取如下解决的办法：若客人没有吃好，要耐心等待客人就餐完毕再撤餐具；若确实餐厅收市已久，客人仍聊天不走，或许客人不知餐厅的打烊时间，或许谈话忽视了时间，服务员应礼貌婉转地提醒客人，一般客人是愿意接受的；若客人到店较晚，刚用餐不长时间就到了打烊的时候，这时餐厅管理员应派服务员加班值台服务，值台员不得催促，直至客人用餐完毕；若餐厅业务很忙，常常到了闭餐时间，还有客人走不了，就应巧妙科学地排班，值晚班的服务员专门负责收尾工作，这样服务员不会着急，就有耐心提供服务，而客人则可以从容不迫地就餐了。

总之，对餐厅收市后客人不走的情况要具体分析，灵活处理，要注意的是不能因急于下班而伤害客人。

【案例 2—2】

有一对夫妇到某酒店中餐厅就餐，当实习生王红给他们上汤时，客人猛一转身，不小心碰了这位服务员一下，结果把汤洒在了餐桌上，汤水又顺着桌面流下来，幸好客人膝上铺着餐巾，才没有弄湿衣服。这位服务员见此情景非常着急，连声向客人道歉，立即给客人换上新的餐巾，并用布巾将桌面清理干净。领班看到这种情况后，马上赶过来给客人再次道歉，客人忙说："没关系。"领班当即决定给客人重新做了一份汤，客人用餐后，餐厅又免费赠送了果盘，客人非常满意，表示下次还要光临此餐厅。

【评析】

此案例中，由于客人碰了服务员导致洒了汤，但服务员与领班并没有追究客人的过失，而是主动把责任承担起来，使客人十分感动，表示还要再来餐厅就餐，这就是策略地将

“对”让给客人。这事情本不大，但服务人员的高度重视，高姿态妥善处理事故，给了客人足够的尊重，产生了“留住客人”的效应，这正是强烈的“客人第一”与服务意识的体现。

此类事故在餐厅时有发生，我们不能停留在出了事故后的弥补措施上，而应采取积极措施，防患于未然，避免此类事故发生才是最佳服务。

## 复习思考题

1. 叙述轻托操作要领。
2. 如何确定斟酒量？斟酒的操作要求是什么？
3. 简述中、西餐宴会的摆台要领和程序。
4. 摆台的基本规范是什么？
5. 如何确定上菜的顺序和时机？
6. 如何选择和摆放餐巾花？
7. 走菜时应该注意哪些问题？
8. 叙述西餐上菜程序。
9. 试叙分菜的方法和要求。
10. 怎样确定撤换骨碟时机？

## 实训题

基本技能操作训练，达到中级餐厅服务员要求。

（1）轻托操作训练。

（2）斟酒操作训练。

（3）中西餐摆台操作训练。

（4）餐巾折花操作训练。

（5）上菜操作训练。

（6）分菜操作训练。

# 第三章 中餐服务

## 【本章提要】

餐厅接待服务是餐饮产品中的无形产品。本章主要从中餐餐厅服务的角度出发，着重阐述中餐零点、团队、宴会、自助餐与客房送餐服务的特点、主要内容、服务方式和基本要求。作为餐厅服务人员必须掌握餐厅服务过程中的各个环节程序与标准，对客人提供优质的服务。

## 【学习目标】

◇了解中餐服务的概念与类型。

◇理解中餐服务的特点。

◇掌握中餐服务的接待程序和方法。

◇熟悉宴会服务程序。

# 第一节　零点服务

## 一、零点的概念

零点也称零餐、散座、散客、散餐、点菜、散席等。其中“零”指顾客零星而来，“点”是顾客可以自由点菜。所以零点服务是指零星的顾客来到餐厅后再自行点菜的服务方式。

零点餐厅是餐厅服务中工作量最大的部门，要求服务员有一定的推销能力、处理问题的能力和过硬的餐厅服务基本功，用优质的服务赢得更多的宾客。

## 二、零点服务的特点

### （一）就餐时间的随意性

散客进入餐厅的时间不统一，有的宾客在未开始营业就步入餐厅，有的则在营业将近结束时才姗姗而来，对此要求服务人员要耐心、周到地接待好每一位宾客。

### （二）就餐要求的多样性

宾客来自不同的国家、地区，有着不同的生活习惯和口味要求，也有着不同的就餐目的，服务人员应具备较强的推销意识，掌握适当的时机，主动地向客人推销餐饮产品，使客人在满意地品尝物有所值的美味佳肴的同时，得到热情周到的服务。

### （三）就餐场所的选择性

宾客往往根据餐厅菜肴的品种特色、就餐环境、菜点的质量、价格、出菜的速度和服务态度等来选择就餐的场所。因此，中餐服务要求不仅要有优质的菜点，优美的环境，还必须具有优良的服务来取得宾客的信任，使客人高兴而来，满意而归，并争取更多的“回头客”。

### （四）接待工作的复杂性

因为零点餐厅宾客多而杂，就餐人数、时间不固定，口味需求不一，造成了餐厅接待工作的波动性大，工作量大，营业时间较长。因此，要求服务人员有较全面的服务知识与技巧，在接待、点菜、上菜、撤换餐具、结账等环节中，做到“接一、安二、招三、顾四”，即接待第一批客人，安排第二批客人，招呼第三批客人，也要照顾到第四批客人，服务迅速快捷而不紊乱。

### （五）生产、销售、消费的同步性

针对这一特点，餐厅菜单上的花色品种要比较全面，食品原料的储备以及餐具等物资的准备必须充足。服务人员要有强烈的推销意识，以适当的时机和恰如其分的语言向宾客推荐各式菜点、酒水，以适应和满足不同消费层次宾客的需要。

## 三、零点服务程序

零点餐厅的服务程序大体可分为餐前准备、迎宾服务、就餐服务和餐后服务工作四大环节。

### （一）餐前准备

1.开餐前会议

开会之前，服务人员必须换好工作服，以列队站姿的形式，由领班或餐厅主管召开餐前会。餐前会的主要内容是：介绍订餐情况，客源及宾客要求，当天菜点、酒水、饮料的供应情况，菜肴价格的调整等，并划分进餐区域，分配安排工作等。

2.整理餐厅

（1）清洁餐厅。餐厅清洁的周期分为日清洁、周清洁和临时清洁三种类型，其具体项目由各餐厅根据规格、接待对象的不同自行拟定。餐厅的清洁工作一般事先包干到人，即每一处、每一次清扫都落实到专人负责，使之明确任务和要求，讲究效率和质量。服务人员除完成以上必须做的项目外，还要听从指挥，参与临时清洁项目，某些清洁项目也由专人负责或轮流值班。无论采用何种方式，保证清洁舒适的就餐环境是做好接待工作的前提。

（2）布置餐厅。餐厅布置包括环境布置、排列餐台、摆台三方面内容。零点餐厅的布置较为简单，主要检查餐厅的家具是否完好，餐桌餐椅安放是否统一，整洁美观，设备运转是否正常，然后按不同的餐次进行摆台。

3.准备物品

就餐物品主要有餐具、服务工具，包括调味品、牙签、餐巾纸、菜单、茶水等。在备餐柜内放入一定量的餐具，餐具要分类放置，并按固定的位置摆放，以便于拿取。冬天要将小毛巾放入温度为50℃左右的保温箱内，夏天可放入冰箱中。此外还须准备茶叶、开水等。

4.全面检查

餐前检查的方法包括自查、领班和管理人员抽查或全面检查。要求环境清洁卫生，布局整齐美观，餐具用具准备齐全，电器设备完好无损，服务人员仪表端庄，服装整洁，工号醒目，精神饱满地迎接来宾。

5.准备迎宾

各种准备工作就绪后，服务人员应在营业前10分钟进入岗位。

**（二）迎宾服务**

1.热情迎宾

当客人离餐厅大门1.5米远左右，服务人员应主动地拉开厅门，面带微笑，行礼问候。

2.合理领位

引领客人就座一般由迎宾员负责，也有设专职点菜领班完成领位与点菜工作。领位前要询问客人是否有预订。如果有预订，将宾客引领到预订席位，并说“××先生，我们正在恭候您”；若无预订，当问清人数及客人对就餐场地的要求后，走在客人的侧前方一米远左右，随着客人的步速，将其引到合适的餐位或预订的餐室。在遇转弯或进入包房时，要伸手示意，领到座位时要为客人拉椅让座。

对于面积较大的餐厅，迎宾员对客位的情况要做到心中有数。领位时需要考虑的因素有：就餐人数、服务区域、订餐情况及宾客的特点等。同时还要注意以下几点：当餐厅不拥挤时，安排座位应征求客人的意见，或安排在餐厅外易于看见的位置，以便吸引过往客人前来就餐；全家或朋友聚餐，多安排在包间或餐厅的一侧、一角，以免影响他人；带小孩的客人宜安排在餐厅的一侧，对于较小的孩子要及时送上儿童座椅；仅是一男一女的客人结伴前来就餐时，应引领到优雅、浪漫的窗边；女士最好安排在餐厅的中心，在一定程度上起到了点缀就餐环境的作用，也满足了客人的心理需求；重要的客人或贵宾，一般安排在安静的包间；老年、体弱及残疾人安排在离餐厅门口较近、出入方便的地方。迎宾员还要根据各区域的客流量合理安排客人，避免某些服务人员工作过于繁忙。

当餐厅满座时，要维持好候餐客人的秩序，一旦有空位，按先来后到的顺序安排就餐。有预订的客人在订餐时间内给予优先。

入座以女士优先为原则，女宾客的手提包可以挂在衣架上，或放在空座位上，如果没有空座位，可用预备椅子加座，询问客人是否需要罩上椅套。

当两位结伴而来的宾客相对而坐时，餐桌中间摆放的台花有可能碍眼，因此，当宾客就坐时应顺手将其挪到旁边。

3.递巾送茶

用托盘托送香巾，从客人的右侧送上。主动地询问客人喜欢什么茶，并介绍本餐厅的茶叶品种。

4.礼貌斟茶

泡茶时，要使用茶勺放茶，茶量要准确，注意操作卫生，不要用手抓茶。斟茶时，站在客人的右侧递上茶水。斟茶的方法可根据当地的习惯进行选择。斟茶量一般控制到八成满。当斟完第一杯礼貌茶后，需要根据具体的情况将壶内注满开水，再放置在客人的餐桌上。注意不要将壶嘴对着客人。

5.递送菜单、酒单

待客人入座后值台员或迎宾员按客人的人数拿取一份或若干份菜单，字面朝向客人，站在客人的右侧，按先宾后主、女士优先的原则将菜单送至客人的手中。

6.落口布

站在客人的右侧，拿起口布将其松开，双手各拿一角，右手在前，左手在后，将口布轻轻地铺在客人的腿上。也可将口布的一角压在餐桌的下方。若在不方便的情况下，也可以在左边操作。如果客人暂时离开，服务员要将口布重叠为三角形，平放在餐位的右边。

7. 整理餐桌

要求脱去客人的筷套，视就餐人数进行撤位、加位，收掉餐桌上的小毛巾。操作时均要求使用托盘。

一切工作就绪后，备好点菜单和笔，站在适当的位置，准备点菜。

**（三）就餐服务**

1. 接受点菜

待客人看过菜单后，便可礼貌地站在宾客的后侧约50厘米处，征询客人的意见开始点菜。点菜时要掌握宾客的心理特点、就餐目的、口味要求，并要运用一定的语言技巧，针对性地介绍菜点、酒水及其价格，推荐本餐厅的特色菜、特价菜、创新菜等，让客人能领略到本餐厅菜点的特点。记下菜名后，向客人重复一遍所点的菜式，以免听错或写错，然后询问客人还需要些什么。填写点菜单时要准确迅速，客人的特殊要求要在单上加以注明，空行要用笔画所示。点完菜后，收回菜谱、酒水牌，集中放在迎宾台或吧台以做备用。点菜单如表3—1所示。

点菜单一般一式三联，一联迅速交给传菜部通知厨房准备菜肴；一联送至收银台，用于结账；一联由服务员或传菜员保存，对照上菜。有的餐厅使用了先进的电脑点菜系统。利用掌上电脑点菜，按确认键后，点菜单则直接传入厨房、收银台与传菜间，厨房的终端打印机按菜肴类别分别打印出生产单，菜品生产后，传菜员依据打印清单上菜，收银员依据打印清单制作账单收款。

**表 3—1　中餐点菜单**

编号________

| 台号 | | 人数 | | 服务员 | | 日期 | |
|---|---|---|---|---|---|---|---|
| 数　量 | | 品　　名 | | | | 金　额 | |
| | | | | | | | |
| | | | | | | | |
| | | | | | | | |
| | | | | | | | |
| | | | | | | | |
| | | | | | | | |
| | | | | | | | |
| | | | | | | | |
| 合计 | | | | | | | |

2. 酒水服务

根据客人所点的酒水摆上相应的酒杯、饮料杯，并撤去餐桌上多余的酒杯，用托盘将酒水送到客人面前按操作要求进行斟酒。斟完第一杯酒后，可将剩余的酒水放在餐台的一角或放在附近的工作台上，以备随时为客人续酒。

3. 上菜服务

上菜服务一般由值台员完成。按有关规定，从值台员将点菜单送走开始计时，第一道热菜不能让客人久等，最多不超过 15 分钟。上菜时应遵循服务规范，按顺序上菜，对于特色菜、风味菜要报菜名，并给予适当的介绍，及时回答客人的询问，征求客人对菜肴的评价，并将各种信息及时地反馈至领班。当最后一道菜端上桌时，要通知主人，并询问是否还有其他要求。同时向宾客介绍甜点和水果。

4. 餐间服务

客人在就餐期间，值台服务员要来回巡台，发现问题及时处理，如撤换餐具、更换烟灰缸、续酒、送上礼品、清理台面、添加菜点及佐料、处理突发事件等。

**(四) 餐后服务**

客人就餐即将完毕时，就要核对客人所点的食品饮料，以能快速准确地为客人结账。

1. 结账收款

餐饮结账收款活动涉及钱、单、物三个方面。三者的关系是，物品消费掉，账单开出来，货币收进来，从而完成销售活动的全过程。在钱、单、物三者之间，物品是前提，因为物品不消费，其余两者都是空的。货币是中心，因为所有控制都是紧紧围绕款项收支而进行的；单据是关键，因为物品是根据单据计算和收取的，失去了单据，就失去了控制。

零点餐厅结账一般是在客人进餐完毕后一次性付清账款。因此结账时，若有同桌搭台的宾客，应分清账单，避免出现错单、漏单和跑单现象。

当客人提出结账时，要将账单放入收银盘或收银夹内及时呈上。递送账单时，身体略微向前倾斜，音量适中，并礼貌地说："先生（小姐），这是您的账单，请过目。"餐厅的结账方式有现金结账、支票结账、签单和信用卡等。

（1）现金结账。中餐厅的现金结账有两种方式。一种是源于中国传统的结账方式，即"唱收唱付法"，唱为"说""念"之意，之所以用"唱"字代替，是因为服务员在收款的过程中以优美和谐的音调念唱出款项，产生了一种特殊的艺术效果。其收款的方法是：递送账单的同时要告诉宾客应付的金额，客人付款后要报付款的数额，找回余款时仍需加以说明。如果找回的余款数额较大时，应站在一侧，待客人查点后方可离开。另一种收款方法称为"埋单"。即将账单扣放于收银盘内，上面覆盖一块折了角的餐巾。当客人要求结账时，将账单放入托盘内，或夹入账单夹中，走到桌前递送账单，待客人看清数额后付款，整个收款过程不报数额。一般情况下，在客人要求报出总额时，服务人员才采用"唱收唱付"收款方式。

（2）支票。支票的收款要点是识别真伪，按有关规定要求客人出示有关证明身份的证件，并进行签字。

（3）签单。当客人结账要求签单时，需出示房间钥匙和住宿证，并递送一支笔，请客人在账单上填写房号及本人签名，然后将账单连同住宿证一起交给收银员，进行核对无误后，由值台再将住宿证送回宾客处，并向客人道谢。

（4）信用卡。当客人使用信用卡付款时，首先要核实是否属于本店接纳卡、使用期限，然后连同账单与信用卡一起交付收银员，收银员再进一步核实信用卡的真伪，合格的信用卡可以接受记账，并进行"刷卡"，由值台员将其单据交给客人，并礼貌地请客人签名，待核对客人的签名与卡后的签名一致后，再将单据的副本及信用卡交回给客人，将其正本交给收银台。

2. 征询意见

虚心听取客人对就餐方面的意见，是不断改进工作、提高服务质量的重要措施。

3. 热情送客

客人餐毕离席时，应主动地上前拉椅送客，征询客人的意见或建议，提醒客人携带好随身物品，与客人热情道别。客人离座后，应及时检查客位附近有无宾客遗留的物品，若发现有，要及时交还给客人。

4. 清理台面

餐后清理台面也称"翻台"，是指一批客人离席后，服务人员立即清理餐桌，重新摆台，并安排下一批客人就餐的过程。翻台时必须等一桌客人全部离开后才能进行。

5. 结束工作

每个阶段的营业工作结束时，要对餐厅进行小型整理，收拾餐具、用品、清扫环境卫生、调整餐桌餐椅、清点酒水、关灯关水，进行防火安全检查，待领班检查认可后方能离去。

# 第二节　团体包餐服务

## 一、团体包餐的概念

团体包餐是指因某种共同原因由主办人组织在一起的人群，按每人相同的标准同时在餐厅中集体进餐的一种形式。

## 二、团体包餐的形式及特点

### （一）团体包餐的形式

常见的团体包餐有：会议包餐，如交易会、交流会、订货会、运动会、展览会、产品鉴定会、表彰会、政府机关会议等；旅游包餐，如参观团、旅游团、考察团等；学生包餐，如中小学生午餐、春游夏令营等。

### （二）团体包餐的特点

1. 事先预订

团体包餐须事先预订，使餐厅和厨房有准备的时间。接受预订时，要问清就餐人数、时间、标准、付款方法、特殊要求及预订人的身份、姓名、单位、联系方式等，以利于安排餐位和制定菜单。

2. 接待面广

一般旅游、会议团体少则十几个人，多则上百、上千个人。餐厅只能根据包餐宾客的国籍、地区、职业年龄等特点来制定菜单，照顾到大多数客人的口味的要求。对个别特殊的客人如佛教、伊斯兰教或高血脂、糖尿病患者等作特殊情况处理。有些宾客在就餐时临时提出饮酒加菜的要求，应从方便宾客出发，给予满足，但要提醒客人另外记账收款。会议团体一般在饭店逗留时间较长，包餐的次数多，在服务操作中服务人员要多观察，主动征求客人的意见，配合厨房搞好餐饮质量。

3. 服务迅速

包餐宾客在用餐时间上和其他宾客不同。他们的抵达、离开和外出活动时间往往不准，变化多端，经常不能准时在规定的时间内进餐。若是进入餐厅，为了赶时间，也要求出菜速度快。因此，在餐厅的组织上，需要十分细致地了解情况，及时和陪同人员取得联系，与厨房密切配合，科学地组织就餐服务，采取灵活的组织安排，使宾客无论什么时候来，都能迅速地就餐，而且饭菜的温度、新鲜程度都要达到规定的标准，使宾客满意。

4. 形式统一

团体包餐是宾客集体用餐，进餐时间统一，标准统一，菜式品种统一，服务方式统一。

## 三、团体包餐的服务程序

餐前准备工作

1.了解客情

包括团体的名称、国籍、身份、生活习惯和忌讳、人数、开餐时间、用餐标准及特殊要求等，以便有针对性地服务。

2.拟定菜单

由餐厅管理人员根据宾客的用餐标准、口味特点、生活习惯和具体要求与经办人协商拟定。要求菜点品种搭配合理，具有本地特点，数量适中，口味齐全。宾客在本店用餐次数较多时，每餐的菜点花色品种都应有其独特的风味，使宾客在旅游或会议期间在饭店住得舒服，吃得满意。

3.整理餐厅

首先要清洁餐厅，排列餐桌。厅内陈设和台型布置要整齐美观。根据接待对象的不同，加以适当调剂。如会议包餐，可布置得朴素典雅一些；旅行团体，则可布置得华丽热烈一些。餐台的距离要适宜，方便来宾出入。如果同一餐厅同时容纳两个不同标准的团体就餐时，要划分就餐区域，最好用屏风作为隔挡，将其分开。

清理好餐厅后，准备餐具、用具进行摆台。团体包餐一般不喝酒，每客位餐具以餐碟、汤碗、汤勺、筷子为主，备酒的包餐再增加酒杯。合食制的包餐每桌还要配备公用餐具、调味品、牙签筒等用品。

4.准备物品

准备好茶水、毛巾，大型团体包餐也可以在客人到来之前先将包有保鲜膜的冷盘摆放在餐桌上，以适应团体包餐快速服务的特点。

5. 团体包餐服务程序

（1）热情迎宾

迎宾员通过佩戴的徽章识别所属团体，示意划定的进餐区域；值台服务员为客人拉椅让座，递上香巾，斟倒第一杯茶水饮料。

（2）餐间服务

如客人是凭餐券进餐，应按每桌点齐人数，收取餐券，然后上菜。收餐券时，应从客人左后方收取。如客人主动收集在一起，要注意清点，并致谢意。当一桌客人到齐或基本到齐后，以较快的速度上齐热菜、点心等，席间服务中要及时撤换餐具，添加主食，整理餐台，

（3）结账收款

团体包餐一般由领队或经办人统一结账。如遇分食制的团体包餐，则由客人凭就餐券用餐。

（4）清理餐厅

其方法与零点服务大致相同。但应注意的是：每桌中若有一个客人未离开，就不能收拾台面；当餐厅有一个宾客仍在就餐，就不能清扫地面。

### 四、团体包餐服务注意事项

1. 注意饭菜保温，冬天应等客人坐满一桌再上热菜。

2. 宾客如果需要标准以外的酒水、菜点，应满足要求，但要向客人讲明其差价现付。

3. 对于团体中伊斯兰教的宾客要设立清真席，由专人烹制菜肴，并派专人服务，餐具用具与其他桌次分开清洗、存放。

4. 分餐制的包餐可以根据包餐标准、人数分装好食品，以保证准时、迅速开餐。分餐制盛器大致有三种：一种是套餐餐盘，另一种是快餐盒，还有一种似美式上菜法，将每个客人的菜肴分装在几个小型餐盘中，一起端上。无论是哪一种盛器，要求所装的食品种类及数量要相同相等。

## 第三节　中餐宴会服务

宴会是国际和国内的政府机关、社会团体、企事业单位或个人为了表示欢迎、答谢、祝贺、喜庆等社交目的举行的一种隆重的、正式的餐饮活动。是在普通用餐基础上发展起来的具有规格化、社交性、礼仪性的聚餐形式。

随着旅游业的发展，宴会在饭店经营中占有越来越重要的地位，受到了饭店的重视，有些高档饭店将宴会部设置成独立的部门，以加强促销与管理。

### 一、宴会的特点

#### (一) 经营活动的多样性

宴会活动往往不仅是就餐，还伴有表演、祝贺、展示等。因此，涉及的部门广泛，一次大型宴请活动往往涉及饭店的各个部门、各环节，如原料的组织，产品的生产，前台的协调，工程部的维修，保安部的安全保卫等，需要各方面相互配合。

#### (二) 设计范围的广泛性

宴会设计内容包括场景、菜单、程序、礼仪、台面和安全设计等内容。它涉及烹饪、装饰与布置、心理学、礼仪、餐厅服务与管理等多方面的知识。

#### (三) 接待工作的复杂性

宴会气氛隆重热烈，就餐时间长；接待服务周到细致，礼仪要求高；环境布置精心设计；菜点的品种繁多，菜肴讲究精细；服务就餐人数多，消费水平高。因此服务人员在整个服务过程中严格地按操作规程进行，才能保证宴会的顺利进行。

### 二、宴会的类型

宴会的种类很多，按宴会的餐别分，有中餐宴会、西餐宴会、中西合璧宴会、冷餐宴会和鸡尾酒会等；从规格上分，有国宴、正式宴会、便宴；从进餐形式上分，有立式宴会和坐式宴会；按宴会的进餐标准分，有高档宴会、普通宴会等；从礼仪上分，有欢迎宴会、答谢宴会、迎送宴会、喜庆宴会、洽商宴会等；按举行宴会的时间上分，有早宴、午宴和晚宴。此外还可以根据宴会的菜肴分，有鱼翅宴、海鲜宴、燕窝宴、野味宴、火锅宴、饺子宴。此外，还有各种形式的招待会和民间举办的婚宴、寿宴、宴席等。

### （一）国宴

国宴是国家元首或政府首脑为国家庆典活动或为欢迎来访的外国元首、政府首脑而举行的正式宴会。这种宴会的规格最高，不仅有国家元首或政府首脑的主持，还有国家其他领导人和有关部门负责人以及各界知名人士出席作陪，有时还邀请各国使团的负责人及各方面人士参加。国宴厅内要悬挂国旗，安排乐队，演奏两国国歌及席间乐，席间有致辞、祝酒。菜单和席位卡上均印有国徽。国宴的礼仪隆重，要求严格，安排细致周密。

### （二）正式宴会

正式宴会通常是政府或团体等有关部门为欢迎应邀来宾或来访的宾客为答谢主人而举行的宴会。正式宴会除了不挂国旗，不奏国歌以及出席者的规格低于国宴外，其余的与国宴大致相同，礼仪要求也比较严格，宾客按身份排位就座，席间一般有致辞、祝酒词，有时也安排乐队演奏席间乐。

### （三）便宴

便宴属于非正式宴会，多用于招待熟识的亲朋好友。常见的有午宴、晚宴两种形式，这类宴会一般规模较小，不拘严格的礼仪，宾主之间随便、亲切，可以不排座位，不做正式祝词或祝酒，用餐标准可高可低。

### （四）冷餐宴会

冷餐宴会是一种立餐形式的宴请活动，其菜肴的特点是以冷食为主，兼有热菜。有中式、西式或中西式结合的菜点，提前摆在餐桌上供客人自行取食。酒水饮料可摆放在饮料台上，也可由服务员端送。冷餐宴会不排座位，宾主之间可以广泛交际，自由交谈，拜会朋友。其消费可高可低，参加的人数可多可少，时间也较灵活。这种形式多为政府部门或企业、贸易界举行人数众多的盛大庆祝会、欢迎会、开业典礼等活动所采用。

### （五）鸡尾酒会

鸡尾酒会也是一种立餐形式，不排座次，宾客来去自由，不受约束。它以供应酒水为主，附有各种小吃，如炸薯片、小串烧、春卷、炸元宵等，可由客人用牙签取食。酒水可分置于小桌上，或由服务员端送。整个酒会气氛轻松活泼，热烈和谐。

### （六）茶话会

茶话会是一种经济简便、轻松活泼的招待形式，多为社会团体举行纪念和庆祝活动所采用。会上一般备有茶、点心和多种风味小吃，所采用的茶叶、茶具要有地方特色。茶话会一般不设座次，但人们习惯上有意识地将主人主宾安排在一起，其他人则随意入座。席间常安排一些文艺节目助兴。

### （七）素席宴会

素席宴会又称斋席。素席以豆制品、蔬菜、植物油为主要原料，模仿荤菜制作而成，甚至以荤菜菜肴命名，营养丰富，别有风味。

### （八）清真宴会

清真宴会是以牛羊肉及蔬菜、植物油为主要原料烹制成的各种适合伊斯兰教饮食习惯的菜品。对牲口的宰杀、加工、制作均有严格的要求。

## 三、宴会的预订

宴会预订是指宴会承办单位和举办者关于宴会内容的事先约定。由于宴会的设计、布置、服务等方面都具有较高的要求，需要有充分的准备，所以，承办者必须提前进行宴会的预订。宴会作为一种商品，它的预订过程就是产品推销的过程，又是客源组织的过程。企业要做好宴会管理，首先要通过预订来组织客源，才能提高设施的利用率，增加经济效益。

### （一）预订员的素质要求

宴会预订是一项专业性很强的工作，预订员是代表饭店与外界洽谈和推销宴会的一项业务。大型宴会一般单设宴会预订接待员，小型餐厅则由主管、领班代替，并要具备以下业务素质：

（1）必须了解本餐厅的面积、布局、设施情况，懂得如何按照客人的要求进行调整。

（2）具备成本核算知识，熟悉各档次宴会的标准售价，同类饭店的价格情况，并且具有讨价还价的能力。

（3）熟悉本饭店菜肴的口味特点，宴会菜单的拟定技巧，宴会场景的布置方法。

（4）要求宴会预订员不仅具有全面的业务知识，而且要有较强的应变能力，在饭店的设备设施固定不变的情况下，尽可能地满足客人的要求。

### （二）预订联络方式

预订联络方式主要有电话预订、专人来店面谈、网上预订、信函预订、外出预订等。最好的方法是邀请潜在的客人到餐厅来面谈，有利于增加销售机会。

随着电子商务的发展，很多饭店和餐饮企业在网上宣传企业形象，开展宴会预订销售业务，取得了较好的效果。

### （三）宴会预订程序

1. 接受预订

预订员要热情地接待每位来宾，认真倾听宾客的要求，并按照宴会预订表的内容向客人讲解清楚，做好预订记录，填写宴会预订单（见表3—2）。

2. 确认预订书

经双方协商后，可将经过认可的菜单、酒水饮料、场地布置等细节资料以确认书的方式迅速交给客人。预订书必须由提出预订的客人及宴会代办人双方共同签署。

3. 合同

宴会合同一式两份，经双方签字后有效。大型宴会的合同签署要在宴会前一个月进行（见表 3—3）。如果是提前较长时间预订，应主动用信函或电话方式保持联络。

4. 初步计划

与客人签订了合同之后，必须制订组织宴会的初步计划，并印制多份，分送到有关部门。

**表 3—2　餐饮活动预订单**　　　№ ：

<table>
<tr><td>宴会名称</td><td colspan="3"></td><td>参加人数</td><td></td><td>餐台数</td><td></td></tr>
<tr><td>举办日期</td><td colspan="2">年　月　日</td><td>开席时间</td><td>时至　　时</td><td>宴会场地</td><td colspan="2"></td></tr>
<tr><td>宴请单位</td><td colspan="2"></td><td>预订日期</td><td></td><td>联系人姓名</td><td>电话</td><td></td></tr>
<tr><td>宴会形式</td><td colspan="2"></td><td>宴会标准</td><td></td><td>付款方式</td><td colspan="2"></td></tr>
<tr><td>预收定金</td><td colspan="2"></td><td>票据编号</td><td></td><td>其他费用</td><td colspan="2"></td></tr>
<tr><td colspan="5">菜单：</td><td colspan="3">酒水：</td></tr>
<tr><td rowspan="8">具体要求</td><td>请柬</td><td></td><td>录像</td><td></td><td rowspan="7">宴会布置示意图</td><td rowspan="7" colspan="2"></td></tr>
<tr><td>鲜花</td><td></td><td>横幅</td><td></td></tr>
<tr><td>纪念品</td><td></td><td>照相</td><td></td></tr>
<tr><td>乐队</td><td></td><td>致辞台</td><td></td></tr>
<tr><td>签到台</td><td></td><td>餐前用品</td><td></td></tr>
<tr><td>用车</td><td></td><td>台面菜单</td><td></td></tr>
<tr><td>餐台表</td><td></td><td>席位卡</td><td></td></tr>
<tr><td>特殊要求</td><td colspan="6"></td></tr>
<tr><td colspan="8">联系人姓名　　　　　预订员签名<br>年　　月　　日</td></tr>
</table>

**表 3—3　宴会合同**

客户名称____________________
地址____________________
电话号码（办公）__________　（家庭）__________
宴会日期__________　宴会类型__________
估计客人数__________　最少保证人数__________

客人到达时间__________
宴会主题__________

特别指出的要求__________
饭菜和服务__________
饮料和服务__________
小计__________
25%定金__________

鸡尾酒会时间__________服务时间__________
颜色__________
菜单__________
桌子（圆、长）__________
台布__________颜色__________
瓷器__________
玻璃器皿__________
银器__________
台裙__________
娱乐活动__________
装饰__________
轿车__________
鲜花__________
蛋糕__________
酒吧__________
设置__________
照相或录像__________
其他__________
备注：
在宴会前 10 天以内，在最后确认客人人数后将对总成本做相应的调整。在接受此报价后应交纳 25%的定金，余额将在宴会前 10 天内付清。客户同意至少在宴会开始前 48 小时书面通知有关明确的必到客人数。承办人将在必到人数基础上再增加 5%来准备食物。

余额__________　根据__________人制定
日期__________　宴会销售经理__________
客户__________

### （四）最后确定宴会的细节

举行大型宴会至少一星期前，客人和宴会主办人双方要对宴会的每一个细节最后进行审定。用信函或电话方式保持联络，跟踪查询。为了保证宴会预订的成功率，可以要求宾客预付一定的定金。当发生取消预订的情况时，涉及现金退偿问题，定金是全部还是部分退偿客人，取决于双方合同的规定。

### （五）最终作业指令单

最终作业指令单是由餐饮部经理签发的，要求所属各部门及相关部门协调做好餐饮活动的书面通知单。在专业英语中称：Functionorder 或 Eventorder。国内一般称“宴会通知单”，也有称宴会安排表，最终作业指令单。通知单分为三大部分：一般信息情况介绍，内容包括活动时间、地点、参加人数、结账标准等；活动涉及的各有关部门应做的工作及时间要求；通知单分发情况等（见表 3－4）。

### （六）召开各级会议

在会议举行之前，召开各级会议以确定各自的职责。针对宴会涉及而合同中没有列明的各种因素进行讨论。并由宴会负责人与客人进行磋商，进行必要的补充。

**表 3－4　宴会通知单**

号码　　FUNCTION　　日期

No：　　Date

| | | |
|---|---|---|
| 客人姓名<br>Name of Guest | 公司名<br>Company | 电话<br>Telephone |
| 地址 Address | | |
| 宴会性质 Natuire of Function | 日期与时间<br>Date & Time | |
| 地点 Venue<br>预算人数 Attendance Expected | 人数保证 Attendance Guaranteed | |
| 结账方式 Billing Instructions | 来订 Depositpaid | |
| 每位价目（食物）FoodPrice Perperson | | |
| 每席价目（食物）Per Table | | |
| 每位价目（饮品）Beverage Prince Perperson | 菜单 Menu | |
| 每席价目（饮品）Per Table | | |
| 酒水 Beverage | | |
| 摆设及服务要求 Setup & Service | | |

续表

| | | | |
|---|---|---|---|
| 设备要求 Equipment Required | | | |
| 其他安排及收费 Other Arrangements & Charges | | | |
| 指示牌 Signboard | | | |
| 联络人：<br>Bookingmadeby： | | 电话：<br>Tel： | |
| 备注 Remarks： | | | |
| 抄送部门： | | | |
| 总经理 | 财务部 | 前厅部 | 安全部 |
| 餐饮经理 | 宴会经理 | 客房部 | 公关部 |
| 厨房 | 采购部 | 工程部 | |

## 四、宴会服务程序

宴会服务程序分为餐前组织准备工作、迎宾服务、就餐服务、宴会的结束工作四个基本环节进行。

### （一）组织准备工作

1.掌握情况

接到宴会通知单后，餐厅的管理人员和服务员都应做到“八知”“三了解”。

“八知”是：知邀请对象，知宾、主国籍身份，知参加人数与安排的桌数，知宴会标准，知开餐时间，知菜式品种、烟酒茶果与出菜顺序，知主办单位或房号，知收费办法。

“三了解”是：了解宾客的风俗习惯，了解宾客的生活忌讳，了解宾客的特殊需要。如果是外宾，还应了解其宗教信仰、口味特点及特殊爱好。

对于规格较高的宴会，还要了解宴会的正式名称，宴会的目的和性质，对场景布置的要求，宴会的进程与接待要求等。还要了解其他一些细节情况，如是否发放请柬、纪念品，有无席位卡，是否有 VIP 客人、文艺表演，是否设工作餐等。

管理人员根据上述情况，按宴会的程序设计、场景、菜单设计、礼仪设计、台面设计和安全设计等做好宴会的组织工作。

2.明确分工

重要宴会要召开有关宴会工作的全体员工大会，明确宴会的重要性，强调各项任务的要求及注意事项、宣布人员的分工。

较大规模的宴会，要确定现场督导人员。服务人员的分工主要依据宴会的规模、标准、要求等不同进行安排，一般设 1～2 名或多名迎宾员；主桌值台员视餐台人数而定，一般每

4～5 个客人设一名值台；其他餐台每桌一名或 1～3 桌一名值台；传菜员 2～4 桌一名；机动人员 1～2 名。根据情况还可设贵宾室、衣帽间、洗手间及其他项目的岗位。大型重要的宴会要填写“宴会人员分工一览表”，并张贴出来，如表 3－6 所示。小型宴会则采用口头安排。

**表 3－6　宴会人员分工一览表**

宴会日期_____年_____月_____日　时间_______时_______分　地点___________

宴会名称__________________　人数___________　标准___________

<table>
<tr><td colspan="2">总负责人</td><td colspan="4"></td></tr>
<tr><td colspan="2">迎宾员</td><td colspan="4"></td></tr>
<tr><td rowspan="4">值台人员</td><td>主台值台</td><td></td><td rowspan="4">食品制作人员</td><td>热菜主厨</td><td></td></tr>
<tr><td rowspan="2">副台值台及台号</td><td></td><td>点心主厨</td><td></td></tr>
<tr><td></td><td>凉菜主厨</td><td></td></tr>
<tr><td>机动人员</td><td></td><td>饮料调配</td><td></td></tr>
<tr><td rowspan="3">备餐人员</td><td>准备器皿</td><td></td><td rowspan="3">食具管理人员</td><td>银器</td><td></td></tr>
<tr><td>排菜</td><td></td><td>餐具</td><td></td></tr>
<tr><td>传菜</td><td></td><td>备件</td><td></td></tr>
<tr><td colspan="2">布置人员</td><td></td><td colspan="2">保安人员</td><td></td></tr>
<tr><td colspan="2">其他人员</td><td></td><td colspan="2">机动人员</td><td></td></tr>
</table>

3. 熟悉菜单

大型宴会将拟定好的餐单进度表打印或抄写，若有外宾，最好有英汉文字对照，张贴在出菜口内。服务人员除了掌握上菜顺序外，还要熟悉宴会菜单的菜式品种、风味特色或历史典故，每道菜的配菜、佐料、制作方法，以便向客人做介绍。同时还要清楚每道菜的上菜、分菜方法，保证准确无误地服务每道菜肴。

4. 宴会布置

要清扫餐厅，并根据宴会的设计方案进行场景布置和台面布置。

5. 准备物品

根据宴会的标准和菜单准备餐具、用品。一般宴会准备餐碟、汤碗、汤勺、筷子、筷架、玻璃器皿等餐具酒具，高档宴会则备银制餐具等。同时还要准备其他物品，如餐巾、调味品、牙签、台卡、席位卡、烟灰缸、公用餐具、餐间需要更换的骨碟、小汤碗等。为了防止客人临时加位或其他要求，应多准备 10%～20%的餐具，分类摆放在备餐柜内，以随时满足客人的需要。

根据宴会通知单，还要准备好香巾、饮料、酒水、烟茶、水果、鲜花及特殊情况的服务用品。

6. 铺好餐台

在开餐前的1小时，按照台面设计的要求将餐具整齐地摆放在餐桌上，要求台面清洁卫生，整齐划一。

7. 摆放冷盘

大型宴会在开餐前15分钟左右将冷盘摆好，撤掉冷盘上的保鲜膜，然后斟上烈性酒和葡萄酒，中小型宴会则视宾客的具体情况而定。

8. 全面检查

根据《宴会通知单》逐一检查客人的要求是否落实，人员的分工是否合理，服务人员的仪表服饰是否合乎要求，餐具用具是否备足，场地布置和摆台是否得当，环境卫生、餐具卫生是否达到标准，用具调料是否备齐，各种电器及其他设备工作是否正常。各方面都要一一仔细检查，做到有备无患，以保证宴会顺利进行。

9. 进岗待宾

准备工作完成后，宴会的主管人员和迎宾员提前站在宴会厅的门口准备迎宾，值台服务员站在各自负责的餐桌旁准备服务。

**（二）迎宾服务**

1. 迎宾服务

客人到达时，迎宾员要热情迎接、微笑问好。

2. 接挂衣帽

较大规模的宴会一般设有衣帽间，当看到客人准备脱大衣时，应主动地帮助客人宽衣，并按要求将衣服挂好，及时妥善安排随身携带物品，贵重的物品请宾客自行保管。重要客人的衣物，要挂在较明显的位置，以便凭着记忆准确地提供服务。

3. 端茶送巾

客人步入休息厅后，服务人员应主动地拉椅请宾客入座，递上香巾和热茶，或向客人介绍吧台上的各类酒水饮料；并迅速取回客人所需的酒水。客人抽烟，应主动地为其点火。递茶送巾服务均按先宾后主、先女后男的顺序进行。

**（三）就餐服务**

1. 入席服务

客人进入宴会厅时，值台服务员要面带微笑，为主人及主宾拉开座椅，待宾客入座后，马上帮助客人落餐巾、松筷套，同时把台号、席位卡、花瓶或工艺品撤走。

此时主管人员要掌握客人是否讲话，讲话的人数，所花费的时间等，以便控制上菜的时机。在征得主办人同意后，立即通知备餐间准备起菜。

2. 斟酒服务

斟酒水时要先征求客人的意见，根据客人的要求进行斟倒。如果宾客提出不要，应将客位前的空杯撤走。

当宾客致辞时，服务人员要停止一切活动，站立静候。大型宴会宾主致辞时，主桌服务员应用托盘准备好2～3杯葡萄酒或烈性酒站立在一侧，等敬酒时及时送上。当宾客离席敬酒时，要帮助把座椅向后拉开，就座时，要将座椅向前推，使客人感觉服务周到。

3. 上菜服务

宴会上菜要严格地按照上菜顺序进行，大型或重要宴会要由专人指挥、联络、控制，上菜要看主台或听从指挥，主桌上哪道菜，其余各桌跟随其后上哪道菜，做到行动统一，以避免造成早上或迟上，多上或漏上的现象发生。

同时要掌握好上菜时机，按进餐节奏，每一道菜都要趁热上。并正确地选择上菜位置。大型宴会每上一道菜都要报菜名，介绍风味特点。摆菜时要有一定的造型图案，及时撤盘，保持台面的清洁美观。

普通宴会通常由主人自己分菜，高档宴会的服务员应主动地为宾客分汤、分菜。分菜的要求是胆大，心细，掌握好分量、数量，尽量准确、均匀。

4. 撤换餐具

为了突出菜肴的风味特点和优良的服务，宴会中撤换餐具应不少于三次，高档宴会要求每一道菜换一次餐碟，撤碟时要严格地按照操作规范进行。

5. 席间服务

宴会在进行中要细心地观察宾客的表情及示意动作，主动地进行服务。要勤巡视、勤斟酒、勤换烟灰缸。待客人吃完饭后，要随即送上热茶、香巾，收拾餐台上除酒杯、茶杯以外所有的餐具，然后上甜品、水果，并按顺序分给宾客，用完水果后，再一次为客人送上香巾，并擦净转盘，重新摆上鲜花，以示宴会结束。

### （四）宴会的结束工作

1. 热情送客

当主人宣布宴会结束时，要提醒客人带齐个人物品，为主人、主宾拉椅，递送衣帽，帮助客人穿衣，并与客人礼貌道别。

2. 结账收款

宴会结束时，要清点酒水、香烟。未开瓶的酒水应退回酒水台，并办理好领退手续。付款多由宴会承办人具体负责。

3. 检查现场

客人离席后，要检查台面、口布、地毯上是否有未熄灭的烟头。还要检查客人有无遗留物品，如有应立即交还给客人。若客人已经离去，应交有关上级，积极与宴请单位或个人取得联系。

4. 收拾台面

为了保证不损坏餐具，收台工作应分工进行。服务员分别收拾酒具、餐具、口布等。操作时要先收贵重物品，对金银玉器餐具需要进行清点。将用过的口布、小毛巾、台布抖净，扎叠整齐，送到布草房，餐具则送至洗涤间由专人洗涤、消毒。

5. 清理现场

清扫地面卫生，将餐桌、餐椅按规定摆放整齐。

6. 做好宴会记录

要记录宴会宾主的身份、参加人数、宴会标准、工作情况、宾客的意见及处理方法，以便今后把宴会工作做得更好。

7. 安全检查

宴会的一切工作完成后，要熄灭厨房的火种，切断电源，关闭门窗，待全部项目经检查合格后方可离开餐厅。

**（五）宴会服务注意事项**

（1）宴会进行中，各桌的服务员要分工合作，密切配合。若服务中出现漏洞，要立刻互相弥补。值得注意的是两个服务员不应在一个客人的左右边同时操作，要有先后次序。

（2）宴会期间不能将撤下的餐具长时间地堆积于工作台上，造成工作空间缩小，降低工作效率。

（3）当宾主在席间讲话或举行国宴奏国歌时，服务人员要停止一切操作，肃立在工作台旁，餐厅内要保持安静。

（4）席间若有事或电话需要告诉客人，要略欠身，低声细语，不要干扰其他客人；若找身份较高的主人或主宾，应通过主办单位的工作人员或翻译转告；若有宾客突然感到身体不适，应立即请医务室人员治疗，并向领导汇报，留取食物的原样进行化验。

（5）宴会结束后，应主动征求宾主及其他客人对菜肴和服务的意见与建议，礼貌地与客人道别。

（6）宴会任务完成后，餐厅经理或主管要进行工作小结，以利于不断地提高服务质量和服务水平。

（7）在宴会结束后的第二天，销售部或宴会部应以饭店的名义向宴会承办人或单位发致谢函，以对宾客的惠顾表示感谢，并征求对宴会的意见或建议，欢迎他们能再次光临。

## 第四节　自助餐服务

### 一、自助餐的形式和特点

自助餐是指宾客就餐时根据需要自己动手取食菜点的一种用餐方式。

自助餐有座式和立式两种就餐形式，以前者居多。人们往往把自助餐与冷餐会混为一谈，实际上它们既有共同点，也有一定的区别。其共同的特点是：客人自己在菜台上取食，服务方式大同小异。不同之处是自助餐厅的接待对象是零散客人，消费一般较零点餐厅的低；而冷餐会接待的对象为宴会客人，就餐的客人追求的是丰盛的菜肴和热烈的气氛，对时间和价格不太在意，往往消费在意较高。因此，自助餐主要适用于团队用餐和大型会议用餐。

目前，自助餐的用餐方式日趋流行，主要原因有以下几点：

（1）就餐的客人可以不拘礼节，不受时间的限制，随来随吃。

（2）客人直接到菜台取食菜肴，能在短时间内品尝到自己所喜爱的菜点，进餐速度快，餐位周转率高。

（3）菜肴丰富，装饰布置精美，品种繁多。

（4）自助餐的标准一般是固定的，其菜点的价格便宜，经济实惠。

（5）服务人员只提供简单的服务，如添加食品、饮料、撤盘、结账等，厨师也可以提前烹制批量菜点，使餐厅节省了劳动力，降低了成本。

## 二、自助餐的服务程序

### （一）餐前准备

1. 安排自助餐台

自助餐台也叫菜台，食品陈列台或食品台。既可以由一个主台和若干个小台组成，也可以单设一个完整的大台。自助餐台的安排形式有很多种。大型圆台一般置于餐厅的中间；长台靠着墙放；小型台或1/4圆形台一般摆在餐厅一角。自助餐台也可以根据场地拼接出各种新颖别致、美观、流畅的异形，安排自助餐台需要考虑台的形问题，如扇形台、椭圆形台、S形台、半圆形台等，如图3—1所示。

（1）方便客人取菜。台形的选择和安排要考虑到进餐人数，取菜时人流的走向，以避免在选菜时拥挤、碰撞。通常一个人选用一种食品所占位置约30厘米。

（2）菜台的大小。在计划时要考虑在一个特定的时间里供应品种的数量和所能接待的客人数，以此为依据来选择菜台的大小。

（3）醒目独特。自助餐台要布置在餐厅显眼醒目的地方，台面上放置好各种装饰用鲜花、雕刻或其他艺术品，上部要有聚光灯照射，切忌使用彩色灯光或荧光灯，以免使菜肴变色，影响客人的食欲。

**图3—1　自助餐台**

2. 布置台面

自助餐台要铺设台布，台裙的下垂部分离地面5厘米左右，既要遮住桌腿，又不能让客人踩着。为了增加菜台的艺术效果，铺台布后还可以围上台裙，若用缎带点缀，则更加美观。台面的中央部分用鲜花、水果、蔬菜雕刻等进行装饰。将准备充足的消毒餐具置于自助餐台靠近餐厅门口的最前端，要码放整齐，不能堆得太高。餐巾纸、消毒筷、餐勺、餐叉等分类整齐地摆放在餐具的前方。

3. 餐桌摆台

自助餐厅摆设餐桌的方法与零点餐厅相似，但餐椅的安排不能过密，因为就餐的客人取食需要经常在餐厅内走动。

台面的布置方法比零点台面简单，一般是铺上台布，放上调味品、烟灰缸和鲜花即可。

4. 摆放食品

如果餐厅只设一个菜台，则冷菜、热菜、点心、水果要依次摆放，菜盘或盆前放上中英文菜牌，各种菜跟配的调味品要放在一起，宾客取菜用的公用叉、匙可以摆放在每盘菜内，其柄朝右下方 45 度角。准备好酒水，整齐地码放在酒水台上。搞好菜台的设计，在菜点的选配上，要求色、香、味、形、器，注重菜的季节性，并用拼图等形式烘托喜庆、热烈的气氛。为了降低成本，对各类菜肴的摆放位置也很讲究，如将成本低的热主菜放在引人注意的地方，凉菜也要摆在前面。

需要注意的是台面上摆放的所有的物品不能伸出桌边，一般距桌边 5 厘米左右。热菜必须用保温锅保温。如果布置两个以上菜台，则把某些特色菜分台摆放，如甜品台、水果台、临时酒吧或切割烧烤肉类服务桌。

**（二）就餐服务**

1. 热情迎宾

当客人步入餐厅时，菜台服务员要有礼貌地欢迎宾客，主动地为宾客介绍菜点的名称、风味特色、为客人递送餐盘。当客人需要取热菜时，要帮着揭开保温锅盖，或分切大块烤肉等。

2. 整理菜台

当客人取菜后，菜台服务员要及时整理自助餐台。食品的盛器不能见底，一般少于 1/3 时就要及时补充，要始终保持台面上菜点的丰盛、整洁、美观。整理菜台时最好背对着客人操作，否则会影响宾客的进餐。

3. 餐间服务

客人走到餐桌边，值台员要主动问候客人，拉椅让座，询问客人的要求或斟倒酒水饮料，随时撤掉客人用过的餐具、用具，保持台面干净整洁。

**（三）结账收款、热情送客**

自助餐厅的收费方法有两种：一种是每客位价，除菜点外还包括酒水饮料；另一种是餐后结账，客人自由选择食品饮料后，用托盘端到收银处付款，然后自己端到桌旁进餐。目前我国饭店的自助餐多采用每客位价收费方法。待客人用餐结束时，服务人员要掌握好收款的时间，并主动地征询客人的意见或建议，与客人礼貌地道别。

**（四）餐后结束工作**

自助餐的餐后结束工作与零点餐厅基本相同，但也有其不同之处：

1.要将可回收利用的食品整理好，撤回厨房，并用保鲜膜封好放入冰箱。

2.清理自助餐台要动作迅速、手法卫生，不要将汤汁菜肴洒在台面上，同时要注意熄灭保温锅火源。

## 三、自助餐服务应注意的问题

1. 开餐时菜台服务员要密切地与厨房联系，对宾客喜食的菜点，要尽可能地提前通知厨房制作，以便及时添加，以免影响客人的进餐。

2. 热菜要用保温锅保温，要经常检查菜肴的温度，不能太凉。

3. 菜台服务员要随时清理菜台上滴落的汤汁和菜肴，更换公用勺、叉。

【案例 3—1】

早晨 7 点钟，某饭店餐厅自助早餐服务人员准备好了一切，在各自的岗位上用微笑迎接每位用餐的客人。随着电梯“铛”的一声，步出一位中年男子，他怀里抱着一位大约一岁的小男孩，服务员小玲便微笑着请客人步入餐厅，并按客人的要求送了一杯牛奶、两片烤面包和一个煎蛋。然后关切地说：“先生，您如果用餐不方便，我帮您看护小朋友好吗?”客人说：“谢谢，不用了。”于是小玲便回到自己的岗位上工作并关注着客人的举动。大约过了一刻钟，孩子又哭又闹，客人抱起儿子来到自助餐台前问儿子想吃什么，这时早餐领班小王主动上前微笑着说：“小朋友年龄小，这些早餐可能他吃不惯，我给他做个鸡蛋羹吧。”几分钟后，鸡蛋羹就做好了。小王便把蛋羹放托盘上，又取了一杯牛奶，端着送到孩子面前，亲自给小孩喂饭，小孩大约吃了有二分之一，又喝了一点牛奶，就不哭不闹了。在他们父子俩离开餐厅的时候，孩子的父亲再次对餐厅服务员热情的服务表示了感谢。

【评析】

有时酒店服务的真正客人是儿童，但由于酒店业一线服务人员的年龄相对较小，对待小孩的哭闹、任性，产生一种畏惧心理，一些服务人员采取避让的态度，这样孩子不满意，其家长又怎会满意呢？因此，作为一名优秀的服务人员，应具备渊博的知识和各种技能、技巧，如接待聋哑人、残疾人、小朋友等，对一些特殊人群的服务，要有一定的对策和方法。这就要求服务员在日常工作中观察、总结、分析，就会在服务中游刃有余，让每位客人都满意。

【案例 3—2】

完善的客户管理体系

企业家 A 先生到泰国出差，下榻于东方饭店，这是他第二次入住该饭店。次日早上，A 先生走出房门准备去餐厅，楼层服务生恭敬地问道：“A 先生，您是要用早餐吗?”A 先生很奇怪，反问：“你怎么知道我姓 A?”服务生回答：“我们饭店规定，晚上要背熟所有客人的姓名。”这令 A 先生大吃一惊，尽管他频繁往返于世界各地，也入住过无数高级酒店，但这种情况还是第一次碰到。当 A 先生走进餐厅，服务员殷勤地问：“A 先生还坐老位子吗?”A 先生的惊诧再度升级，心中暗忖：“上一次在这里吃饭已经是一年前的事了，难道这里的服务员依然记得?”服务员主动解释：“我刚刚查过记录，您去年 6 月 9 日在靠近第二个窗口的位子上用过早餐。”A 先生听后有些激动了，忙说：“老位子！对，老位子！”于是服务员接着问：“老菜单？一个三明治，一杯咖啡，一个鸡蛋？”此时，A 先生已经极为感动了，“老菜单，就要老菜单”！一顿早餐，就这样给 A 先生留下了终生难忘的印象。

此后三年多，A 先生因业务调整没再去泰国，可是在 A 先生过生日的时候突然收到了一封东方饭店发来的生日贺卡：亲爱的 A 先生，您已经三年没有来过我们这里了，我们全体人员都非常想念您，希望能再次见到您。今天是您的生日，祝您生日愉快。A 先生当时热泪盈眶，激动难已……

【评析】

是什么令东方饭店对大多客人充满如此魅力？仅仅因为泰国的旅游风情吗？不是，其征服人心靠的是几乎完美的客户服务，靠的是一套完善的客户管理体系。据西方营销专家的研究和企业的经验表明：“争取一个新顾客的成本是留住一个老顾客的 5 倍，一个老顾客贡献的利润是新顾客的 16 倍。”这就是现在经常提及的客户关系管理的实质。

## 复习思考题

1. 餐厅服务员应掌握菜单上的哪些内容？
2. 零点服务的特点是什么？
3. 简述中餐宴会服务程序。
4. 宾客对账单产生怀疑不愿付款时应如何处理？
5. 宴会的预订方式有哪几种？如何进行宴会预订？
6. 餐厅结账的方法有哪几种？

## 实训题

设置模拟场景，组织学生进行中餐零点、宴会接待服务程序模拟训练。

# 第四章 西餐服务

【本章提要】

本章主要从西餐服务角度出发，介绍西餐的基础知识，着重阐述西餐咖啡厅、扒房、宴会及酒吧服务，对规范完整的西餐服务打好了基础。作为西餐服务员必须了解西餐文化及相关的基础知识，掌握西餐服务的接待环节。通过学习西餐服务能更好地运用到实际工作中。

【学习目标】

◇了解西餐厅的基础知识。

◇理解西餐的服务方式。

# 第一节　西餐服务概述

## 一、西餐简介

西餐（WesternFoods）是欧美各国菜肴的总称，西餐传入我国可追溯到13世纪。据说，意大利旅行家马可·波罗到中国旅行，曾将某些西餐菜肴传到中国。1840年鸦片战争以后，一些西方人进入中国，将许多西餐菜肴制作方法带到中国。清朝后期，欧美人在我国的上海、北京、天津开设了饭店，并经营西餐，厨师长由外国人担任。到20世纪40年代，西餐在我国的一些沿海城市和著名的城市有了较大的发展。随着我国改革开放和经济的发展，我国西餐经营在不断地扩大，越来越多的人认识了西餐，并爱上了西餐文化，男女老少都喜欢上西餐厅的乐趣、情调，市面上大大小小西餐厅如雨后春笋，互相竞争。广州和深圳的一些著名饭店咖啡厅的经营收入已经超过了中餐厅的收入。西式餐厅已在各大城市遍地开花，发展迅速。

## 二、西菜知识

### （一）西菜的主要特点

1. 选料精细

由于西餐菜肴大多不宜烧得太熟，其加热的温度和时间往往达不到杀菌的标准，有的甚至是全生或半生品，如色拉（salad）、牡蛎（oyster）和牛、羊排，所以西餐选料十分精细，海鲜讲究新鲜、生猛，牛、羊、猪肉通常选择除去骨无脂肪的精肉，禽类去头去爪，一般不食动物内脏和无鳞鱼类等。

2. 口味香醇

西餐独特的调料、香料，使其口味香醇。常见的调料、香料有：盐、胡椒、番茄酱、咖喱、芥末、肉桂、丁香、薄荷叶、小茴香、月桂香叶、大蒜、生姜、洋葱、香草、蛇麻草、驴蹄草、桂皮等。另外，西餐烹调时也常用酒和奶制品（如黄油、奶油、奶酪等）作调味品。

3. 沙司单独烹制

西餐调味沙司（Sauce）与主料分开单独烹制。西餐在形态上以大块为主，烹调时不易入味，所以大都要在菜肴成熟后拌以或浇上沙司，使其口味更富特色。不同的菜肴配不同沙司，食用时非常讲究。

4. 烹调方法独特

西餐的烹调方法有煎、炸、炒、烤、烩、烘、蒸、熏、煮、铁扒、铁板煎等，其中铁扒、烤最具特色。许多高档菜肴多用铁扒、焗、烤，如烤火鸡、蜗牛、铁扒西冷牛排等。

5. 注重肉类菜烹制的老嫩程度

欧美人对肉类菜肴（特别是牛肉、羊肉）的老嫩程度很讲究。服务员在接受点菜时，必须问清楚宾客的需求，厨师按宾客要求烹制。一般有五种不同成熟度，即一成熟（Rare）、三成熟（MediumRare）、五成熟（Medium）、七成熟（MediumWell）、全熟（WellDone）

### （二）西菜的主要菜系及其特点

西菜大致可分为欧美式和俄式两大菜系。欧美菜系主要包括英、法、美、意等菜以及少量的西班牙、葡萄牙、荷兰、德国等地方菜。下面介绍几个主要菜系。

1. 英式菜

英式菜特点是油少、口味清淡。调味很少用酒，调味品大都放在餐台上由宾客自己选用。常备佐料有醋、生菜油、芥末、番茄沙司、辣酱油、盐、胡椒粉等。烹调的方法多用烧、烤、熏、煮、蒸、烙等。

主要名菜名点有薯烩烂肉、烤羊鞍、野味攀、冬至布丁、牛扒腰子布丁等。

2. 美式菜

美式菜特点是咸里带甜。烹调方法大致和英式相近似，但铁扒菜较为普遍。美国人一般对辣味菜不感兴趣，常将水果烧在菜里做配料，如菠萝火腿、苹果烤鸭、紫葡萄烧野味，点心和色拉也大多用水果做原料，早餐普遍爱喝各种果汁。

主要的名菜名点有丁香火腿、美式火鸡、苹果色拉、糖油煎饼带熏咸肉或火腿等。

3. 法式菜

法式菜特点是选料广泛，如蜗牛、马兰、百合、大鹅肝等均可入菜。调味用酒较重，也很讲究，什么菜用什么酒都有严格的规定，如清汤用葡萄酒，海味用白兰地，火鸡用香槟，水果和甜点用甜酒或白兰地等。

法国人爱吃冷盘菜，喜食沙丁鱼、火腿、奶酪以及各类禽的肝酱，配料爱用大蒜头，喜欢清汤及酥面点心、蒸点心，特别爱吃新鲜水果和新鲜奶酪（因为法国是著名的奶酪生产国）。

法式菜还讲究生吃，如生吃蚝（Oyster），牛肉、羊腿只需七八成熟。重视蔬菜，每道菜都必须配蔬菜。

法国菜之所以享有盛名，还在于其有许多客前烹制（Flambé）表演，如服务员在宾客面前表演烹制青椒牛扒、苏珊特饼燃焰等。

主要的法式名菜名点有马赛鱼羹、巴黎龙虾、法式蜗牛、红酒山鸡、奶油千层酥等。

4. 意大利菜

意大利菜特点是味浓，讲究原汁原味，烧烤较少。烹调以炒、煎、炸、红烩、红焖等方法著称。意大利人喜爱面食，把各种面条、通心粉、饺子、面疙瘩作为佳肴。特别是意大利面条品种很多，长、短、细、空心、圆形、弯曲等各种形状都有，烹制方法也五花八门。意大利的番茄酱、奶酪等制品很著名。主要的名菜名点有通心粉素菜汤、铁扒干贝、馄饨、奶酪通心粉、比萨饼（Pizza）等。

5. 俄式菜

俄式菜特点是油大味重、制作较为简单。肉类、家禽及各式各样的肉饼菜均烧得很熟才吃。口味一般喜欢吃酸、辣、甜、咸，还喜欢用碎肉末、鸡蛋和蔬菜制成发面包子。咸鱼和熏鱼大都是生吃，调味喜用酸奶油。

### （三）西餐的组成

西餐的午餐、晚餐不论是宴会还是便餐，大致由头盆、汤类、副盆、主菜、甜点组成。

1. 头盆（Appetizers）

头盆又称开胃品或开胃菜，即开餐的第一道菜。旨在开胃，一般量较小，多用清淡的海鲜、熟肉、蔬菜、水果制作。有冷、热头盆之分。头盆常用中小型盘子或鸡尾酒杯盛装，色彩鲜艳，装饰美观，令人食欲倍增。如烟熏三文鱼、海鲜鸡尾杯、串烧海虾等。

2. 汤类（Soups）

西餐中的汤可分为清汤类和浓汤类。汤的制作要求原汤、原色、原热。热汤中有清汤和浓汤之分，如牛尾清汤、鸡清汤、奶油汤等。冷汤较少，比较有名的有西班牙冻汤、德式杏冷汤、格瓦斯冷汤等。

通常法国人喜欢清汤，北欧人喜欢浓汤。汤也起开胃的作用，西餐便餐有时选用了开胃品就不再用汤，或者用汤就不用开胃品。

3. 沙拉 Salads)

沙拉意为凉拌生菜，具有开胃、帮助消化的作用。色拉可分水果色拉、素色拉和荤素色拉三种。水果色拉常在主菜前上，素色拉可作为配菜随主菜一起食用，而荤素色拉可单独作为一道菜用。常见的色拉有什锦色拉、厨师色拉等。

4. 主菜（MainCourse）

主菜又名主盆，是全套菜的灵魂，制作考究，既考虑菜肴的色、香、味、形，又考虑菜肴的营养价值。主菜多用海鲜、牛、羊、猪肉和禽类作主要原料，如大虾吉列、西冷牛排、惠灵顿牛排等。

5. 奶酪（Cheese）、甜点

主菜用完后一般用甜点。零点餐厅需问宾客是否用奶酪，一般先吃奶酪后吃甜点。

奶酪跟配黄油、面包、克力架、芹菜条、胡萝卜等，调味用胡椒和盐。

甜点有冷热之分，是最后一道餐食，常有冰淇淋（Icecream）、布丁（Puding）、疏乎利（Souffle）、攀（Pie）和各种蛋糕（Cake）。

## 三、西餐菜肴与酒水搭配

在西餐中，酒水与菜式的搭配有一定的规律。这些规律是人们长期饮食实践的总结，也可以称之为饮食习惯。

总的来说，色、香、味淡雅的酒品应与色调冷、香气雅、口味纯、较清淡的菜肴搭配，如头盆、鱼、海鲜类应配白葡萄酒（需冰冻）。香味浓郁的酒应与色调暖、香气浓、口味杂、较难消化的菜肴搭配，如肉类、禽类配红葡萄酒。另外，咸食选用干、酸型酒类，甜食选用甜型酒类。在难以确定时，则选用中性酒类。

了解西餐菜肴与酒水的搭配知识，可以帮助服务员在服务时向宾客推销恰当的酒水，使之与宾客所点用的菜肴相得益彰。当然，最终还是要取决于宾客本人的意见，不得硬性推销。

下面介绍几种较为流行的菜肴与酒水搭配方法。

1. 餐前酒

用餐前可选用具有开胃功能的酒品，如鸡尾酒（cocktail）和软饮料（softdrink）等。

2. 汤类

一般不用酒，如需要可配较深色的雪莉葡萄酒（sherry）或白葡萄酒（whitewine）。

3. 头盆

头盆大都是些较清淡、易消化的食品。可选用低度、干型（dry）的白葡萄酒，如德国Mogselle白葡萄酒、法国Burgundywhitewine白葡萄酒。

4. 海鲜

选用干白葡萄酒、玫瑰露酒，在喝前一般需要冷冻，如德国Rheinwhitewine白葡萄酒、法国Bordeauxwhitewine白葡萄酒等。一般来说，红葡萄酒不与鱼类、海鲜类菜肴相配饮。

5. 肉、禽、野味

选用酒度为12～16度的干红葡萄酒，其中小牛肉、猪肉、鸡肉等白色肉类最好用酒度不太高的干红葡萄酒，如法国的Beaujolis（Bordeaux）红葡萄酒、意大利的chanti红葡萄酒和rose酒等。牛肉、羊肉、火鸡等红色、味浓、难以消化的肉类，则最好用酒度较高的红葡萄酒，如法国coredenuits红葡萄酒等。

6. 奶酪类

食用奶酪时一般配较甜的葡萄酒，也可继续使用配主菜的酒品，有时也选用Portwine，配 Bluecheese、Goatcheese。

7. 甜食类

选用甜葡萄酒或葡萄汽酒，如德国的 Rheinredwine、法国 Gravesredwine 香槟酒和德国的 Henkel。

8. 餐后酒

用餐完毕后，可选用甜食酒、蒸馏酒和利乔酒等酒品，也可选用白兰地、爱尔兰咖啡等。香槟酒和玫瑰葡萄酒则在任何时候都可配任何菜肴饮用。

## 四、西餐服务种类与特点

西餐服务源于欧洲贵族家庭，经过多年的演变，各国各地区的服务方式及摆台方法都不尽相同。目前国内在饭店中常见的服务方式有法式服务、俄式服务、美式服务、英式服务、大陆式服务、自助餐服务等。

### （一）法式服务

法式服务是由西查·理兹于 20 世纪初发明的一种用于豪华饭店的服务方式，故又称“理兹服务”。

1. 服务人员

法式服务人员是一种最周到的服务方式，由两名服务员共同为一桌宾客服务。其中一名为经验丰富的专业服务员（相当于师傅），主要负责客前分割装盘或客前烹制，为宾客斟酒、上饮料，接受宾客点菜。另一名是服务助手（相当于学徒），主要负责把装好菜肴的餐盘送到宾客面前，撤餐具、收台，服从专业服务员的指挥。

2. 上菜方式

用服务车推出菜肴，服务员当宾客面进行烹制表演或切割装盘，服务员助手用右手从宾客右侧送上每一道菜。注意面包、黄油和配菜应从宾客左侧送上，因为它们不属于一道单独的菜肴，而总是跟配某一道菜上桌。当餐位中间没空位、右前方又被酒杯占据时，面包、黄油和配菜只能放在左前方，因从宾客左侧送到左前方不会影响宾客就餐。另外，从宾客右侧用右手斟酒或上饮料，从宾客右侧撤盘。

3. 特点

法式服务是一种礼节的豪华服务，注重在宾客面前进行切割和燃焰表演，能吸引宾客的注意力和烘托餐厅气氛，服务周到，每位宾客都能得到充分的照顾。但服务节奏缓慢，浪费人力，用餐费用昂贵，普通人消费不起，且空间利用率和餐位周转率都比较低。目前除了某些特色餐厅外，许多旅游饭店都不使用法式服务了。

### （二）俄式服务

俄式服务起源于俄国沙皇时代，拿破仑战争时期传到欧洲。

1. 服务人员及上菜方式

俄式服务与法式服务相比节省人力，且服务效率高，通常由一名服务员为一桌宾客服务。厨房出菜前，服务员先用右手从宾客右侧送上空盘，注意冷菜上冷盘（即未加温的餐盘），热菜上热盘（即加过温的餐盘，以便保持食物的温度），上空盘依照顺时针方向操作。

然后从厨房中将装菜肴的大银盘托到宾客餐桌旁，站立于宾客左侧，用右手从宾客左侧分菜。分菜时按逆时针方向围桌行走，因为这样可避免退行。斟酒、上饮料和撤盘在宾客右侧操作。

2. 特点

俄式服务讲究优美文雅的风度，服务效率和空间利用率都比较高，节省人力，大量的银器能增添餐桌的气氛，且每位宾客都能得到较周到的服务。由于采用桌边分菜，没分完的食物可以回收，防止浪费。不足之处是：银器的投资很大，如使用保管不当会影响餐厅经济效益。再者，最后分到菜的宾客，看到大银盘中的菜肴所剩无几，总有一些分剩的感觉。

不管怎样，俄式服务是一种受欢迎的服务方式，当今欧美各国的豪华饭店大多采用这一服务方式。由于零点餐厅的宾客常点不同口味的菜肴，无法装在一个大银盘中同上，所以俄式服务主要用于西餐宴会服务，尤其是大型宴会。

### （三）美式服务

顾名思义美式服务起源于美国，又称“盘子服务”。

1. 服务人员

美式服务是最简单、快速而廉价的服务方式，一名服务员看数张餐台（通常一人看管20个餐位），而且这个服务员要完成宾客整个就餐过程的接待服务工作。

2. 上菜方式

美式服务的食物由厨师在厨房按宾客人数装盘，每人一份，服务员直接端着送给宾客。上菜时在宾客右侧进行操作，用右手从宾客右侧送上，撤盘时也从右侧进行。

3. 特点

美式服务简单明了，服务速度快，餐具成本低，人工成本低，空间利用率及餐位周转率都十分高。由于各项成本降低，用餐费用也相对较低。除了缺乏表演性服务及烘托餐厅气氛不足外，美式服务是最理想的服务方式，因此广泛流行于西餐厅和咖啡厅，也常用于西餐宴会服务。宴会服务中一般由相邻餐桌的服务配合上菜，几个服务员同时先上一桌，再上下一桌，以保证坐在一个餐桌上的宾客能同时吃到菜肴。

### （四）英式服务

英式服务又称家庭式服务。其服务方法是：服务员先将加过温的热空盘放到主人面前，再将装着整块食物的大盘从厨房中拿到餐桌旁，放在主人面前，由主人亲自动手切肉装盘并配上蔬菜。服务员把装盘的菜肴依次端送给每一位宾客。调味品、沙司和配菜都摆放在餐桌上，由宾客自取或相互传递。英式服务家庭味很浓，许多工作由宾客自己动手（主人也是饭店的宾客），且节奏缓慢，不适合饭店接待宾客，因此在欧美旅游饭店中早已被淘汰。

### （五）大陆式服务

大陆式服务是一种融合了法式、俄式及美式的综合服务方式，这也是当前西餐服务中普遍采用的服务方式。现在各国的西餐服务都不仅指某一种服务方式，而是在一套菜中根据每道菜的特点和价格选用不同的服务方式。通常用美式服务上开胃品和色拉，用俄式服务上汤或主菜，用法式服务上主菜或甜点。不同餐厅或不同餐次选用的服务方式组合不同，可能有俄式而没法式，也许有法式而没俄式，但总少不了美式服务。

### （六）自助餐服务

自助餐服务是近几年发展起来的一种服务方式。随着社会的发展，现代人的生活节奏越来越快，许多人进入餐厅就希望能立即得到菜肴，在这种情况下自助餐服务便应运而生了。服务方式是把事先准备好的食物陈列在食品台上，宾客进入餐厅后支付一餐的钱，便可自己动手选择符合自己口味的菜点，然后拿到餐桌上用餐。这种用餐方式需要宾客“自我服务”，故称自助餐（参见第三章第五节内容）。

## 第二节 西餐餐具、酒具与用品

西餐使用大量的金属餐具，其中尤以餐刀、餐叉、汤勺三类为最多。因菜点种类不同，食用方式各异，所以餐具的形状大小就多种多样。按大小来分，主菜刀叉最大，鱼刀、鱼叉次之，甜品、糕点叉、匙就更小些，而咖啡匙、黄油刀、奶油勺、葡萄柚匙则是最小最短的金属餐具。下面介绍西餐餐具、酒具与用品及其服务规则。

### 一、银器类

餐厅使用的银器，按其材质可分为：纯银制品、镀银的镍银制品（铜、镍钢、锌合金）、镀银的不锈钢制品（也称作“镀银不锈钢”），一般经常用的是镍银不锈钢制品。

如果再按用途划分的话，还可以分为：宾客就餐用的银器类（刀、叉、匙等）、侍应用的银器类（各种托盘、调味品罐、咖啡壶等）以及餐桌上放置的各种小附件（牛油碟、洗指钵、粮罐等）。

镍银制品使用时间长了会变黑（氧化），因此，需要定期盘点和保养。使用时一定要精心爱护，防止磕碰，因为在磕碰处容易氧化，且有氧化物附着。尤其洗涤餐具时，表面最容易被碰伤，最好将刀、叉等分开洗涤。收藏保管时，要分门别类，并用保鲜膜包好，如同准备长期搁置的状态一样。

洗涤餐具时，要用洗涤剂和漂洗剂洗，放在热水里浸泡后，趁热用干净的毛巾擦拭。

### 二、瓷器类

宾客用的餐盘、餐桌上的小附件、调味品罐、咖啡壶等，一般都是陶瓷的。壶或罐类的餐具，里面容易存积污垢，一定要定期清洗和保养，收藏时应按餐具的大小，分门别类地进行保管。

### 三、匙类

（1）餐匙（大调羹，Tablespoon）。鱼蟹羹、炖鱼等汤用匙。

（2）汤匙（Soupspoon）。汤用匙。

（3）肉汤匙（Bouillonspoon）。法国肉汤用匙。

（4）汤汁匙（Saucespoon）。舀取汤汁用匙，主要用于鱼类菜肴。

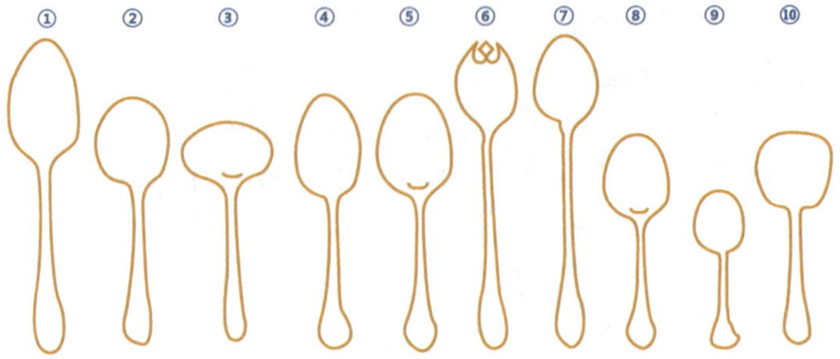


图4—1　西餐匙类示意

（5）甜食匙（Dessertspoon）。餐后甜食、冰制食品（蛋奶酥、西式甜饼、布丁状冷点等）用匙。

（6）甜瓜匙（Melonspoon）。日本独特的白兰瓜、西瓜等水果用匙。

（7）长匙（Longspoon）。加咖啡粉、苏打粉用匙。

（8）茶匙（Teaspoon）。咖啡、红茶等用匙。

（9）小杯咖啡匙（Demitassespoon）。小杯咖啡、意大利咖啡用匙。

（10）雪糕匙（Icecreamspoon）。奶油水果雪糕或果子露雪糕等用匙。

## 四、刀、叉类

（1）餐叉（Tablefork/Meatfork）。肉类菜肴、蛋类菜肴用叉。

（2）餐刀（Tableknife/Meatknife）。肉类菜肴、蛋类菜肴用刀。

（3）鱼叉（Fishfork）鱼类菜肴用叉。整体厚实，适于调味汁少的烤鱼或炸鱼。

（4）鱼刀（Fishknife）鱼类菜肴用刀。整体厚实，适于调味汁少的烤鱼或炸鱼。

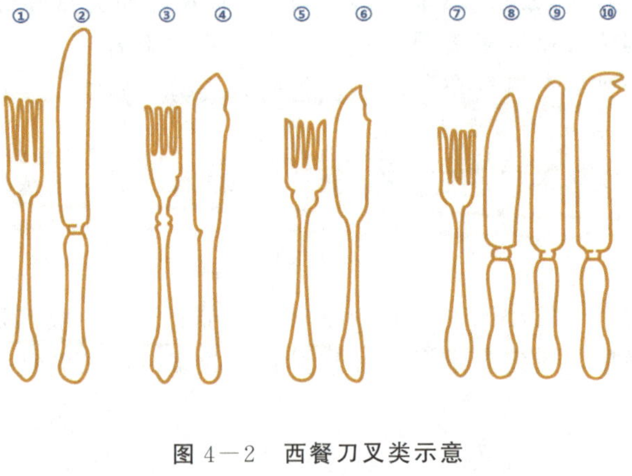


图4—2　西餐刀叉类示意

（5）鱼叉（Fishfork）。通常使用的鱼类菜肴用叉，整体较薄。

（6）鱼刀（Fishknife）。通常使用的鱼类菜肴用刀，整体较薄。

（7）甜食叉（Dessertfork）。西餐小吃、甜食、芝士（干酪）用叉。

（8）水果刀（Fruitknife）。水果用刀。有些餐厅作为牛油刀使用。

（9）甜食刀（Dessertknife）。西餐小吃、甜食、芝士用刀。

（10）芝士刀（Cheeseknife）。芝士用刀。

## 五、侍应用具类

（1）蛋糕托（Cakesever）。将蛋糕块移到宾客餐盘时使用。

（2）饼托（Pieserver）。将切好的饼、排等移到宾客餐盘时使用。

（3）服务叉（Servingfork）。侍应用叉。派菜时使用。

（4）服务匙（Servingspoon）。侍应用匙。派菜时使用。

（5）鱼类服务叉（Fishservingfork）。鱼类菜肴侍应用叉。分派大鱼时使用。

（6）鱼类服务刀（Fishservingknife）。鱼类菜肴侍应用刀。分派大鱼时使用。

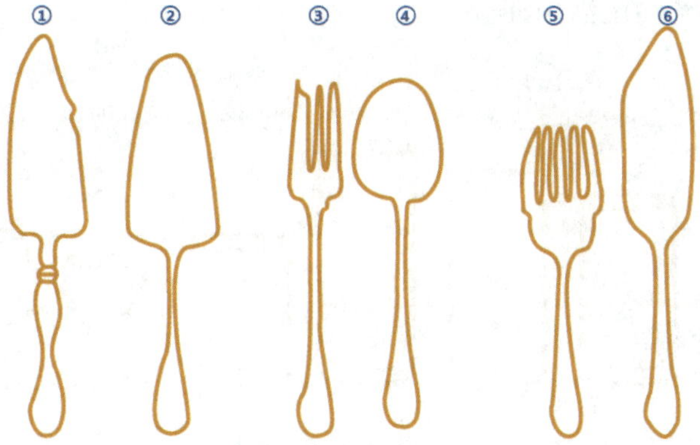


图 4—3　西餐侍应用具类示意图

## 六、特殊侍应用具类

（1）龙虾夹（Lobstercracker）。龙虾用钳子。割开龙虾或大虾壳的用具。

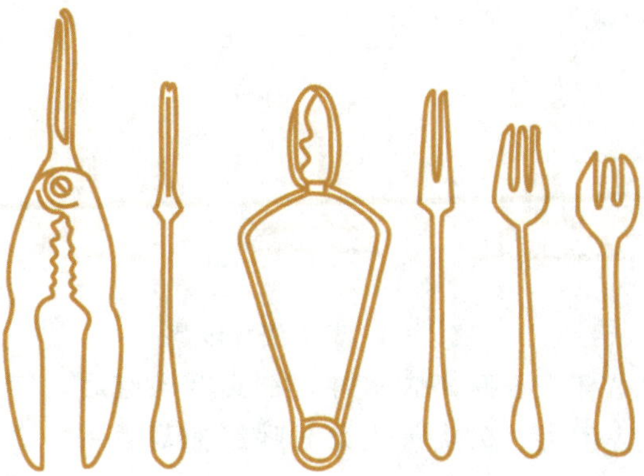

图 4—4　西餐特殊侍应用具类示意

（2）龙虾叉（Lobsterfork）。龙虾用叉。将虾肉从虾壳内取出的用具。

（3）蜗牛夹（Snailtongs）。蜗牛用钳子。取蜗牛肉或向蜗牛壳内放馅时用以夹紧蜗牛壳的用具。

（4）蜗牛叉（Snailfork）。蜗牛用叉。与上面的蜗牛夹配套使用。

（5）蛋糕叉（Cakefork）。蛋糕用叉。与蛋糕盘配套使用。

（6）生蚝叉（Oysterfork）。生蚝用叉。除生蚝外，贝类、小虾、蟹类也可使用。

## 七、玻璃杯类

（1）6盎斯平底玻璃杯。果汁用杯。

（2）8盎斯平底玻璃杯。威士忌、果汁用杯。

（3）10盎斯平底玻璃杯。啤酒用杯。

（4）考林斯杯（CollinsGlass）。用老汤姆牌杜松子酒等配制的鸡尾酒用杯。

（5）威士忌古典杯。用威士忌配制的鸡尾酒用杯。

（6）鸡尾酒杯。少量鸡尾酒用杯。

（7）白兰地酒杯。

图4—5　西餐玻璃杯类示意

图4—6　葡萄酒杯示意

（8）水杯。有普通型水杯，也有高脚水杯。在宾客入座后，应首先向水杯倒入冰水。

（9）红葡萄酒杯。在佐肉类、禽类等主菜时喝红葡萄酒用。

（10）白葡萄酒杯。在佐鱼、海鲜、汤、色拉时，喝白葡萄酒用。

（11）香槟杯。在佐任何菜都可以喝香槟。

（12）爱尔兰咖啡杯。在调制爱尔兰咖啡时用。

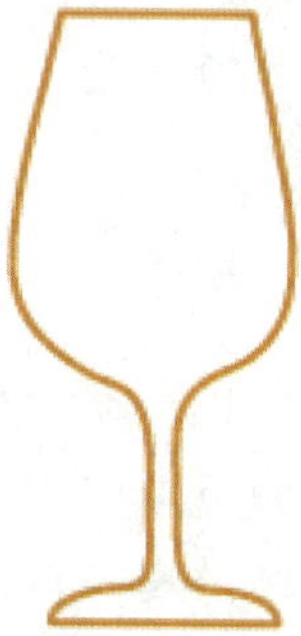

图 4—7 品尝鉴定示意 图 4—8 雪莉酒杯示意 图 4—9 汽泡型葡萄酒杯示意

# 第三节 咖啡厅服务

## 一、咖啡厅简介

咖啡厅（Coffeeshop）早期只供应咖啡。由于社会的发展进步，人们越来越感到时间宝贵，生活节奏明显加快，咖啡厅也就成了方便用早餐的地方。后来，咖啡厅又进一步提供简单的午餐、晚餐，全天 24 小时服务。特别是在商务饭店里，咖啡厅成了不可缺少的一个重要组成部分。

咖啡厅虽属西餐厅，但它的内部装饰、采光、家具、菜单、服务人员的服装及其服务与正规的西餐厅如西餐扒房有很大区别。

咖啡厅色彩明快，多采用自然光线，装修大面积玻璃墙面，气氛柔和，具有现代特色。家具较简单，台面多采用大理石、木质或塑料的，餐具直接铺放在简易的纸垫或餐具垫上，较少使用台布。小餐台多为方形，可以随意拼合。

咖啡厅宾客的流动量大，要求服务快捷简便。菜肴以快速餐为主，辅之以当地各种风味小吃。如三明治、汉堡包、咖啡、酒水冷饮，小吃甜点以蛋糕为主。菜单的形式多种多样，有固定零点菜单，合页式菜单、纸垫式菜单、帐篷式菜单和招贴式菜单等。菜肴价格相对偏低，经济实惠。服务员服装色彩较鲜艳，并与总体布置的基本色调协调，式样也显得精干、活泼。

咖啡厅又是开设自助餐的好场所，特别是早餐更能节省宾客的时间，座位周转率相应提高。咖啡厅的午餐、晚餐采用美式服务以提高效率。

## 二、咖啡厅早餐服务

由于咖啡厅服务快捷，加之食品种类多，容易烹制，所以为节省时间，许多宾客都愿到咖啡厅用早餐。从经营角度来看，早餐服务对于咖啡厅来说非常重要。

### （一）西餐早餐的分类

西餐早餐按传统划分方法可分为三类，即英式早餐、欧陆式早餐和美式早餐。

1. 英式早餐（English breakfast）

英式早餐内容丰富，有蛋有肉。英国在殖民主义时期相当富裕，且英国的正餐安排在晚餐，因此英国人对早餐特别重视。

英式早餐内容包括：咖啡、茶或可可；果汁、番茄汁或蔬菜汁；各式面包；黄油、果酱、蜂蜜；冷或热的谷物食品，燕麦片粥；鸡蛋及鱼类；肉类，如熏肉、火腿、香肠等。

现在，英式早餐一般是饭店的零点餐，其丰富的种类和数量可供宾客自由选择。

2. 欧陆式早餐（Continental brakfast）

欧陆式早餐也称大陆式早餐，内容简单，无蛋无肉。欧洲大陆习惯把午餐作为正餐，因此对早餐不太讲究，时至今日，欧洲许多国家的早餐还只是冷食。

欧陆式早餐内容包括：咖啡、茶或可可；果汁、番茄汁或蔬菜汁面包、牛角面包或小圆面包（只供应其中一种）；黄油、果酱（限量）。

3. 美式早餐（American breakfast）

美式早餐包括果汁或水果、冷或热的谷物食品；糖胶煎饼或各式蛋类配以肉食（咸肉、小香肠、火腿等）；吐司配黄油及果酱（有时还加炸土豆条）；咖啡或茶。

另外，美国人爱吃将蛋打碎后制作的安列蛋，爱喝冰牛奶或在麦片等谷物食品中加入冷牛奶。

目前，欧洲各国经济发达，人民生活富裕，早餐有时也要吃鸡蛋和肉类，但传统的早餐内容被固定下来作为饭店早餐套餐（又称“标准早餐”）。宾客按餐付费，品种数量有限，不能选择，而且宾客的消费水准是一样的。当今，欧美许多饭店把欧陆式早餐包括在房价之中，住店宾客住宿一晚，可免费享用一顿早餐，但不吃早餐也不退钱。

### （二）咖啡厅早餐的服务程序

早餐是一天中的第一餐，其用餐好坏往往影响宾客全天的情绪。虽然早餐服务较午晚餐服务简单，但由于欧美人普遍希望餐厅环境清新、空气清新、台面整齐卫生、面包新鲜、咖啡热、服务速度快，因此必须重视早餐服务，规范咖啡厅早餐服务程序。

1. 摆台

2. 做好开餐前的准备工作

备好面包、黄油、果酱、蜂蜜、果汁、热咖啡、热茶、热可可、鲜奶、方糖（或砂糖）及水果等，协助后台厨师共同做好自助餐台的布置和上菜工作。

3. 早餐服务程序

（1）迎送员站立在迎送台恭候客人光临。

（2）客人光临时主动上前，身体稍微鞠躬，面带微笑，向客人问早上好，询问有否订位以及人数。

（3）在引领客人时询问客人喜欢哪张台，征得同意后引领入座并替客人拉椅子说“请坐”，离开时要对客人说：“请慢用。”（Enjoy your breakfast.）

（4）服务员看到客人光临时主动上前问好并协助迎送员拉椅，同时询问客人需要咖啡还是茶，然后送上咖啡或茶给客人。（Good morning Sir/Madam，Would you like coffee or tea?）

（5）稍后准备点菜单，询问客人需要吃些什么早餐。（May i take your order now?）

（6）在上菜时注意向客人询问，点完菜后需要向客人复述一遍，以免错漏，并致谢。完毕后送点菜单到厨房备餐。

（7）早餐通常有美式早餐、欧陆式早餐、中式早餐和散点早餐及自助式早餐。

（8）上早餐顺序是：果汁类、谷物类，蛋类和早餐包或早牛扒、奄列等，出菜时应按顺序出菜，快慢按客人用餐速度和要求灵活掌握。

（9）上菜时按点菜图迹上菜，尽量不要打扰客人，并报上菜名，请客人慢用。

（10）客人用餐期间勤巡台，勤收空杯碟，勤换烟灰缸（不能超过2个烟蒂），添加咖啡等。

（11）当撤走餐具时，应从客人右边用右手将餐具撤走，在撤走过程中应用拇指按着刀叉，以免滑落，也要注意防止汁液脏物的洒落。如不妨碍客人时可征询客人对菜式的意见。

（12）客人用完餐后询问客人是否还需要什么，如没有就可以准备好账单。

（13）客人结账时用账单夹夹好，双手呈上给客人并告知应付银码，如需找零钱时应对客人说："请稍候。"找回零钱后，应向客人致谢。

（14）客人结账后将要离座位时，服务员上前拉椅并检查客人有否遗留物，并提醒客人拿好物品，致谢，欢迎下次再光临。（Thand you very much，Please come again.）

# 第四节　西餐扒房服务

## 一、扒房简介

"扒房"（GrillRoom）是饭店为体现餐饮菜肴与服务的特色水准、满足一部分宾客需求、增加经济收入而开设的高级西餐厅。扒房按其经营风格大致可分为法式和美式两种，其中"美式扒房"是近几年才在饭店兴起的。

### （一）扒房的布置与气氛

扒房的装饰与布置，大多采用法式装潢与设计，反映出欧洲文明的经典与辉煌，气氛情调洋溢着神秘、浪漫、富丽的色彩，款客水准秉承臻善臻美的传统，充分展现了最高级、最优雅的服务姿态。

1. 扒房的主体色调、灯光与灯饰

扒房的主体色调多采用暖色调，并且反映不同国家和民族对色彩的偏爱程度和赋予的意境。在主体色调的选择和设计中，尤以金色、古铜色配深红、枣红、咖啡色为传统色调，对塑造豪华、富贵、高雅、浪漫的气氛非常重要。回归自然的色调也是扒房经常采用的，特别是对于那些自然环境、地理位置优越的餐厅。此外，欧陆式西餐厅惯用金色、粉黄色、灰绿色；德式餐厅惯用深木色、黑色、蓝色、白色等；意大利餐厅惯用红、绿、黄、白等热烈而民族性强的色彩；美式餐厅惯用木色、红色、蓝色和白色等。

扒房餐桌光源以烛光为主，烛台的质地和形式多种多样。镀金、镀银的烛台是高级法式餐厅餐桌上必备的装饰物，古典式豪华油灯或油灯式烛台（带玻璃罩，称 HurricaneLamp）也较为普遍。扒房灯饰以古典西式吊灯、壁灯为主，蜡烛灯和油灯造型居多，富丽堂皇、晶莹璃灯绘、发光突顶或照片灯箱，内容丰富，引人注目，常布置于天花板、墙壁走廊或餐厅入口处，具有鲜明的时代感。总之，扒房采光和灯饰的不同形式的运用和互补，使空间光线照明分布充满层次感和立体感。

2. 扒房家具陈设

就功能及其种类来讲，扒房的家具陈设（诸如餐桌、餐椅、陈列柜、工作台等）与中餐厅家具相似，但风格却不尽相同。扒房家具陈设豪华、舒适。古典法式家具很适合扒房气氛，其特点是：具有强烈的流动感，椅腿、桌腿采用猫爪式设计，椅背、椅垫、扶手等部位华丽的织物蒙面，饰以金色图钉。家具的框架结构以回旋曲折的贝壳形曲线和精细纤巧的雕饰镶嵌为主要特征。在餐厅布局方面必须注意的是：根据家具的条件特点和便于进餐服务、相互协调的原则，合理利用餐厅的有效面积。壁炉常见于一些高档的扒房，兼具观赏和实用双重功能，体现传统西方文化气息和生活方式。

3. 扒房的装饰布置艺术

西洋绘画、雕塑作品以其独特的色彩视觉造型艺术和历史文化宗教背景在表现扒房的主题、渲染进餐气氛方面起着重要的作用；同时，作为一种传播艺术的形式，越来越多的艺术家崇尚在知名度较高的饭店和餐厅内开设作品角，从而逐渐形成一种特殊的文化氛围，即店景文化。

4. 展台橱窗装饰

扒房非常注重展台橱窗的装饰。展台橱窗大致分为三类：一是观赏型，由冰雕、黄油雕、果雕、各类食品模型、名贵餐具、酒水、插花等组成，旨在体现餐厅的档次和经营特点；二是传统型，它的设置是为西方传统节日增添喜庆气氛，例如圣诞小屋、圣诞树、玩具兵、琳琅满目的圣诞礼品篮通常是圣诞节展台装饰的内容；三是促销型，为美食促销活动（Promotion）设置，内容多为食品商、酒商赞助的样品、广告物和反映美食之乡的特产和纪念品等。展台橱窗的布置装饰也可将上述三种类型有机地结合起来。

5. 扒房的各式服务车

为了便于服务、促进销售和增添进餐气氛，扒房都配置了不同功能的各式服务车，例如活动服务车、切割车、开胃品车、奶酪车、蛋糕和甜品车、咖啡和茶水车、烈酒车、餐酒车、燃焰车等。法国 Neoservice 牌服务车系列被视为世界最著名的品牌。

### （二）扒房员工服装

扒房除迎宾员外，其他服务员大多以男性为主，不同岗位员工的服饰有所区别。餐厅服务员着各式紧身西装打领结，着燕领衬衫、腰带和西裤；专侍酒水的服务员着深色马甲背心、西裤，打领结。燕尾服是夜间正式的礼服，为渲染气氛，服务员常着燕尾服、打蝶领。女领位员一般着西式拖地长裙、方巾披肩。扒房服务员的服装质地优良、美观大方、挺括庄重，与扒房的气氛相辅相成，色彩以黑色、白色为主；同时，扒房对宾客的着装也有较高的礼仪要求。

**（三）扒房菜单**

扒房菜单的形式多样化，除固定菜单以外，还有附加菜单、特选菜单等。扒房菜单的内容有：冷热头盆、汤类色拉、鱼类海鲜、扒类菜肴、甜品、时鲜水果等。

**（四）扒房的娱乐活动**

扒房的娱乐活动主要以西方高雅音乐为主，旨在营造优雅、浪漫、高尚的就餐环境。

(1) 背景音乐。播放饭店中央音乐系统的西方古典音乐、世界名曲等。

(2) 以西洋乐器为主现场演奏的独奏曲，题材以小夜曲为主，一般用钢琴、小提琴、竖琴等演奏。

(3) 游走式小型乐队的席间助兴，乐师在宾客餐桌边演奏，使音乐与美食有机地结合在一起。

## 二、扒房的午晚餐服务程序

扒房以提供午晚餐为主，有的只提供晚餐。在欧美，晚餐比午餐更正式、更受重视。因此，扒房的服务节奏较慢。

扒房服务体现饭店餐饮与服务的最高水准。目前，国际上扒房常结合采用美式与法式服务向顾客提供服务。

扒房服务程序：

(1) 当电话铃声响后不超过三声接听，用英文和中文问好。

Goog evening，This is GrillRoom，John is speaking，May I help you? 晚上好，这里是扒房，我是约翰，请问有什么可以帮您的?

(2) 接受预订时，须清楚客人姓名、人数、用餐时间、联系电话和地址，并复述给客人，以免错漏。

(3) 客人光临时，迎送员主动上前问好，询问订座情况、人数，并热情领客人入座。

(4) 客人入座时，该管区的服务员主动上前替客人拉椅、铺餐巾、点蜡烛。迎送员离开时向客人说“请享用您的晚餐”。(Enjoy your dinner。)

(5) 将餐牌递给客人，酒管事则上前推销餐前饮品，服务员在客人右边斟矿泉水，然后在客人左边上牛油，派面包。

(6) 等一会，领班主动上前在客人的右边给客人点菜，在点菜时要细心聆听，主动介绍厨师特式菜并重复客人所点的菜名、分量和特别要求，离开时向客人道谢。

(7) 点完菜后立即将菜单送入厨房备菜，服务员根据点菜台迹准备用餐所需的银餐具，并准备台边服务的煮车、用具、调味用料等。

(8) 酒管事根据客人所点的食品主动介绍推销红、白葡萄酒，并从客人右边递上餐酒牌。

(9) 红葡萄酒用特别的酒篮或酒架装着，白葡萄酒则用冰桶雪藏，并带上手布，将葡萄酒瓶展示给客人过目并介绍，待客人认可后开启。

(10) 葡萄酒打开后，用手布抹净酒瓶上的木碎，将酒瓶塞给主客鉴赏，并斟少许给主人品尝，得到认可后先女后男顺时针斟给其他客人。

（11）斟酒后将酒瓶连酒架放在台面的适当位置上，酒招牌对着主客，白葡萄酒则放回冰桶雪藏，完毕后向客人说“请慢用”。

（12）上菜时顺序是头盘、汤、沙司、主菜，从客人右边上菜并报菜名，上配料汁酱则从客人左边进行，整台菜上完后一齐将碟盖揭开，并说“请慢用”。

（13）客人用餐期间勤巡台，添加酒水、牛油、面包，换烟灰缸，收撤空杯空碟，并询问食品和服务质量。

（14）客人用餐完毕，除水杯、烟灰缸、花瓶、蜡烛座外，将所有餐具撤走，并用手布清理台面卫生。

（15）清理台面卫生后，递上甜品餐牌给客人，并推介各式水果、甜品、咖啡或茶。用完甜品后从客人右边给每位客人上一只面包碟，上餐后小甜点，甜品架则放在台面适当位置。

（16）餐后酒管事到客人餐台前推销餐后酒水或雪茄烟，如客人要了雪茄烟则将雪茄烟点着，用甜品碟和花底纸垫着烟灰缸，从客人右边送上。

（17）当客人结账时，用账单夹夹着账单，从主客右边递上，并说“这是您的账单，谢谢。”客人结账后帮客人拉椅并道谢，收拾餐台时检查有否客人遗留物品，清洁好餐台卫生后重新摆位。

## 第五节　西餐宴会服务

宴会是饭店销售餐饮产品的一种重要方式，所有酒店都在积极开展吸引宴会客人的促销活动。可以说，餐饮业的大多数促销活动都是围绕着吸引诸如宴会、会议等会务而进行，会务也就成了酒店餐饮营业活动的重要环节，是主要的创收手段之一。

宴会部门的营业活动，虽然也是向客人提供菜肴和饮料服务，但它与咖啡厅、扒房服务有所区别。

一般宴会都要预订，餐厅根据预订准备宴会的，并布置场景，主办者在宴会上有祝词，服务更为周到，设备设施较为高档豪华。

### 一、宴会预订

宴会预订既是组织和进行餐饮产品推销的过程，又是宴会服务的重要内容。通过宴会预订来组织、推销餐饮产品，提高饭店设施设备的利用率，更好地为宴会消费提供优质服务，增加餐饮经营收入。

宴会服务是根据宴会预订的内容和要求来安排的，做好了宴会预订工作，就为保证宴会服务质量奠定了基础。

## 二、宴会服务准备

### （一）宴会服务的组织

接到宴会通知单后，应根据宴会通知单的内容：宴请单位、宴请对象、餐别、时间、地点、人数、桌数、规格标准、客人特殊要求和饮食习惯或禁忌等，做好宴会服务的组织。对规格高、规模大的重要宴会，要确定宴会的总指挥，确定宴会场地布置和服务区域的分配，并进行人员分工。分工要明确，使服务人中明确迎宾、值台、走菜、供酒、衣帽间、贵宾室等自己的岗位。要求参与宴会服务人员掌握的内容是：宴会通知单和相关内容；宴会菜单内容，每道菜点名称和风味特点；主料、配料和烹制方法；上菜次序；宴会服务所用餐具、用具；宴会所用酒水品种和数量等。

### （二）菜点、酒水、餐具及用品准备

厨师长根据预订者的要求，已向预订者提供了宴会菜单的内容。在制订宴会菜单时，首先应根据宴会标准和参宴人数，确定菜点的花色品种、质量和用料数量；还应考虑预订者的要求和客人饮食特点，以满足用餐者的口味和照顾他们的习惯；特别应注意推出饭店的特色餐饮产品。

确定了菜单，就应根据菜式内容和数量，准备所需的主料、配料、调料和酒水，进行粗加工、切配的准备和面点制作的准备。

宴会规格和菜式内容决定了宴会服务所用的餐具、用品和档次；宴会客人数、桌数决定所用餐具和用品的数量。饭店必须认真备好餐具，做到无水渍、无油渍、无指纹、无破损，配套、数量充足；服务用品也必须达到能够保证宴会服务质量的要求。

### （三）主题创意和台形设计

宴会主题要体现宴请者举行宴会的目的。宴会主题是宴会活动所表现出的意境，由饭店宴会设计者精心设计创造出来的。体现宴请者举行宴会目的，可以运用宴会场地的选用、装饰，环境布置，场面气氛控制，时间节奏掌握，音乐烘托，餐桌摆放，台面布置，服务员服饰，菜肴的命名，餐具的配备，口花布折叠，点心食品和上菜的程序等手段，烘托宴会主题的中心思想。

台形设计是表现宴会主题的重要内容。中餐和西餐宴会根据出席宴会人数，分一字形、品字形、V 字形、山字形、工字形、T 字形等多种。中餐宴会使用圆桌，西餐宴会使用长桌，冷餐会、鸡尾酒会、自助餐宴会多用小圆桌或长方桌。高级宴会桌上须有花台装饰。大型宴会主桌应正对入口处，主人席位面对从席。主人席位应在主桌上方的正中，其右首为主宾席，左首为副主宾席或主宾席。副主人席安排在主人席位正对面，其他客人按身份从右至左依次安排席位。

根据宴会类型、规模，决定工作台数量、位置，布置好工作台。

### （四）准备开餐

宴会厅经理在重要宴会开宴前要做全面巡视、检查后，召开班前会，重申宴会服务事宜，强调注意事项，检查服务员仪表仪容。

开宴前，服务员领取宴会用酒水，将酒瓶、饮料瓶擦拭干净；将冷菜摆放上桌，摆放要

对称、色彩要和谐，摆放造型冷盘观赏面要面对主宾位。

准备工作就绪后，服务员各自站立在自己的服务区域内等候客人。

## 三、西餐宴会服务程序

### （一）开餐准备

开餐前把开胃品摆放到餐桌上，一般每人一盘，也有的是开胃品集中摆到餐桌，由宾客自取或由服务员分派。摆放时应考虑荤菜、颜色、口味的搭配，盘与盘之间留有一定距离。接着为宾客杯中斟倒酒水或矿泉水。将已准备好的酒水饮料，该冷藏的放入冰箱，保证各种饮料达标使用。开餐前应对各项准备工作进行一次全面检查，服务员应检查各自的仪表仪容，重要的服务员应戴白手套。

### （二）迎宾接待

有礼貌地热情接待来宾，同时引领宾客到休息室休息，并为宾客送上餐前饮料及餐前酒。坐饮的宾客要先在宾客的面前送上杯垫，然后放上饮料；若宾客为立饮，要先给宾客送上餐纸，再送饮料。当宾客到齐后，主人表示可以入席时，服务员要立即打开通往宴会厅的门，引领宾客入席。入席时，为宾客拉椅让座，顺序为女士、重要的宾客、行动不便的宾客和一般宾客。待宾客坐下后，为宾客打开餐巾，然后托着装有各种饮料的托盘，逐一为宾客说明名称，待宾客选定后，为宾客斟饮料。

### （三）席面服务

（1）开胃品服务。当宾客准备用开胃冷菜时，服务员应配好相应的酒水（例如：冷菜开胃品一般与烈性酒相配），当基本用完开胃品时就可撤盘（看到全体宾客都放下刀叉开始撤），从主宾的位置开始撤，在宾客的右手方向用右手连同刀叉一并撤下。

（2）汤服务。上汤时汤盘下应加垫盘，然后应从宾客的右手方向用左手把汤上到宾客面前。上汤的顺序是先女士后男宾再主人。上菜、斟酒顺序亦然。

（3）主菜、色拉服务。上鱼虾海鲜菜肴前，先撤下汤盘和汤匙，为宾客斟好白葡萄酒，然后上菜。

上主菜（又称大菜）时，一般配有几样蔬菜和沙司，此外还有色拉，盛色拉应用生菜盘（也可以用小吃盘）。主菜上桌之前，先为宾客斟倒红葡萄酒。主菜上桌，要紧跟沙司。

（4）点心服务。吃点心用的餐具要根据点心的品种而定；热点心一般用点心匙和中叉；烩水果用茶匙；冰淇淋应将专用的冰淇淋匙放在垫盘内同时端上去。吃点心时若主人讲话，此时应上香槟酒，斟香槟酒一定要在上点心或宾客讲话之前全部斟好，以方便宾客举杯祝酒。

（5）干酪、水果服务。干酪也叫芝士（Cheese），一般由服务员分派，先用一只银盘垫上餐巾，摆上几种干酪，应撤掉餐台上餐具、酒具，水杯和饮料不动。

上水果时，先上水果盘和洗手碗，然后将已装盘的水果端至宾客面前，请宾客自己选用。宾客吃完水果后，上香巾，按宾客人数将香巾放在小垫碟中每人一碟，放在宾客左侧。宴会席面服务基本结束，当主人请宾客到休息室休息时，服务员应立即上前为宾客拉椅，再去拉开休息室的门请宾客到休息室就座。

### （四）宴会休息室服务和结束工作

（1）餐后饮料服务。宾客用餐完毕，服务员引导宾客到休息室休息。宾客就座后，服务员将已斟倒好的咖啡，垫上垫碟，放好咖啡匙，用托盘送到宾客面前；另一服务员跟送糖、奶。上咖啡后，服务员接着托让各种餐后酒、巧克力和雪茄烟，稍后为宾客续斟一次咖啡和酒品，最后撤走咖啡具，再上一次饮料，表示宴会至此结束。

（2）送客。宾客离开餐厅时，服务员站立在出口一侧，热情送客，欢迎宾客下次光临。

（3）结束工作。送别客人后，服务员及时检查台面、地面有无遗留物品，有无燃着的烟头等，然后按顺序收拾餐桌、整理餐厅和休息室。

## 四、冷餐会服务程序

### （一）餐前准备

（1）按照宴会主办单位要求，摆放好冷餐会的菜台、餐桌及服务接手桌。

（2）按照就餐人数、宴会标准档次，准备各类餐具、用具。

（3）用带有裙边的菜台布将菜台铺好，台面上要摆放鲜花、艺术品，并准备好盛放热菜的保温锅及固体燃料。

（4）菜肴的陈列盆根据通知单上菜肴品种和宾客的取食习惯来排列，宾客盛菜用盘整齐地放在自助餐台的最前端。立式冷餐会餐台应附有杯托架、餐刀、餐叉、餐巾等用具，色拉、开胃品和其他冷菜应放在客人首先能取到的地方。热菜要用保温锅保温，甜品、水果一般是单独设台摆放，也可以放在主菜的后面即客人最后取得的一端。

（5）在冷餐会开始前半小时或15分钟，在宴会厅门外或走廊为先到的宾客提供鸡尾酒、饮料和简单小吃，直到冷餐会开始，方请宾客进入餐厅。

（6）冷餐会前，应对服务人员的仪容仪表，及台前、台后各个服务的环节进行一次全面检查。

### （二）餐中服务

（1）看餐桌服务员。对于前来就餐的宾客表示欢迎，宾客入座后为宾客斟酒，询问饮用的饮料。在冷餐会上有冰淇淋或咖啡时，服务员主动取送给宾客。冷餐会结束前为宾客送上香巾。

（2）看菜台服务员。冷餐会开始，主动为宾客推荐菜肴、递送餐盘并随时整理菜台。热菜上台之前，点燃保温锅下的固体燃料，为上热菜做准备。及时撤掉菜台上的空菜盘，适时增加餐盘，方便宾客取用。

随时与厨房取得联系添补菜台，保持菜台的整齐、美观和丰富。事先切好大蛋糕，保持表面的图案完整。若宾客吃点心和水果，应为每一位宾客准备一份餐具。若有一些宾客同时要取用一种主菜时，服务员应用匙和叉子给宾客分菜，每份质量均等。

（3）传菜服务员。及时与前台沟通，按照菜单及时将菜肴送到服务接手桌。与前台看菜台服务员及时取得联系，将宾客对于菜肴的意见送到厨房，以便使某些菜肴的烹调得到及时的修正。将看菜台服务员撤出的客人用过的餐具及时送回洗碗间清洗。

（4）主宾席的服务。对于大型冷餐会，要根据主办单位的要求设主宾席，其服务程序同宴会服务程序。

### （三）餐后结束工作

宴会结束，服务员应礼貌送客，提醒宾客带好随身物品，并欢迎宾客下次光临。

最后收拾台面，清扫宴会场地。

## 五、鸡尾酒会服务程序

鸡尾酒会以供应各种酒水为主，也提供简单的小吃、点心和少量的热菜。鸡尾酒会一般不设座位，只准备临时吧台、食台，在餐厅四周设小圆桌，桌上放置纸餐巾、烟灰缸、牙签等物品。举行酒会的时间较为灵活，中午、下午、晚上均可。宾客可迟到可早退，来去自由，不受约束。时间较短为1个小时左右，是西式招待会的一种。

### （一）酒会准备工作

（1）根据举办单位要求，设立式麦克风、横幅、摆放台形、桌椅及设计布置会标。

（2）准备小方餐桌或小圆桌，数量根据规模及人数而定，餐桌上铺好台布，准备好餐巾纸、杯、烟灰缸、牙签筒、鲜花、花瓶等。全部餐桌摆放一致。

（3）准备齐全各种调酒用具、专用工具及准备规定的酒水、冰块。

（4）宴会厅主管根据宴会规模配备服务人员并进行人员分工。一般以一名服务员服务10～15位宾客的比例配置服务员。任务分工为：专人托送酒水，照管和托送菜点及调配鸡尾酒，提供各种饮料。

（5）酒会开始前几分钟，服务员托带有酒水的托盘，站在宴会厅入口处，准备欢迎宾客并送上迎宾酒。

### （二）会中服务

1. 酒品饮料服务

负责托送酒水的服务员，用托盘托送斟好酒的杯子，自始至终在宾客中巡回，由宾客自己选择托盘上的酒水并另外点鸡尾酒。

服务员让酒时姿势必须规范，用一只手托托盘，另一只手随时准备向前伸展，护住托盘。让酒水时，必须精神集中，注意前后左右，主动将酒品、饮料送给客人。

在祝酒时，托让酒水一定要及时，若使用香槟酒祝酒时，要首先保证祝酒人人手一杯。

宾客喝完酒要将空杯放在餐桌上，再从服务员的托盘里去取斟好酒的酒杯。但对于往服务员托盘放空杯而换取新酒杯的宾客，服务员也不必制止。

酒会进行到最后所上的冰淇淋，服务员在托盘时一定要精神集中。为了能够保证在酒会结束前10分钟上齐，可在上冰淇淋的同时，分派少数人继续托上酒水。

2. 上菜服务

在酒会开始前半小时把各种干果摆上餐桌，前10分钟把各式面包盘摆在小桌上。

酒会开始，陆续上各种热菜热点，并随时撤回空盘。由于酒会的桌面小，冷热食品较多，服务中要抓紧清洁桌面保持整洁。

酒会结束前，给每张小桌子摆放一盘香巾，香巾数量要多于该餐桌人数。

3. 小吃服务

上小吃的服务员最好跟在上酒水服务员的后面，以便宾客取食下酒。要注意多让距小吃较远的宾客，特别是女宾和老者。

上小吃时要分门别类地上，即甜归甜，咸归咸，不要混着上。

**（三）酒会结束工作**

宴会结束，服务员应礼貌送客，并欢迎宾客下次光临。最后收拾台面，清扫宴会场地。

# 第六节　酒吧服务

酒吧以销售酒类和饮料为主，兼营各种佐酒小食品，同时它也是宾客谈生意、聊天、消遣娱乐的场所。在饭店内，为适合各种不同需要的宾客，通常有几个设在不同场所的酒吧。

## 一、酒吧的种类及特点

在饭店内除一个主酒吧外，在大堂可设流动酒吧，方便大堂宾客使用。在饭店顶楼可设高空酒吧，让宾客欣赏风景或夜景。在游泳池旁，花园里设小型酒吧，以满足宾客的需要。此外，在中西餐厅为宾客提供各种酒水服务，在客房设客房小酒吧服务，在中西宴会设宴会酒吧服务。无论酒吧设在什么位置，都要求环境清静舒适，高雅别致，独具风格，让宾客有舒适、优美的感觉。

各种酒吧如果从服务性质上去分，又分为内部供应酒吧、外部服务性酒吧、综合性酒吧、鸡尾酒廊。

**（一）内部供应酒吧**（Servicebar）

内部供应酒吧也称宴会酒吧，主要设在中西餐厅内，宾客不直接在吧台上要求酒的服务，而是通过餐厅服务开票，调酒师配酒后饮用。服务的对象主要是在餐厅就餐的宾客，供应的酒以佐餐酒为多。这种酒吧要求酒吧服务员要懂得各种酒类的有关知识，准确提供各种酒吧的服务工具。由于不直接面对宾客服务，且对技术要求相对较低，因此，它往往是酒吧服务员工作的起点。

**（二）外部服务性酒吧**（Openbar）

外部服务性酒吧是常见的吧台酒吧，宾客常会坐在吧台前的高椅上，调酒师站在里边直接面对宾客操作，供应的酒类以烈性酒、鸡尾酒和混合饮品为主。这种酒吧能让宾客对酒吧柜台的“内幕”一目了然，也能清楚看到一杯饮品是如何调配制成的。因此，调酒师要有良好的仪表仪容，和蔼的服务态度，熟练的调酒技术及招待宾客的能力。

**（三）综合性酒吧**（Snackbar）

综合性酒吧是指设在咖啡厅、舞厅等地方内的酒吧，它供应的品种除各种酒类外，还供应各种冷热饮品。要求调酒师要有较全面的服务知识，懂得各种酒类的服务，鸡尾酒的调配，冷热饮品的调制。

**（四）鸡尾酒廊**（Thecocktail Lounge）

鸡尾酒廊通常带有咖啡厅的特征，只供应饮料和小食，不供应主食。鸡尾酒廊一般比站立式酒吧宽敞，常有钢琴或小乐队演奏，有的设小舞池。气氛较宁静，节奏缓慢，宾客逗留时间较长。

## 二、酒吧的设计和设备

所有酒吧都是由吧台、操作台、冷藏柜、展览橱窗等组成。目前，在饭店内的酒吧，从风格上可分为美式酒吧和英式酒吧两大类。

一般来讲，美国人生性豪爽，喜欢聚众和开怀畅饮，所以，美式酒吧在吧台设计上多为直线形，吧台前配以高椅，让宾客肩并肩地坐着、毫无拘束地开怀畅饮。这种形式的酒吧最大的优点是服务员在任何地方都能面对宾客，有利于对宾客的服务。吧内设备要求集中和尽可能自动化，四周环境要求色彩浓烈，有热烈的气氛。

英式酒吧在吧台设计上多为圆形或马蹄形，吧台前配以直身高椅，一排排酒水杯倒吊在吧台上方，显得较典雅和谐，四周环境要求体现出欧陆色彩和气氛。这种形式的酒吧，环境幽雅，很适合喜欢清静高雅、独处的宾客。但当宾客较多时，很难从四面八方都能服务到，而使某些宾客受到冷遇。

但无论采取哪种形式的吧台，都要求吧台的装饰要显示华贵。通常吧台高度为 125 厘米左右，吧台的宽度为 70～76 厘米，台面厚度为 4～5 厘米。吧台外面用高级的皮塑材料装饰包装。

操作台最好用不锈钢制成，以便于清洗，操作台上的设备应有三种洗涤槽（初洗、刷洗、消毒）、自动洗杯机、水池、储冰槽、酒瓶架等。

操作台到展览橱柜、酒柜的距离要有 95～100 厘米，留有必要的空间通道和场地，方便调酒服务员的工作。

酒柜有储藏酒杯、原料等用途，而展览橱柜则要有吸引宾客的瓶酒陈列。

酒吧各种电器设备如冷藏柜、制冰机、搅拌机、榨汁机、生啤酒销售机、软饮供给器、热咖啡机等要安装在合适的位置上，任何东西不准向走道突出，尽可能地利用有限的空间，巧做安排。

所有调酒用具摆放在固定位置，将吧台内外设备齐全、卫生整洁、清静舒适、高雅别致的布置展示在宾客面前，让宾客感觉来酒吧是一种享受。

## 三、酒吧服务程序

**（一）营业前的准备工作**

营业前，根据每天各种酒类及饮品的销售情况，到仓库领取当天需要的各种酒类和物品，对领取回来的东西必须使之清洁干净，然后按规定的位置摆放整齐，部分酒类和饮料分类存入冰柜备用。

检查冷藏柜的温度，不能过高也不能偏低。查看上一班卖剩的奶油、番茄汁、橙汁等是否新鲜，查看各种酒瓶的排列是否符合本饭店的规定。

将所有调酒用具、盛具等清洗干净，并按固定位置摆放好；备足各种酒杯，发现有破损的立即更换；酒杯需要变冷或加热的，也要事先做好冷藏或加热处理；准备好杯垫、吸管、冰块以及洗擦酒杯的洁净剂和毛巾。

各种酒用的配料要做好充足的准备，如鲜橙汁、柠檬汁等要放入冰柜，切好部分橙片、柠檬片备用，糖盅装满糖粉，盐瓶装满精盐，炸花生，炸薯条等小吃盛放在清洁的碗里，等等。

搞好酒吧间的清扫和整理，摆放好烟灰缸、火柴和酒牌，准备好点酒水用的圆珠笔和拍纸簿，做好一切营业前的准备。

**（二）送酒服务**

酒吧开始营业时，服务员应保持良好的仪表，微笑迎客。安排宾客就座后，递给宾客酒牌，并向宾客介绍新的饮品。接受宾客点酒或饮品后要向宾客复述一遍，避免发生差错，然后到吧台交调酒师取酒和调制鸡尾酒。

为宾客上酒或饮品时，注意使用托盘端送，并应从宾客右侧送上，有女宾的先为女宾送上。摆放时，先放杯垫后上酒或饮品。操作时一定要轻拿轻放，并注意手指不能触摸杯口，要拿杯子的下半部或杯脚，让宾客感到礼貌、卫生。

**（三）调酒服务**

宾客到吧台前，调酒师应主动热情招呼，根据宾客的要求斟倒或调制各种饮品。为不失礼，一般不背向宾客，转身取背后的酒瓶时，也要斜着身子取。在吧台内操作时注意清洁卫生，随时清洁好调酒壶、调酒杯、滤网，调酒匙、棒等用品。

摇晃调酒的动作不要过大或做作，要使各种动作做得恰到好处。从调酒壶或调酒杯中倒饮品时，吧台前的宾客应倒满一杯，席座宾客的可斟八成满。若要斟一杯以上的酒，应先将酒杯整齐排列在吧台上，由左至右，再由右至左反复斟倒，使各杯的酒水浓度均匀。

**（四）结账服务**

宾客表示结账时，要尽快为宾客结账，宾客付现金时要唱收，找零钱时要向宾客道谢，欢迎宾客下次光临。

对情绪激动或醉酒的宾客，结账时要给他们讲清楚，如有同伴相陪，要让他的同伴知道，避免发生纠纷。

**（五）结束工作**

营业结束后，要将卖剩的酒水、饮料清点清楚，登记在册，并放入酒柜收藏好。各种调酒用具、器具、盛具、杯具、装饰品等清洗干净后入柜锁好。用剩的奶油、水果、鸡蛋、果汁等放入冷藏柜存放，以免变质造成浪费。根据销售的情况和剩余物品的多少，开列领料通知单。对报废和意外损耗的酒水要由经理认可后方能做有关处理。

搞好吧台内外的卫生，清洗各台椅、地面卫生。检查各用电设备，确认安全无隐患，锁好酒柜、酒库、吧门，关好灯，才可下班离去。

## 四、服务注意事项

（1）养成良好的习惯，每次斟酒后，都应将酒瓶立即放回原处。快空的酒瓶里的酒不要卖给宾客，要另加新酒。

（2）凡变质变味的酒或饮料都不能出售给宾客，要另行处理，在填好的通知单上注明。因不小心打破瓶的酒也要注明在通知单上。

（3）严格按配方调制各款鸡尾酒或饮品，若宾客有特殊要求，可按宾客的要求为其调制。

（4）控制好各饮品的质量和用料数量，在操作程序方面加强训练，统一服务标准，保持酒吧的良好声誉。

（5）对常来的宾客要记住其爱好，热情为他们提供喜爱的饮品。对熟客要注意自己的言语和态度，在其他宾客面前不应显得过分亲热，要时刻注意客情，给所有宾客以平等热情的服务。

（6）遇单个宾客，为不使他感到寂寞，可适当陪他聊天，交谈时应顺着宾客的意思讲，不要把自己的意见强加给宾客。宾客与你谈话，要耐心听讲，既不打断宾客的话，也不中途插话，让宾客感到你尊重他，愿意听他讲话。

（7）不可催宾客喝酒，也不可因宾客饮得太多，或太少，或是时间太长而流露出不耐烦的表情。

（8）不要当着宾客喝水，服务时间内，不能将胳膊支在柜台上，抱着肩膀或倚靠酒柜站着，不要做私人的事情。

【案例4—1】

小金学校毕业分配后，被分在某四星级的西餐部工作。首先是跟班劳动，想不到第一天上班因带班师傅请假，服务区域内仅有她一人值台。客人点完菜之后，小金按自己在学校学得的知识开始上菜，菜上完之后，上点心，最后上汤。用餐的客人开始不高兴了。试分析这是为什么。

【评析】

中西餐服务总体来讲，就上菜顺序而言无太大差别，但在西餐中汤总是先上的。小金机械地搬用中餐的服务程序，难免就要出差错。

【案例4—2】

某四星级宾馆，早餐以自助餐形式提供，供应时间为7：00—9：00。营业一段时间后发现，用餐者在早上7：00时蜂拥而至，且多为常住客人，这样一来餐厅经常座位不够，服务质量下降。经向常住客人了解，原来用餐时如果晚到的话，自助餐餐盘中的食品品种、数量均不能保证，大家只能赶早。试分析，如何解决这一问题。

**【评析】**

要解决这一问题，需要厨房与餐厅服务人员做到均衡出菜。厨房应做好定时添菜计划，餐厅服务员应及时将前面的用餐情况与厨房沟通。

**【案例 4—3】“揭露”真相**

某高级酒店的西餐厅里，有一位客人点了一个套餐。浓汤上来后客人一尝，皱起眉头，把服务员叫过来，自我介绍是吃西餐的行家，抱怨说，汤不热，味儿不正，要求重做。服务员向客人道了歉，把汤端回厨房。过了一会儿，服务员把汤又端了上来，厨师悄悄跟在边上，当客人向服务员表示满意时，冷不防厨师长站了出来亮出事实真相：“老实告诉你，这就是你刚才尝的那盆汤，只不过稍稍热了一下，根本没有重做。现在你怎么说？可见你根本不懂西餐，你是十足的外行……”厨师长如此“揭露”，客人恼羞成怒，投诉直告总经理。试分析投诉原因，工作中，在什么情况下才应该坚持酒店利益，据理力争？

**【评析】**

后台服务意识的缺乏是许多餐饮企业的通病。本来可以巧妙解决的“不满意”，由于厨师长的“仗义直言”而砸了锅，矛盾当场激化，造成客人的投诉，这是缺乏应变技巧，非要扳回自己的面子，从而激化矛盾，造成顾客投诉。这位厨师长完全违背了“顾客就是上帝”“客人永远是对的”这些服务的准则，不礼貌地与客人争论谁对谁错，而不懂得把“对让给客人”的服务艺术，使客人丢了面子，从而激怒了宾客。事实上只要不构成酒店重大的经济损失，所有的服务人员要在以顾客为中心的原则下，把“对”让给客人，让客人满意，因为激怒顾客，损害酒店声誉，更加得不偿失。另外，该餐厅也暴露了欺客、不守诚信的经营本质。

## 复习思考题

1. 西餐有哪些主要特点？
2. 西餐菜肴与酒水搭配有什么原则？
3. 英式早餐大致由哪些内容组成？
4. 西餐厅的组织结构如何设岗，各岗位的职责是什么？
5. 西餐摆台有什么具体要求？
6. 试画出西餐早餐摆台、午晚餐摆台及宴会摆台的位置图。

7. 西餐服务有哪几种服务方式，各种服务方式有什么特点？
8. 试述咖啡厅午晚餐的服务程序。
9. 试述西餐扒房服务程序。
10. 咖啡厅与酒吧有什么区别？

## 实训题

设置模拟场景，组织学生进行西餐零扒房、宴会接待服务程序模拟训练。

# 第五章 餐厅布置

【本章提要】

本章主要阐述餐厅布置及宴会厅的主题布置共两个方面的基础知识。作为餐厅服务人员必须了解各种餐厅布置的有关基础知识和基本内容，按餐厅的规格及宾客的需求合理布置餐厅，为宾客提供幽雅舒适的就餐环境。

【学习目标】

◇了解餐厅布置常用家具、器皿的规格种类及餐厅绿化、灯光运用、家具摆放基本知识。
◇明确餐厅布置在餐厅里的重要性。
◇理解餐厅艺术品陈列的要求、原则及艺术插花的种类、陈列方法及注意问题。
◇掌握各式餐厅布置的基本原则、台形设计及宴会厅的主题布置。

餐厅中的家具、灯光、壁画等虽然大部分在饭店建造的时候就已经布置好了，但仍有相当多的非固定化装饰布置。如何根据时代潮流变化和体现餐厅风格，美化非固定化装饰布置，是餐厅服务的一项重要内容。

餐厅装饰布置艺术除了涉及餐厅家具的配备、选择、摆放和灯具的布置，还牵涉到心理学、美学、民俗学和环境学等学科知识，具有较强的知识性和实用性，它能使餐厅服务更趋科学化、合理化，使人们在进餐的同时能享受餐厅环境的美感。

# 第一节　餐厅布置概述

## 一、餐厅家具的布置

餐厅家具是餐厅布置的主要内容，无论从功能、数量和所占的空间来看，它在整个餐厅布置中往往起着主导作用。它除了决定餐厅规模的大小外，还决定餐厅经营的档次和风格。

### （一）餐厅家具的种类

1. 餐桌

餐桌的种类比较多，常见的有方桌、圆桌及车厢座等。其所用的原料多种多样，有红木仿古式的，仿红木的，在木头上覆有塑料贴面阶嵌有大理石的，等等。家具材料的高档与否，与该餐厅的档次有关，档次越高，家具也应越名贵。

（1）方桌。方桌有 4 人和 8 人之分，酒店餐厅应以 4 人方桌为主。桌高 72～76 厘米；桌面长（宽）85～100 厘米。

（2）长方桌。有 2 人、6 人、8 人、10 人等类型。一般 6 人以上的长方桌可采用抽拉桌面的结构，增加使用的灵活性，常用于西餐位。此外，有时还作为服务员的服务桌。桌高 72～76 厘米。2 人桌桌长 60～65 厘米，宽 75～85 厘米；6 人桌桌长 130～180 厘米，宽 75～90 厘米；8 人桌桌长 160～180 厘米，宽 80～100 厘米；10 人桌桌长 175～205 厘米，宽 80～100 厘米。

（3）圆桌。大型圆桌，主要用于宴会，或用于以国内旅客为主要对象的餐厅中。造型可以多样一些，不一定全是方形、长方形的，也可以考虑小型圆形餐桌。圆形餐桌规格如下。

8 人桌直径 160 厘米，高 72～80 厘米；10 人桌直径 180 厘米，高 72～80 厘米；12 人桌直径 200 厘米，高 72～80 厘米；14 人桌直径 220 厘米，高 72～80 厘米。

在直径 140 厘米以上的大型圆桌桌面上应设置转盘，一般直径为 50～70 厘米。

（4）车厢座。这是一种桌座为一体的餐桌，类似火车车厢那种座，故名。它适合少数人就餐，4 人一厢，空间气氛安逸隐蔽，便于交谈。每边二人一组，符合宾客使用要求。

桌子规格：高 72～80 厘米，长 110～130 厘米，宽 75～85 厘米。

餐桌的排列既要考虑提高店堂的使用率，又要考虑宾客的舒适和席间服务的方便，同时还要讲究排列的艺术性。较宽敞的餐厅，餐桌的排列一般采用纵横排列法。桌与桌之间的纵距一般应有 2 米，横距一般应有 1.5 米。排列较紧的纵距不应小于 1.5 米，横距不应小于 1.2 米。店堂较宽敞的，排列方桌时可采取靠墙的餐桌摆成正方形，中间的餐桌摆成斜方形，或采用正斜相间的摆法，此种排列法更富于艺术性。面积较小的餐厅，一般在餐厅中间排列小方桌，在靠墙的地方安排长餐桌，或安排厢式小条桌。

2. 餐椅

（1）靠背椅。有整体式和折叠式两种。整体式靠背椅，一般靠背较高，以示庄严、高贵。座高 42～44 厘米，座倾角 2°～3°，座深 38～44 厘米，座宽 38～44 厘米，靠背高 38～42 厘米。在一般高级的旅馆风味餐厅及小餐厅中，以整体式餐椅为宜，气度大方。

（2）折叠式餐椅。以用在多功能餐厅或一般性餐厅较好。

（3）围座式餐椅。一般为软面，高靠背，其尺度同靠背餐椅。

（4）酒吧凳。一般尺寸较高，座面多为软面，形式多样，多为固定于地面。座高 60～80 厘米，方形座面 35～40 厘米，圆形座面 28～35 厘米。

3. 落菜台

落菜台又称工作台、服务桌。它既是服务员配对酒水、制作佐料的工作台，又是上菜时的落台。其设置的数量和摆布位置要根据餐厅的大小、工作方便和布局美观来确定。工作台一般摆在进菜一方的墙边，大型餐厅如设两个落菜台，宜对称摆放在餐厅两头或两边的墙边。平均每 8～15 个餐桌设一服务桌。桌高 72～76 厘米，长 80～120 厘米，宽 50～70 厘米。

4. 酒柜

餐厅一般要设置酒柜。酒柜式样很多，目前常见的有长条形酒柜、立式玻璃酒柜、壁柜式酒柜等多种。酒柜内可陈设各样的酒，能起到推荐酒水的作用。酒柜宜设置在餐厅醒目处，以便于宾客观赏和挑选。

5. 餐具柜

餐具柜是餐厅厨房必备家具，以存放碟盏、羹匙、刀叉、牙签、餐巾等小型餐具。有的放在餐厅，有的放入厨房，在餐厅中的餐具柜应为低型，柜面可兼作服务桌使用，在餐厅中空间感较好。可设坚固、推拉便滑的多抽屉。柜高 80～105 厘米；长 90～180 厘米；深 42～50 厘米。

6. 屏风

屏风为餐厅不可缺少的装饰性家具。主要分割空间、遮挡视线，对于家具可起到集聚、控制和陪衬的作用。它能使餐厅环境美化，富有装饰趣味。在某种意义上说，屏风是具有中国特色的室内灵活隔断。

屏风分折屏和座屏两种：

（1）折屏。折屏有 4 扇、6 扇、8 扇、12 扇等形式。常用竹、木、壁钢管作为骨架，结构简单，重量较轻，便于搬动，在使用上有很大灵活性。屏心则可用各类绢、纱、绸、纺等织物或人造织物。折屏每扇的尺寸：高 170～200 厘米；宽 30～45 厘米。

（2）座屏。座屏特点是单扇，面宽而完整，布置的位置比较固定，常设于餐厅的主要入口的正中位置。它在使用功能上可起到三个作用：其一，隔断视线，使餐厅不至于一眼望穿；其二，在室内陈设布置上，突出重点，装饰环境；其三，可借以提供一个良好的富有艺术性的背衬和对景的作用。

屏风的装饰手法，多采用传统的工艺美术的各种手法，如雕漆、研磨彩绘、木雕、铁画、绢画、湘绣、苏绣、毛绣等多种形式，使座屏成为餐厅重点对景和衬景点。其尺寸主要根据餐厅室内空间尺度和室内总体陈设构思来定。常用屏高 160～180 厘米，宽 120～300 厘米。

7. 衣帽架

普通餐厅内应设置衣帽架或衣帽钩，较高级的餐厅还应设有衣帽间。衣帽钩通常安装在餐厅四周墙壁上，并与餐台相应编号。各餐台上的宾客的衣帽等物要挂在与餐台编号相同的衣钩上。

### （二）餐厅家具的摆放

餐厅家具在款式类型和组合上，可以布置成多种多样的格式。一般的布置方法是结合餐厅特有的主题装饰风格，可布置成固定式的餐位和具有活动性的散座。设置在沿墙和凹龛的座位宜于布置成沿墙餐座，布置在餐厅中央部位的一般为散座。通过设置凹龛屏风高矮隔断、花台、花架或者地坪标高的起伏变化（如踏步的上下）以及家具成组布置的办法，为顾客创造出独立的小空间，使人感到亲切、舒适而具有私密性，适宜宾客边交谈边进餐，因而颇受客人的欢迎。

家具形式应丰富多样，可以是古典、现代或宫廷式以及乡土味、中国明式、日本和风等。总的要求是要与餐厅的整体格调相一致。

餐厅面积的大小必须和就餐人数相适应，比例要相宜。正确决定家具布置格局，避免疏密不当，过挤或过空的情况，以提高餐厅使用和经济效益。

餐厅座位平均面积如下：经济类：0.9～1.1 平方米/座；一般类：1.3～1.5 平方米/座；豪华类：1.7～1.9 平方米/座；咖啡厅：1.5～1.8 平方米/座；酒吧：2.0 平方米/座；风味厅：1.5～1.8 平方米/座。

#### （三）餐厅家具配备要素

（1）要考虑餐厅所经营的风格，是快餐厅，还是自助餐厅，或是风味餐厅，因为不同餐厅所用的家具是有区别的。

（2）考虑餐厅经营的档次。如是一般中餐厅或小吃店，家具只要满足使用功能就可以了。如果是豪华餐厅，那么它的家具也应豪华一些，所用的材质也应属高档。

（3）考虑家具与餐厅风格的统一，这里指的统一不仅指式样上的统一，还包括格调上的统一。

### 二、餐厅艺术品陈列

餐厅内除上述陈设外，还有绘画、瓷绘、剪纸、壁毯、鱼缸等。正确地摆放这些装饰品，能增添餐厅艺术气氛。

#### （一）绘画

用于餐厅装饰的绘画品种较多，有国画、油画、水彩画、装饰画等，但目前，餐厅墙饰的主要品种是国画和水彩画，其内容是以山水、花鸟画和饮食广告画为主。有的也悬挂以名诗佳句为内容的条幅或横幅。在选择和悬挂绘画时要注意如下事项：

（1）绘画要根据墙面艺术的需要和经济实惠的原则来选择品种、质量和数量；要突出饮食服务行业的特色和民族风格，以宣扬我国自己的文化艺术为主。接待外宾的餐厅，其画面内容要照顾外宾的风俗习惯和宗教信仰。

（2）餐厅内用于装饰的绘画品种和内容应有穿插，不宜雷同。例如主墙是大幅山水国画，其他墙面就不宜再挂山水画，可挂花鸟画或广告画，或选择其他墙饰品种。

（3）餐厅墙饰绘画的内容还应根据季节的变化和宣传的需要适当更换。如寒冬季节宜挂“五月榴花照眼明”“春风吹送杜鹃开”等描绘春暖花开的景色画，使人看了感到温暖、有生气；而当炎热的夏季则宜挂“踏雪问梅”“荷塘听雨”之类画。使人看了有清新凉爽之感。

（4）餐厅绘画的选择要注意大小得体，注意与厅内的墙面积、家具陈设的大小、高低相适应。大餐厅宜挂气势宏伟笔墨刚健的名山大川、华丽多姿的花卉等大幅画；小餐厅则可挂娴雅秀丽的花鸟画。这样才会显得气氛和谐、娴雅舒适。

（5）挂画时要注意使画面高低适宜。一般来说，国画要求挂得略高一些，西洋画可挂得略低一些；笔墨淋漓的高山飞瀑、层峦叠峰、古木参天等山水画或大刀阔斧的写意花卉和宜于远看的绒绣画要挂得高一些；宜于近看的工笔画可挂得略低一些。总之，挂画的部位，要根据墙面结构、家具的高低和画的内容来确定。挂画要结实牢固，挂画绳要隐蔽在画框后面，勿使外露，以免影响美观。

#### （二）挂屏与壁饰

挂屏的品类很多，常见的有铁花、刺绣、木雕、玉石螺甸镶嵌、雕漆、堆漆、漆绘、研磨彩绘、刻花填彩等。

壁饰则有壁毯、陶瓷壁挂、砖雕、民间艺术和生活日用品等，运用这些艺术手法，都是有利于增进餐厅墙面装饰的美感作用。

壁毯或壁挂，是一种上有边沿、下有穗络的悬挂工艺美术织物，一般有毛织、绒织、印染等形式。图案与色彩要与陈设房间总体艺术构思相配称。

挂盘、壁插等陶瓷工艺品，要注意其材质、色彩与墙面的衬托效果，又要与室内装饰风格相协调。

此外还有刺绣、绒绣、竹雕、木刻、漆绘等工艺品，都具有很高的艺术价值，都可作为墙饰表现形式。但必须进行统一设计，并十分注意与周围其他装饰陈设艺术品协调，根据餐厅的性质内容要求进行布置。

总之，餐厅墙面悬挂艺术，应力求简洁完美，要少而精。烦琐的墙上装饰和陈设，是格调不高的表现。至于雅间必须进行精心设计与布置，要反映我国悠久的文化艺术传统、质朴而典雅的室内艺术风格，以及高尚而健康的审美趣味。

### （三）鱼缸

鱼缸既可为餐厅提供鲜活食品，又是一种餐厅常用观赏品。在餐厅的大厅里布置鱼缸，使餐厅气氛静中有动，使人怡情悦目、身心舒畅。常以大玻璃框式陈设，内缀以碧绿的水草与鲜红的金鱼、艳丽的热带鱼互相映衬，并配以彩色灯光，十分醒目，可使室内环境充满生机。它也能调节餐厅装饰风格，使之更为丰富多彩。

## 三、餐厅照明

餐厅照明是餐厅布置的重要一环。它在餐厅中的装饰作用，是其他任何艺术品所不能比拟的。对餐厅灯具的选择，既要考虑照明的要求，又要力求与餐厅内的各种设备协调统一。

### （一）餐厅灯具的种类

餐厅灯具运用的种类较多，常见的有吊灯、吸顶灯、宫灯、壁灯等，但运用较多的是吊灯、壁灯与暗灯。

1. 吊灯

吊灯，多悬挂在室内天花板上，有中、西式之分。中式吊灯以宫灯为代表，具有独特的民族风格，宜用于具有民族色彩的餐厅内。典型的宫灯是用木质或其他材料制成四角、六角、八角形灯框，上面镶嵌玻璃式绷纱，绘上山水花鸟，各角和下端饰以彩色挂穗，灯笼大多采用大红绢纱做成圆形、或肩形、或长圆形、或串珠式的形状，下饰彩色。这种灯喜庆节日使用较多。总之，吊灯的造型与餐厅风格相统一。

2. 壁灯

壁灯是装在墙上的一种灯光设备。其作用是补充吊灯照明不足，丰富室内各色光线，同时也起到美化餐厅的作用。壁灯的造型要和餐厅内吊灯造型取得统一，并和厅内的风格色调相吻合。没有吊灯设备的小餐厅，壁灯就是主要照明设备。其造型、光度以及布局要周密合理安排。

3. 暗灯

有的餐厅还在天花板上装有各种暗灯。暗灯即是用绘有各种美丽图案的玻璃将灯光设备遮住而成，这种灯的灯光较为柔和，给人感觉比较雅致，一般布置在较低矮的餐厅里。

### （二）餐厅灯光的运用

不同的餐厅应有不同的格调，所配的灯具和用光也应有所不同。

1. 中餐厅

根据中国传统的进餐心理，要求灯火辉煌，兴高采烈，因此采用金黄或红黄的光色最能表现这种气氛。灯具造型要带有民族风格，采用金漆、朱红、大红、橙黄等明亮色调。大多采用暴露的光源以及有意造成的轻度暗光，可以增加欢乐、热烈、华丽的气氛，这种效果一般说是比较容易做到的。

对于园林式的中餐厅，灯具的选择非常重要，必须做到灯具的造型要与室内装修风格相配合，才能产生一种和谐的美感。灯具造型不当，会给人以不伦不类之感。在新式灯具中，有不少是可以很好地配合园林式中餐厅使用的，必须精心选择。照明设计要和室内环境设计结合起来，以创造幽雅闲适的进餐环境。

2. 西餐厅

西餐厅是最讲究情调的地方。不同的国家有不同的情调，英国式的古典庄重；法国式的活泼明朗；美国式的不拘一格等。但是不论何种形式，何种情调，对室内照明设计来说，都要求灯具造型与装修格调相配合，最好的办法是采用和室内家具配套的灯具。天花灯、壁灯、台灯与家具造型、材质都相同，这样容易达到一种完善和谐的艺术气氛。当然灯具完全要与家具配套是很难做到的。现在一般都是以筒灯与照墙灯相结合的照明方法，在西餐厅中同样也能产生比较理想的效果。

西餐厅的照度适宜偏暗，光线要柔和，光色要温暖。要创造一种宁静舒适温馨的气氛，以适应西方人的进餐心理和进餐习惯，西方人的进餐心理寻求较隐蔽的环境便于交谈，所以有的西餐厅，用烛光来照明，很有传统风味。

西餐厅内通常会在显眼的地方精心布置一个酒格，除了放置日常饮用的酒瓶外，有时还会陈列一些名贵的美酒以招徕顾客，所以说，酒格也是西餐厅的一个重点装饰部位。应该使酒格的明度高于西餐厅内其他部分。对陈列的名酒还应加强局部照明，采用点射灯集中投射在名酒上，有时会收到很好的装饰及广告效果。

3. 酒吧

对于酒吧的照明方式，更应注意它的气氛和特色。在国外有的酒吧几乎是一片黑暗，有的却是异常明亮；有的创造一种花园的气氛；有的像进了古堡一样。一般来说，酒吧照明可以暗淡一些，有利于表现幽雅的情调。当然格调是多种多样的，照明设计也可以丰富多彩。

## 四、餐厅绿化

在餐厅陈设艺术中，观赏植物是最富有生态美的因素，在餐厅进行绿化装饰，能给室内带来四季如春的美感，使人怡情悦目，情趣无限。

餐厅内装饰花木方法很多，取材也很广泛，但基本形式不外乎三种，即盆景、盆栽。

### （一）盆景

盆景是我国独特的观赏植物陈设艺术，已有两千多年的历史。它是一种经过艺术加工的花卉、树桩和山石，集大自然的精华，聚名山大川、鲜花幽草于一室，是一种令人赏心悦目、情趣盎然的观赏艺术。

盆景艺术主要特点，是把大自然中的四时景色、古老苍翠、姿态雄健的树木浓缩于小盆之中，点以山石，成为主体的山水画，富有诗情画意，是室内不可缺少的观赏艺术品。

盆景的形状虽小，但由于采取了小中见大、缩龙成寸的艺术手法，效仿大自然的风姿神采、秀山丽水，所以能给人“以咫尺之内而瞻万里之遥，方寸之中辨千寻之峻”的艺术感受。以至于盆景历来被人赞美成“无声的诗，立体的画”。

盆景基本上可分为树桩盆景及山水盆景两大类。

1. 树桩盆景

以植物的根、干、叶、花为主，其造型特点是基干粗矮，枝叶细小，根枝虬曲，姿态苍老为优美。具有这种长势特点的树种有石榴树、黄杨、桧柏、六月雪、福建茶等。其形态有直干、蟠曲、横枝、悬枝、丛枝、连根等形式。

2. 山水盆景

以山石为主，常采用色泽优美、形态奇特、纹理清晰、易于雕琢、吸水性好、易长青苔的石头，像太湖石、钟乳石、砂积石、珊瑚石等。常见的有孤峰式、重叠式、疏密式等构图形式。也可缀以亭榭、小树苔藓构成美丽的山水景观。

盆景的陈设，必须把景和盆及其托架视为一个整体，统一考虑它的艺术效果，也可以置于台、几、架上等引人注目的地方。在餐厅入口或墙角一隅等处，可适当陈设盆景，以增添室内情趣。

盆景陈设时，要注意有足够空间，适宜的尺度和适当的日照来显示其艺术效果。

**（二）盆栽**

盆栽是一种室内装饰性观赏植物。它和盆景一样，是室内深受人们赞赏的观赏植物陈设艺术。

旅馆内环境陈设盆栽，引进生机勃勃的自然气息，使得室内苍翠欲滴，满室生凉，构成一个情趣盎然、余味无穷的境界。

盆栽的表现形式常随花木本身特点而定，一般可分为观花、观叶、观果三个类型。

1. 观花

要求花色艳丽（如大丽花、美人蕉等）、花形奇特（如荷包花、菊花等）、花味芬芳（如兰花、茉莉花等）。

2. 观叶

要求枝繁叶茂、叶片青翠（如广东万年青、菖蒲等）、叶形奇异（如龟背竹、变叶木等）。

3. 观果

要求叶茂果盛，丰硕肥满（如金橘、冬珊瑚等）。盆栽的品种十分丰富。春天有五彩缤纷的瓜叶菊、娇艳柔媚的海棠、月季、迎春、天竺葵以及吐蕾呈艳的寿星桃等；夏天有洁白馨香的茉莉、米兰、指甲花，艳丽热闹的石榴、扶桑、美人蕉、大丽花等；秋天有千姿百态的菊花、冬珊瑚、一串红、千日红等；冬天有瑰丽多姿的兔子花、茶花、梅花、兰花、水仙，还有宛如火红华盖的象牙红等。此外常用的如龟背竹、橡皮树、萱草、吊兰、墨兰、天门冬、文竹、仙人球、万年青、铁树、青松、翠柏等，都是一些极富有浓厚装饰和自然情趣的观赏植物，给室内增添了清新活泼的生活气氛。

盆栽的陈设形式要因材而异，因地而异。在餐厅宜陈设大型盆栽，采用对称布局，给人以气度大方、寓迎送宾客之意。

在餐厅的重点厅室，如宴会厅、餐厅等处，要充分运用盆栽陈设艺术，借以美化室内环境并体现民族风味。

盆栽的花盆以造型稳重、色彩素雅、装饰简朴的陶盆和瓷盆为宜，因为它较能起到映衬和烘托盆中花木的作用。

## 五、插花

插花，不仅能美化餐桌，而且还能烘托餐厅气氛，使宾客在就餐时能得到精神上的满足。因此，作为餐厅服务人员应该掌握一些粗浅的插花知识，它有助于增强餐厅服务技能，提高审美情趣。

### （一）插花的种类

就插花的分类来讲，大致可以分为两种，即盘花与瓶花两大类。盘花又可分直立盘花、倾斜盘花、水平盘花等；瓶花也可分直立瓶花、倾斜瓶花、下垂瓶花等。在餐厅里采用较多的是特种花形，它又可分为如下几种：

1. 桌花

桌花一般用盘花，但不宜插得过高、过大，过高会挡住用餐者的视线、妨碍谈话交流，过大则影响餐具和菜肴的摆设。因此，桌花的大小可参考台面面积、餐厅布置、围坐人数等因素决定。用桌花装饰宴会餐台，可起到美化环境、渲染气氛、烘托主题的作用。此外，桌花可供四方观赏，集实用与观赏价值为一体。

桌花的花形多种多样，有半球形、金字塔形、钵形等。在选材时，应尽量避免使用香气过浓的、带刺的、花粉易散落的以及过分华丽的和僵硬的枝条。花器应具有稳定形，可用玻璃钵或陶瓷食器之类。

2. 花篮

花篮是用于迎宾庆典、西式酒席等礼仪活动的陈设，其构图形式多种多样，但以规则式构图为主，外形要简洁、大方、美观，常见的有三角形、半圆形和放射形等。为增添喜庆气氛，应尽量选择艳丽多姿、花形圆整、花梗笔挺的花材。常用的花材有唐菖蒲、月季、石竹、非洲菊、霞草、红鹤芋等。此外，花篮的衬叶用量较大，所以宜选用枝叶稠密的常青植物，如大叶黄杨、珊瑚树、美丽针葵、鱼尾葵等。

（1）花篮的规格一般有大型、中型、小型三种，可根据具体环境条件选用。花篮篮筐多为柳条编制，也有用塑料或竹编的；其色泽以本色为佳。

（2）花材：棕榈、唐菖蒲、火鹤、菊花、月季、热带兰、蜈蚣草、绣球松、天冬草。

（3）花器：中型柳编花篮、花泥。

（4）制作方法：先将花泥置于篮中，插入棕榈定型，然后插入衬叶和外圈花卉，最后插摆内部花卉并修饰。

3. 蔬果造型

用蔬菜、水果、花枝互相搭配在同一花器里，按插花艺术原则摆设称之为蔬果造型。蔬果造型运用蔬菜、水果、花枝的色彩和形态美，构成自然幽雅的造型，犹如一幅静物画。

蔬果造型的选材比较广泛，西瓜、菠萝、葡萄、香蕉、杨梅等鲜果均可应用，番茄、青椒、黄瓜、萝卜、藕等鲜蔬亦经常入选。果蔬配以各种花材、枝叶以及贝壳、珊瑚等即可组成生动的造型。花器可以茶盘、草篮等浅盘类器皿代替。

**（二）插花作品的陈设**

（1）插花作品必须与其所陈设的环境相协调。仅有插花作品自身的美还不够，还应与陈设的环境相互协调、统一，这样也能达到整体美的效果。插花作品可以渲染环境气氛、增添生机，环境可衬托插花作品的美，增添魅力，两者相得益彰，因此均不可忽视。

（2）室内陈设应注意摆放的位置和角度。一般来说，直立式、倾斜式构图的作品适宜平视观赏，应摆放在餐桌和酒柜等中等高度的家具上；下垂式构图作品宜仰视观赏，应摆放在橱柜、几架等较高家具上；有些宜俯视观赏的作品，应摆在茶几之类较低的家具上；宜四面观赏的圆形、半圆形和塔形作品，则应摆在餐桌台面上。只有这样，才能突出每件作品的特点，产生最佳艺术效果。

（3）插花作品应与观赏者有适度的距离间隔。西餐酒会、中餐大型宴会往往因人多、场面大，不易显露插花作品。因此在摆放时应将大型插花作品放在较高位置、醒目处，并与欣赏者保持一定距离。距离太近显示不出整体美，距离太远又看不真切，特别放置在宴会席上的桌花更应注意。

**（三）插花运用注意事项**

餐桌布置用的插花，应根据季节特点、节日习惯和接待对象来确定。例如，不同的季节应选择具有代表性的春兰、夏荷、秋菊、冬梅等花木；又如，接待外宾时应尽可能选用来宾所在国的花卉，以体现对接待对象的礼貌和尊重。要使插出的花形神兼备，富有艺术魅力，应注意以下几点：

（1）应突出插花的主题。插花时应尽量突出1～2种主要花材，如有了郁金香，就不要再插玫瑰；有了水仙，就不要再插牡丹等。不同种的花插在一起，主花色深，配花及枝叶宜选用淡色的。同种花插在一起，在色彩上也要有所区别，合理搭配。

（2）插花要有统一协调感和动态、空间、立体感之美。也就是说，插花时要注意主花与配花、配叶之间的主从关系，以防止杂乱无章或喧宾夺主。

要尊重各种属材料的自然美和基本特性，创造性地加以发挥。又如，插自由花就有外向、内向、平行、交叉、单一方向等多种形式，而各种花又有主态、斜态、横态和垂态之别。但插时不必拘泥于这些，只要适合花材的动态，自由表现，才能插出具有风格的自由花。

（3）要注意花器与花形的配合。首先，应注意花色与花器的协调。一般来说，凡艳丽的花均应配洁雅的花器。其次，应注意花形与花器的配合。一般插好的花要比花器大，通常花形的大小是花器的二倍或二倍半，也有以大于花器数倍的姿态来强调花的。反之，也有以少量花材来强调花器特征的。对此并无严格限制。但是，花器与花形的大小要在形状与色泽上协调。例如，高长的花器适合插垂态形的花，圆形花器适合插有点棱角的花，角形花器适合插具有柔和曲线形的花或多量组合花，变形花器则宜插少量花以突出花的特性等。最后，插花时要固定牢靠。

## 六、餐厅布置艺术原则

熟悉了解餐厅家具、餐厅照明、餐厅绿化知识不是目的，目的是如何将学到的知识，加以综合运用，布置出风格迥异的各式餐厅。

### （一）餐厅布置的原则

一般来说，餐厅要求环境安静、舒适。因为餐厅不仅是饮食场所，也是社交和消遣场所。宾客在餐厅进餐，既是生理上的需要，也是心理上的要求。旅客在进餐中得到休息，并借此与旅伴交流思想和情感。所以餐厅在旅馆中的布局应是以闹中取静为佳。只有安静的环境，才谈得上舒适感。餐桌的造型、结构，都要符合人体工程学的要求。装修、照明、色调等，都要注意一个原则，就是不要使人增添疲劳感。整个餐厅的空间气氛要力求轻松安逸，舒适愉快。另外一个要求就是要美观雅致。通过趣味迥异的装饰格调，给人以不同的审美感受。在具体布置时要遵守以下几条原则：

（1）布局要合理。餐厅布局，要以实用为主。要便于接待、操作，方便客人。餐桌的摆放，要便于管理。环顾全局要整齐、紧凑、美观、大方。

（2）摆设要典雅。灯具、装饰品、地毯、桌椅等都要从实际出发，要具有民族特色，又要有较高的艺术性，给人一种欣赏、舒适、愉快的感觉。

（3）色调要协调。色调对人的食欲有着一定的影响。从天棚、地板、墙壁的粉刷到桌椅设备的配色，都要搭配协调得当。色调与环境应该是互相衬托，一般是宜顺不宜逆，宜浅不宜深。

（4）式样要新颖。要多层多样，别具一格。

### （二）常见餐厅的布置

1. 中餐厅

中餐厅的布置应有中国风格和特点。根据中国传统的进餐心理，宴饮时要求灯火辉煌，喜气洋洋。最好采用热烈兴奋、强烈明亮的光色，画栋雕梁、沥粉彩画、朱红大漆柱子、宫灯、圆洞门等传统装修来渲染热烈喜庆的气氛。有的中餐厅朱红的圆柱，雕花漆彩的宫灯，典雅挺秀的仿明式坐椅，女服务员穿着大襟中式丝绒旗袍，整个餐厅光色明亮温暖，华美壮观，而不失古色古香的风韵。有的配备以红木为主的“明式”家具、红木的隔扇、雕花屏风、挂落扶手、八角形花吊灯。墙上悬挂名人书法，桌上置山石盆景，以及漏窗、花卉盆栽等，更增添了中国传统特色。

2. 西餐厅

西餐厅的装饰布置，应从欧美、从进餐心理出发来考虑室内空间气氛与情调。为了使宾客在用餐时有某种安逸感，宜使餐厅空间尺度在视觉上感到小而亲切些。在灯光上，应使餐桌上的照度强于餐厅本身的照度，光色温暖，光线偏暗。要善于运用内部装修的一切手段，创造适于人们休息交谈的宁静气氛。并且力求表现出各具特色，给人以良好的印象。此外，也可按照欧美人的生活习惯进行布置。如厅内四壁镶着玻璃，屋顶悬挂帷幔，餐桌摆着烛盏可点蜡烛，气氛舒适、情调高雅。有的西餐厅墙面采用暗红色、质感粗糙的面砖，顶棚为原色草麻壁纸，西式家具衬以孔雀蓝色面料，环境气氛显得质朴典雅。

3. 风味餐厅

各种风味餐厅的布置应该以其风格迥异、鲜明的地方性为特征。如广东餐厅应突出热带气氛，上垂吊兰，下置盆栽，墙面及家具均以绿色为主调，加以东南两面外窗竹帘低垂，凸显南国意境。淮扬餐厅的格调以端妍为宜，不等边六角形平面的周边布置固定的小餐位，围绕中心两组大圆桌；顶棚上相应地悬挂两组晶体吊灯，光彩照人，厅内鲜花盛开，香气袭人；地面、墙面及家具均用暖色调，烘托出江淮的情调。

4. 咖啡厅

咖啡厅一般供应咖啡与其他饮料，有的还供应快餐或自助餐以及茶点。其面积指标是1.5～1.8平方米/座。咖啡厅是半公开性的活动场所，其座位设置，形成分散的小空间，以前曾流行车厢座，现在更多的是坐2～4人的小方桌或小圆桌。咖啡厅的布置整体上要求活泼、甜美。室内桌椅应给人轻松优美的感觉（现在不少地方采用藤椅）。玻璃柜摆设的样品整洁，搁板上陈列的物品生动有趣。不少咖啡室在门口或室中央摆放各类装饰物，如帆船、鱼虾、动物等，花草则更是普遍。上海新锦江大酒店的郁金香咖啡室，每一小桌都有一枝郁金香花朵，亲切而温馨。咖啡厅使用最普遍的色彩是金黄色、粉红色、奶油类色、咖啡类色和白色。

5. 酒吧

酒吧的面积指标是1.8～2.0平方米/座。吧台是酒吧的中心，其形式有直线形、L形、U形和环形等多种。吧台的上方挂有各类酒杯，吧台的酒橱陈列着各类供选择的酒，这些酒瓶本身具有装饰性，加之精心排列给人以美感。吧座有各种形状，固定于吧台的周围。酒吧内的其他桌椅形式有车厢式、小方桌和小圆桌式及由组合沙发构成的自由活泼的形式。不同的桌椅适合于不同的风格，如车厢式大都用于幽暗的布置。

不同酒吧有不同的风格情调。如空中酒吧通常色彩明快，室内充满阳光，大理石、金属管和各类玻璃造型展示给人一种现代气派；而底层地窑式的酒吧则安静典雅，有时用古典风格的灯具、仿烛光甚至用烛光作主要照明，深色的木条嵌边，形成古老的乡村情调。有的还设有“卡拉OK”，使客人自饮自娱，增添了酒吧的气氛。

## 第二节　宴会厅的主题与布置

### 一、宴会厅的主题

宴会厅的主题是指宴会活动所表现出来的中心思想和目的，是宴会的主体和核心。人们为欢迎、答谢、庆祝、友好交往等目的举办宴会，布置就必须依据这些主题来确定环境气氛，充分地利用灯光色彩、墙饰标志、家具器皿、花卉盆景、窗帘服饰等手段来表达庄严隆重、豪华高雅、热烈欢快、优雅恬静的意境。

## 二、宴会厅的布置

### （一）中餐宴会厅的布置

1. 场景布置

宴会厅的场景布置要根据大厅的平面结构、使用面积、宴会的主题及主办人的要求进行。除了原有的固定设施、家具、照明设备外，还必须有与其相适应的各种装饰物来点缀，使整个大厅整齐协调，豪华典雅。

（1）绿化

宴会厅的绿化多采用盆栽，摆放在厅门两侧，厅室的入口，楼梯进出口，厅内的边角或中间。举行隆重的大型宴会时，主台的后面要用大型的花坛或青松翠柏等盆栽。餐台上可以放置盆花或插制盆花，形成热烈欢快的气氛。主桌台面的装饰应与其他多桌有区别，可以布置得更加华丽一些。正式宴会设有致辞台，一般设在主台的后侧面，其台前可摆花篮、盆栽，台上可用鲜花布置。

（2）标志

餐厅的标志主要有旗帜、标语、横幅、徽章等。标志是根据宴会的要求进行布置的。

国宴要在宴会厅的正面并列悬挂两面国旗，按“右为上”的惯例，由我国政府请来宾时，我国的国旗挂在左方，外国的国旗挂在右方；若来访国举行答谢宴会时，则要相互调换位置。

在举行婚宴的餐厅，可以张挂宫灯、彩条、张贴大红双喜字、服务人员穿红色的礼服。在中年人或老年人的寿宴中，则要张贴大寿字。在产品新闻发布会上要悬挂横幅。餐厅各处有规则地布置产品宣传广告画，以突出宴请的主题，形成热烈欢快的气氛。

（3）灯光

中餐宴会厅的灯光要求明亮辉煌，在致辞台及主台范围内，光线应强一些，以显示其重要的地位。灯具的造型以典雅大方为好，材质可以是透明水晶玻璃或者白色磨砂玻璃。在主吊灯的周围布置一些辅助吊灯，其间再布置一些筒灯或天花板灯，使得整个大厅亮度均匀。在一些特殊的晚会上也可以采用烛光布置，显得别具情调。

宴会的照明灯要有专人负责。宴会前必须检查一切照明及线路，以保证宴会顺利地进行。

（4）室温

宴会厅的室温要与室外的室温相适应，一般冬季在18～20℃，夏季保持在22～24℃。

（5）音响

餐厅的音乐属于典型的背景音乐，其音量的大小控制在以不影响小方桌两人对面轻声讲话为宜。音乐的节奏应选用缓慢、舒坦、比较抒情的歌曲，音乐的主题应以欢快、轻松为宜，使客人在恬静典雅的环境中轻松地用餐。

2. 休息室的布置

休息室是宾客在宴会开始前或结束后进行小憩的地方。休息室一般设置有沙发、茶几、衣帽架、花架、地毯、墙饰等，有的还配有钢琴、古筝、古玩架等。休息室的通道外一般摆有屏风。休息室的整体布置要求舒适、安静、优美、典雅，便于客人休息、会谈。

3. 台形的布置

台形的布置不仅是事务性的工作，而且涉及社交礼仪等问题。因此，台形要根据宴会厅的形状、面积和宴会的要求进行布置。台形布置的原则是：突出主台，分清主次，便于服务，整齐划一。

（1）突出主台

主台即主桌，是供主人主宾就餐的餐桌，大型宴会中主桌台面的直径比其他餐桌直径都大，副主桌的台面尺寸也大于一般台面。标准的 10 人餐台直径为 180 厘米。也可以用直长台作为主台，台面的长度根据实际人数进行设计。

主台要设计在能综观全场、突出醒目的位置。

（2）分清主次

在大型宴会上设主宾席区和一般来宾席区，主宾席由主桌、副主桌组成。副主桌可以平摆在主桌的两侧或下首。按“先右后左”的原则，主人右边餐桌客人的身份高于左边的客人。

（3）便于服务

宴会餐桌的摆设必须留有服务通道，通道的宽度不得少于 2 米，主宾席区和来宾席区的隔离通道宽度要在 2.5 米以上。一般将主宾入席和退席要经过的通道称为主通道，重大宴会的主通道要宽敞些，同时铺上红地毯，以烘托宴会庄严隆重的气氛。

大型宴会除了主桌之外，所有的餐桌都编了号，台号的字面朝向餐厅入口处，使客人从餐桌安排图上能迅速地找到餐位。注意不要摆放 13 号和 47 号台号。

为了便于服务，主桌要专设服务桌、签到台和礼品台、衣帽间等。

①服务桌的摆放。为了餐饮接待，服务桌是必不可少的。服务桌的摆放要以方便实用、不妨碍整体布局为原则。具体摆放时可根据餐桌数的多少，一个服务桌同时可供几位看台服务员使用等情况定，服务桌的摆放不要与使用此桌服务员的距离过远，还要有规则地摆放，以防干扰进餐客人的正常出入。

②签到台、礼品台的摆放。许多宴请活动，客人到达餐厅后要在一个台子上签上自己的名字，作为宴会举办者的留念。礼品台也是作为主办单位为来宾赠送一些纪念品要用的桌台。通常此种签到台和礼品台都要摆放在靠近餐厅门口的地方，所用的桌台大小合适，签到台上应备有纪念簿和毛笔、砚台或供签字用笔。礼品台可在宴会接近尾声前摆放好。其他服务桌可根据情况酌情设置。

③衣帽间。大型宴请活动（特别是冬、春两季），应在离宴会厅不远的地方设立衣帽间。衣帽间的作用是让客人在进餐前将衣帽存入，宴会结束后取走。衣帽间要由专人管理，为客人存取衣帽服务。衣帽间尽量设在出入方便的地方。

（4）整齐划一

来宾席的台形可根据餐厅的面积、台数、人数合理安排，餐桌的尺寸，餐椅的式样，颜色都要协调美观，摆放时要求横竖成行，整齐划一地排列在主宾席的下首位置。

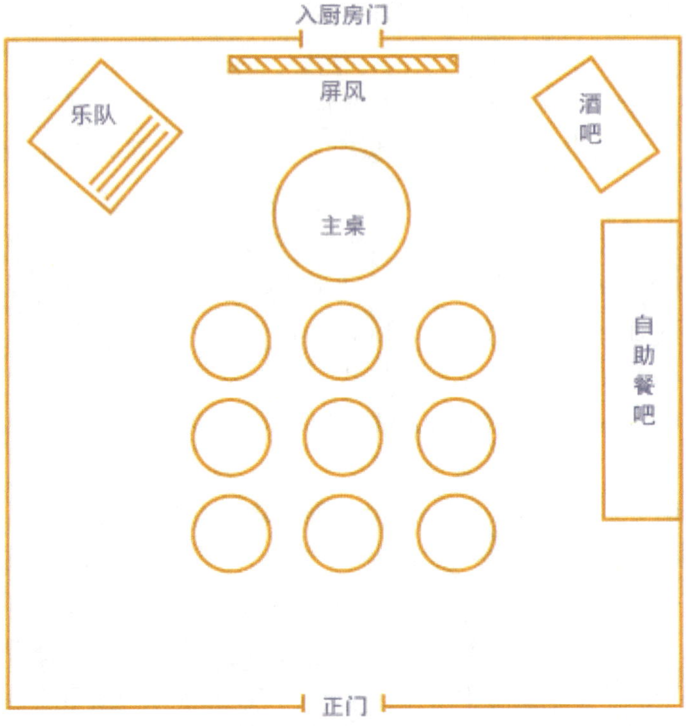


图 5-1　中餐宴会厅的布置（A）

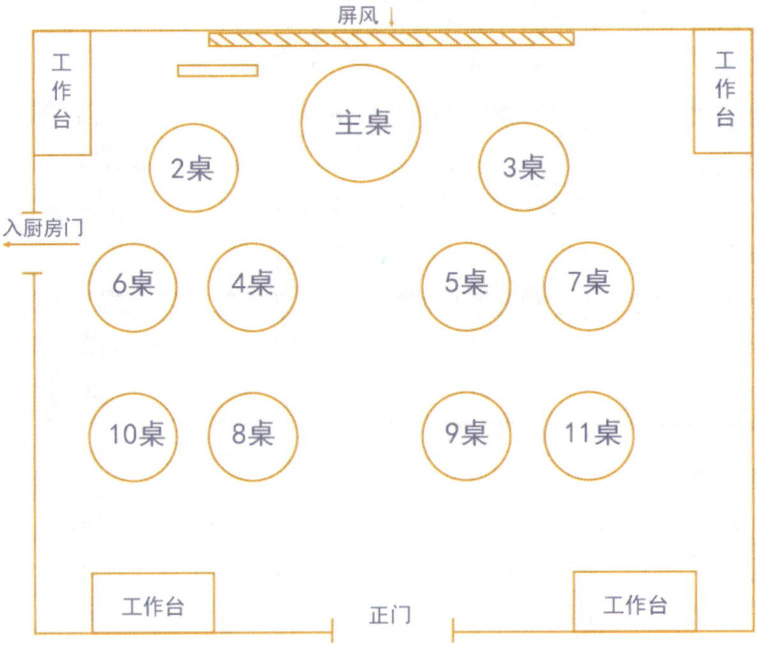


图 5-2　中餐宴会厅的布置（B）

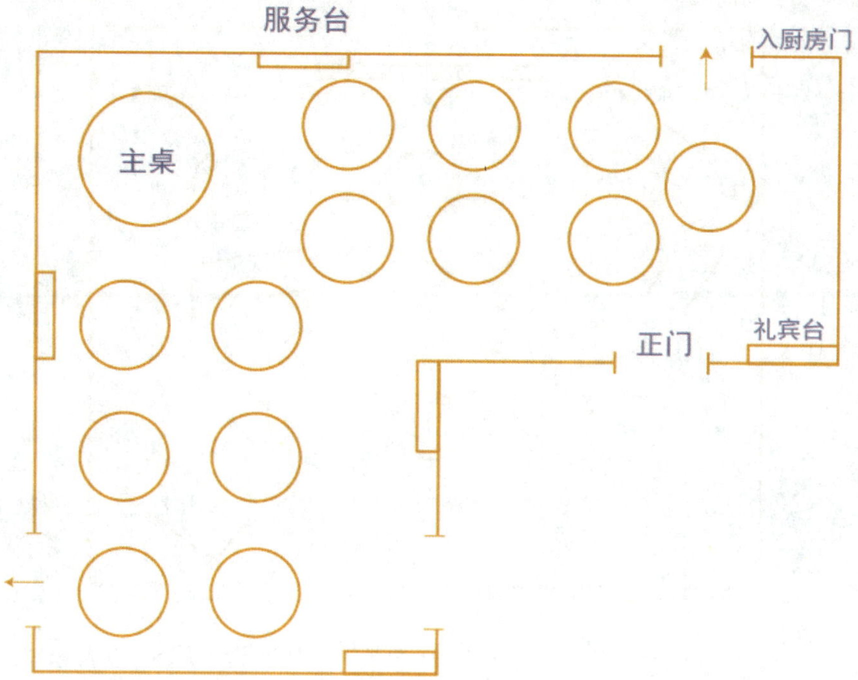


图 5—3 中式宴会餐台布置

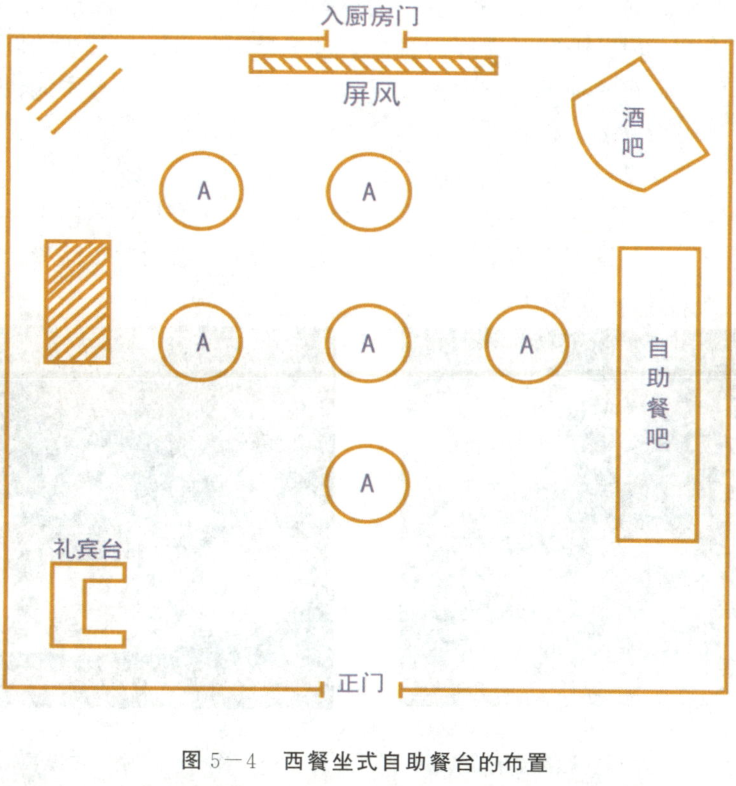


图 5—4 西餐坐式自助餐台的布置

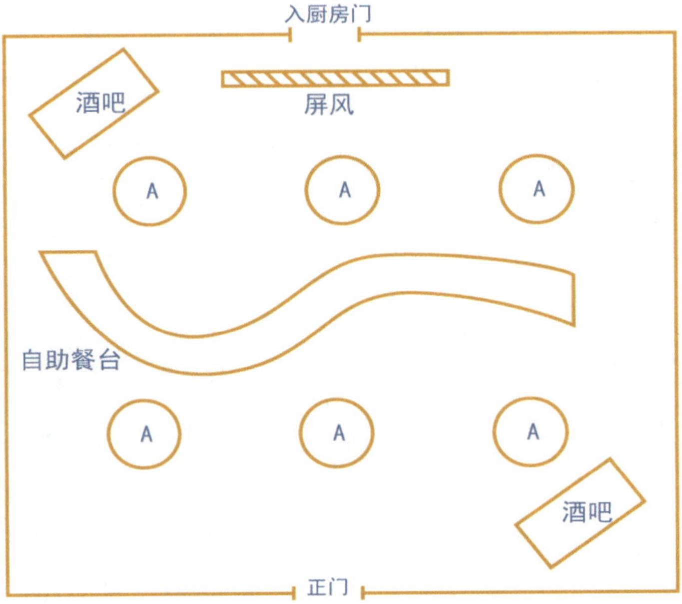


图 5—5　西餐立式自助餐台的布置

4. 台面的布置

宴会台面布置的原则是整齐、美观、方便、实用、得体。得体是指台面的造型要根据宴会的性质恰当地安排。如图 5—6、图 5—7 中餐主题宴会台面设计台布、口布的选择以白色为好，显得典雅庄重，但在婚宴等喜庆的宴会上可选择彩色口布、台布，以烘托热烈欢快的气氛。在宴会上餐巾折花的种类不可太多，以免显得杂乱无章。一般主人位选择高大的挺括的花型，其他所有的客位选一种花型。也有全餐厅只选一种花型的，主人位的餐巾花可使用规格稍大一些的餐巾，以显示主人的身份。

餐具的种类较多，喜庆要选用喜、寿等带有图案花纹的餐具，以突出宴请主题，大型宴会则用白色餐具较好，显得卫生清洁；高档宴会则可选用骨灰瓷及银制餐具，以显示出宴请的规格，如图 5—6、图 5—7 所示。

图 5—6　中餐主题宴会台面设计

图 5—7　中餐主题宴会台面设计

### （二）西餐宴会厅的布置

西餐宴会厅通常由大小不同的多功能厅组成，有些厅的中间隔断采用活动式，以适合不同宴会客人的需求。

宴会是一种高级消费方式，是餐饮服务的重要形式。宴会的特点是客人消费水准高，质量要求高，对企业声誉有直接的影响。宴会厅良好的布置能够给客人留下第一重要印象，因此，宴会的环境及台型设计就显得极其重要。

1. 环境设计

环境的设计要依据宴会的性质，国宴和政府机构举办的重要宴会，环境设计一定要庄重，并要显示出隆重、庄严、友好、热情的气氛。可使用红色横幅，标语采用主办国语言在上，被邀请国语言在下的方式；还可以悬挂国旗和国家领导人画像，悬挂时按国际惯例，主办国国旗在右，客方国在左，国旗下角不能被花草或其他物品遮盖。许多国宴还要安排管弦乐队，以烘托气氛。大型花坛、绿色植物、盆栽等也是国宴不可缺少的装饰。主办国和客方国家的国花，可置放于较显著的位置。

公司庆典宴会也是宴会销售的一大部分。宴会设计要求是突出公司的特点；横幅要贯穿宴会正面墙壁的左右，横幅内容要写出公司名称及庆典内容。由于是公司庆典，因此要将公司领导人的席位放于主位，台型设计要突出主台。较大型服务酒吧也是公司庆典宴会不可缺少的。麦克风、演说台、花坛、植物等，均要根据主办单位的要求摆放。公司庆典宴会还要设立贵宾签到台，一些公司还发放宣传公司产品的图册或纪念品。宴会设计人员要考虑所有的因素，合理地设计场地。

主题宴会设计要突出其宴会主题，如圣诞宴会，设计要突出喜庆、狂欢、热烈的气氛。圣诞树、圣诞礼物、圣诞老人等均是宴会装饰不可缺少的内容，同时，乐队、丰盛的食品和大型服务酒吧也可以帮助宴会主办人达到预期的效果，如图 5—8、图 5—9 所示。

**图 5—8　西餐主题宴会台面设计**

**图 5—9　西餐主题宴会台面设计**

2. 不同宴会的台型设计

（1）大型坐式宴会

西式大型坐式宴会可采用圆桌，主台可采用超大规格的圆桌，其他餐台使用规格相同的圆桌。超过 200 人的宴会可设立 3 个主台，主台区要宽敞、气派，其他餐台间距不得小于 2 米。植物和花坛侧重于主台区，其他餐台上也要摆放相当规格的鲜花。另外大型宴会应设立两个服务酒吧。

（2）小型坐式宴会

小型坐式宴会为了显示主人身份，除宴会厅外，还要设立贵宾休息厅。贵宾休息厅应庄重、宽敞、主次分明，并要注意家具摆放对称、美观。通常，贵宾休息厅应摆放沙发、茶几和小型酒吧及花卉。贵宾厅门口要有明显的指示牌。

西餐小型坐式宴会以不超过 50 人为准，台型形式较多，常用的有“一”字形，“L”字形，“U”字形，“回”字形，“T”字形，另外还有“山”字形和“I”字形等。

（3）自助餐式宴会

自助餐式宴会是一种流行的款待宾客的方式，适用于商务客人、外交使节、公关人员的聚会等，宾客可随意自取食品和饮料。自助宴会的布局，要根据预订就餐人数来确定，通常，一个自助餐台可招待 80 个客人，若预订人数超过 120 人，就要准备两个自助餐台。自助餐台的设计多采用长方形、半圆形、椭圆形、弧形、1/4 圆形、螺旋形、回形等，要注意层次感，装饰物摆放要错落有致，以尽显其美观造型。常用的装饰物有各种造型的冰雕或黄油雕、小型工艺品和特色民族食物器皿、鲜花、植物等。自助餐台的台布和台裙讲究颜色搭配和造型。

坐式自助餐宴会餐台可设于宴会厅两侧，餐台位于中央，要突出主台。横幅、鲜花、植物、演讲台、麦克风等要配齐。站式自助餐宴会的自助餐台可设立于宴会厅四周，也可设立于宴会厅中央部位，大厅布置一定要宽敞，并分区域设立小型的服务台，台上摆放烟灰缸、口纸杯等简单物品，供客人使用。

（4）鸡尾酒会

鸡尾酒会是较流行的社交聚会形式，多适用于小型庆典、纪念、告别、开业典礼或朋友聚会等。鸡尾酒会以供应酒水为主，也可提供简单的菜肴和甜点，与会客人可以尽情品酒交谈，气氛热烈，环境幽雅。

鸡尾酒会的布局应有较大的空间，以适应客人走动、交谈的需要。酒吧作为重点布局项目，要摆设美观，酒水丰盛。食品摆放采用自助餐形式。另外还要设立小型服务台。

（5）会议、宴会部应具有为客人提供各种会议服务的能力。宴会厅一定要能够根据客人的要求，设计出不同的会议厅布局。会议厅布局可根据会议的类型、与会人数的多少，来决定会议摆台的形式。会议摆台可采用剧场形、教室形、“一”字形、“U”字形、“T”字形和“回”字形。通常，前两种类型适用于较大型的会议，后两种类型较适用于小型会议。

### （三）中餐高档宴会的餐厅布置

宴会厅堂布置的原则是庄重、整齐、清洁，美观大方，给客人以舒适愉快的感受。中餐宴会应在具有中国式建筑风格的宴会厅堂内举行。从建筑风格上来讲，中式建筑可分为宫殿式和园林式。宫殿式建筑是以中国封建帝王传统建筑风格为模式，外观庄严雄伟，内部多为雕梁画栋，彩绘宫灯，金碧生辉，富丽堂皇。园林式建筑风格的宴会厅中有山石、流水、亭台楼阁，借景扬景，突出了江南民居幽雅僻静的格调，轻松幽美。中餐宴会应根据客人进餐的人数，选用合适的厅堂，根据宴请的目的要求布置厅堂。具体方法应注意以下几点：

1. 处理好“围”与“透”的关系

宴会厅堂的墙面、灯光、顶棚、屏风和窗帘，都会给客人以围在其中的感觉。如果人数多的宴会使用一个空间较小的厅堂，肯定会给客人以沉闷之感。与此相反，玻璃窗、厅堂大门又会给客人透明的感觉。如果人数较少的宴会，使用较大的厅堂则会让客人感到空旷、冷清。准备好各种不同规模的厅堂为不同的客人服务，是解决好“围”与“透”关系的关键。人数少的朋友聚会，希望在形式上有一个不被别人干扰的小天地，自由自在，畅饮叙谈，则宜突出一个“围”的情趣。大型宴请活动人数多，要有热烈的气氛，大家欢聚一堂，则要强调“透”的感觉。

2. 处理好布置中“突出”与“陪衬”的关系

宴会厅堂中的各种装饰与设备都是为客人服务的。如厅堂内的书法、国画，宴会中所播放的各种乐曲，都是为客人提高兴趣、增强舒适的感觉而准备的，在布置中要突出主要的内容。如举办“寿宴”，用一些带有寓意的国画来装点厅堂，要比用其他类型的画效果更好；菜肴的配制要突出祝寿之意；花卉的摆放宜用松柏、万年青等常青植物。所有这些都是突出了中心内容，突出了宴请的目的。所谓“陪衬”即衬托突出主题，恰到好处即可。

3. 处理好家具与陈设观赏品的关系

中餐宴会厅堂所用的家具是宴会服务所必需的物质保证。各种所需的家具应力求配套组合，颜色、样式、格调一致，以创造特定宴会所应有的气氛。如在供应宫廷菜肴的餐厅举办宴请，所配的家具要全套硬木仿古，以增添宴请气氛。中式宴会厅堂的陈设观赏品如盆景、字画、挂屏、文物等都是为了提高厅堂档次，烘托厅堂气氛而设置的，所以其造型、色彩、规格、数量要与整体相适应，不能喧宾夺主，一般以少而精、素雅为陈设观赏品的原则。

4. 处理好光线、色彩与客人喜好的关系

一般来说，暖色、冷色在人们心目中会引起不同的感觉。不同的民族、国家对光色的爱好也有区别，不同的地理位置又有着不同的色彩的需要。一般来讲，人们在夏季较偏爱冷色，而在冬季则偏爱暖色。中国人偏爱红色，而有的国家则忌讳红色。东方人看紫色易产生疲倦的感觉，而西方国家则认为紫色有雍容华贵的美感。在宴会厅堂，光线一般以暖色为佳，可以引起人的食欲，而冷色则可以使人的食欲减退。宴会厅堂内用白炽灯比用日光灯好，光线明亮比光线暗淡效果好。

5. 搞好花卉的布置

鲜花绿草、盆栽树木都可以成为宴会厅堂布置的组成部分。花卉有很强的装饰作用。不同的花卉所含的寓意不同：喜庆宴会可摆放牡丹花，以示富贵荣华；朋友相聚又可摆放兰花或菊花，以示高雅不俗。花卉的具体布置又可分为宴会厅堂正面布置和四周的布置，主要的是客人餐桌台面鲜花的布置，以及客厅、餐厅门口等处的布置摆放。

6. 搞好餐桌的设计与摆放

中餐宴会使用圆桌，餐桌的设计与摆放应根据宴请单位的要求、餐厅的具体形状、餐厅内陈设的特点来设计。其目的是合理利用宴会厅堂的场地，表现出主办单位的用意，体现出宴请的礼仪规格。餐桌的设计要求是突出第一桌、餐桌排列整齐、间隔适当，既要方便客人进出餐厅，又要方便服务员席间服务。通常高档中餐宴会每桌占地面积为10～12平方米。桌与桌之间的间隔为2米左右。人数多的宴请，宴会厅要留有主要通道，主要通道要宽敞一些，同时铺有红地毯，以示庄重。设计餐桌的同时，也要设计出服务员工作台、宾客签到台、礼品台等。

### （四）高档西餐宴会的餐厅布置

西餐宴会的举行，应在具有西方建筑风格的宴会厅堂内进行。宴会厅堂的布置同样应本着庄重、整齐、清洁、美观大方的原则。它的特点多呈几何形体和直线结构。西方式建筑风格又可以细分为英式、法式、意式。古典英式宴会厅的典型特征是有深色的护墙板，墙面与壁炉的装饰协调，宴会厅内的家具以典型端庄、简明的直线为造型的基调。在观赏品的布置上喜爱油画、肖像、风景、海景等。

法式宴会厅堂典型的特征是，装饰性强、纤细、轻巧、华丽和烦琐等。天花板及墙壁喜欢使用“C”和“S”形或旋涡形的曲线，并与轻淡柔和的色彩相配合，有很强的自然主义的倾向。宴会厅内喜欢使用大型水晶玻璃吊灯，产生一种闪烁的光泽，给人以辉煌之感。壁炉用大理石，观赏品以油画为主，其中包括印象派画。

意大利宴会厅堂典型的特征是，宴会厅内以铜色为主基调，大量使用铜和黄金。厅内装饰大量使用大理石制品，使用的家具外观一般厚重、庄严，线条粗犷，多呈直线形，多用大理石镶嵌装饰家具。厅堂观赏品以壁画和雕刻艺术品为主。

除了西式宴会厅堂不同的建筑及装饰风格之外，在布置西餐高档宴会厅堂时，与中餐高档宴会厅堂布置一样要处理好“围”与“透”的关系，“突出”与“陪衬”的关系，家具与陈设观赏品的关系，光线、色彩与来宾喜好的关系，搞好厅堂的花卉布置、餐桌的设计与摆放等几项工作。

西餐宴会的厅堂布置另外还有其自身传统的做法。其一是餐桌的使用与摆放形式。西餐宴会一般使用长台，小型宴请也使用椭圆形台；人数多的情况下有时也采用圆桌的形式。西餐宴会的台形设计有教室形、长方台形、马蹄形、口字形、“T”字形、“U”字形。宴会台型的具体要求是庄重、美观大方，家具摆放整齐、对称、平稳。其二是宴会厅堂的光线照明。一般要求是光线可以调节，而且餐台上布置有蜡台，宴会开始时点燃蜡烛，烛光给人一种温馨、柔和的感受。其三是高档的西餐宴会经常要有客前烹饪服务。在布置厅堂时要留出一定的空间或摆放好客前烹饪所需使用的各种餐车和餐用具。

一高档酒店，内设各种餐厅。在宴会厅摆放了较大气势的名人字画、外国城市风光照。其中有一名为天池厅的宴会厅，内设新疆天池风景照片，让进来的人一看就是天池，没去过天池的人看了此照片想去天池。

【评析】

宴会厅的装饰要突出餐饮文化和艺术特色，与艺术品的装饰有直接关系。此宴会厅的装饰简单明了，主题突出，既让人感到清新优雅，又让人难以忘怀。也起到了宣传新疆的作用。

## 复习思考题

1. 餐厅家具配备应考虑哪些因素？
2. 餐厅布置应该遵循怎样的原则？
3. 餐厅常见的艺术品有哪些种类？应该怎样陈列？
4. 怎样布置宴会厅？
5. 如何运用插花来美化餐厅？

# 第六章 菜单设计

【本章提要】

本章主要以餐饮经营管理运作为出发点，阐述菜单在餐饮经营管理工作中的重要性。菜单是餐饮服务计划组织工作的首要环节。作为餐饮管理人员应掌握菜单设计的原则、设计的程序、菜单的定价及菜单的装帧。

【学习目标】

◇明确餐饮经营运作中菜单的重要性。

◇了解菜单的种类及内容形式。

◇掌握菜单的设计程序。

# 第一节　菜单的作用及种类

菜单被视为现代餐饮管理中一个十分重要的文件，在餐饮经营中起着主角作用。中国近年出现的大型点菜餐饮企业与快餐餐馆，其共同特点是综合了专业型服务和批量型服务两种服务模式，这两种服务模式的基础即来源于餐饮经营的主导性文件——菜单。

菜单是指一家餐饮企业所提供的食品和饮料的项目清单，它通常为书面形式，主要包括各食品饮料的名称及价格等项内容。随着现代餐饮业的发展，菜单的种类也日趋繁多，其内容及作用也在不断扩大。

在现代餐饮经营管理中，菜单不再是一张简单的产品目录，有人把餐厅经营管理的成功归结为餐厅菜单设计的成功。因此，菜单设计是餐饮经营活动的精髓所在；是餐饮服务计划组织工作的首要环节。

## 一、菜单的作用

菜单，不仅仅是餐饮企业向消费群体市场发布提供餐饮产品信息的一览表和说明书。事实上，从餐厅的投资筹划、经营管理到评估改进，菜单纲领性的统率指导作用，贯穿于这一过程始终。就菜单本身来说，它似一位美食使者，紧密联系着企业和市场，菜单在实践中被检验论证，并互动反馈着客源市场供求关系的变化。对于餐饮系统内部来说，菜单的作用在于它是各部门、各岗位、各员工的责任计划书，并且把菜单作为餐饮利润分析的一个标准。所以，菜单是餐饮经营与管理的关键和基础，是餐饮经营中的中心环节，一份成功的菜单应体现餐厅的经营宗旨、主题特色、服务精神和市场形象；同时，菜单作为五彩缤纷的中西饮食文明的浓缩，必须充分发挥其时尚导向和审美情趣的功能，传递美食的情感和经历。全面理解和贯彻菜单的作用，是菜单筹划和设计的前提与基础。

**（一）菜单反映了餐饮经营方针和策略**

餐饮企业要在激烈的市场竞争中立于不败之地，就必须确立自己正确的经营方针和经营策略，一份合适的菜单，是菜单制作人根据餐厅的经营方针，经过认真分析客源和市场需求，对消费者的类型及需求特点进行分类研究，方能制定出来的。菜单一旦制定成功，其提供的菜肴品种及价格可以说正是企业经营方针和经营策略集中、具体的体现，它直接关系到企业经营业绩的好坏和经营活动的成败。

**（二）菜单是餐饮企业一切业务活动的总纲**

餐饮经营工作包括设备原料的选择购置，厨师、服务员、管理人员的配备，食品的烹调制作，餐饮成本的控制，这些都是以菜单为依据的。

1. 菜单是餐饮企业购置设备用品和选址、装潢的指南

餐饮企业在购置设备、炊具、餐具及各种服务用品时，必须根据菜单上的菜式品种、档次、特色来决定各种设备和用品的种类、数量、规格等。如菜单上有北京烤鸭，就应购置挂炉。西餐就应考虑西式厨具。因为每种菜肴需要相应的烹饪设备和服务用品，所以，餐饮企业添置的设备用品必须以菜单为依据。菜单上菜肴品种越丰富，餐饮企业所需的设备及餐饮用品也越多。

餐饮企业除了采购设备用品时离不开菜单指导外，餐厅的地址、装潢及布局同样要以菜单为依据。如菜单中提供的餐饮产品是廉价便捷的快餐食品，那么餐厅最理想的位置是紧靠某主要街道、车站、码头、繁华的商业区或者某个公寓区等人口集中且流动量大的地方。餐厅内的装潢与布局也应简洁明快，以适应快餐客流量大、座位周转率高的特点。如企业经营的菜点是高档次的菜点，那么就须以独特的气氛、特色以及别致的装潢反映餐饮企业的种类、经营特色、风格，同时吸引顾客的注意力。总之，餐厅的选址、装潢要根据菜单的内容来决定，从而使气氛、风格、情调与餐厅提供的餐饮产品相称，形成餐饮产品的理想销售环境。

2. 菜单决定食品原料的采购和储藏

菜单的内容决定了企业采购食品原料的种类、数量、质量和规格等，也决定了采购时间、地点，有食品原料的储藏方法和要求。如菜单上有鱼类菜肴，那么在采购和储藏时就要按其原料要求进行采购和保存，采用合理的方法去对待。

3. 菜单规定了菜肴的烹制和服务要求

菜单一经确定，每道菜原料、配料、调辅料的使用，烹饪方法及步骤，菜肴的份量和质量乃至菜肴的盛器等都随之确定，厨师要严格按照菜单要的标准从事菜点制作。同样，菜单也使餐厅服务的程序及方法标准化，服务员根据菜单的不同内容提供不同类型、不同程序、不同规格、不同方式及风格的服务。如一份中餐菜单和一份西餐菜单，服务员在进行服务

时，无论是在餐前摆台准备工作，还是餐中上菜顺序、上菜方式及席间服务上都有着显著的区别。

4. 菜单规定了厨师、服务员、管理人员的配备

菜单的内容实际上对厨师、服务员、管理人员的合理配备做出了一定的要求，对其技术等级、业务能力也有明确的要求。要切实履行菜单内容，就必须拥有一支与之相适应的员工队伍，如不符合要求，要加强考核、培训，提高员工的素质。

### （三）菜单架起顾客与餐厅之间的桥梁

客人到一个餐厅用餐时要向接待者说明所需的食品，其中一项就是“点菜”，菜单就成为客人与经营者沟通的话题，客人需要什么品种的菜肴都可以通过菜单的内容进行全面展示，例如，诱人的菜名、精妙的文字、精美的照片、明了的价格等，经营者可以利用这个机会向客人推荐菜肴，与客人亲密交谈，根据菜单为客人介绍餐厅的各种菜肴的特色，解答客人的问题，由此，双方获得一定的沟通，使客人对本餐厅的菜肴产生浓郁的兴趣，满足客人的饮食需要。

### （四）菜单是菜肴研究的资料

客人能从菜单上获取菜品信息，经营者也能从菜单上领悟到反馈的信息。如果某道菜频频被客人点食，而某道菜少有人过问，餐厅经营者就会对不受欢迎的菜肴做出改进。由此可见，菜单在经营过程中成为研究菜肴的重要资料。经营者可以通过客人点菜的规律来了解客人的爱好、口味，从而不断改进菜肴和服务质量，使餐厅盈利。

### （五）菜单既是艺术品又是宣传品

菜单不仅通过提供信息向顾客进行促销，而且餐厅还通过菜单的艺术设计衬托餐厅的形象。菜单上不仅配有文字，还往往附有食品和菜肴的图例。菜单美观的艺术设计，给人以感性的认识和对味觉的刺激。设计完美的菜单会体现餐厅高雅的服务和经营特色，同时还能反映餐厅的整体风格。往往客人没等提供用餐服务就已经对餐厅产生好感，乐于多点几道菜。相反，一份肮脏不堪、污斑累累的菜单会起到反促销的作用。

由此看来，菜单是一个广告宣传的过程。设计精致的菜单就像一种艺术品，映入客人眼帘之后能让客人赏心悦目，增进客人的愉悦心情，使客人立刻对餐厅的经营和烹饪产生好感，活跃了用餐氛围。而且，客人边用餐边可以欣赏菜单，甚至当作“宝贝”留作纪念，引起客人美好的回忆，同时也促进高利润菜的销售。

## 二、菜单的种类

菜单，是若干个由不同原料、不同烹饪方法加工形成的菜点和饮品构成的集合。由于不同类型、不同餐别、不同风格、不同场合，其使用的菜单是不同的，因而菜单的类别也各种各样。从餐别可分为中西菜单；从时间可分为早、中、晚菜单；从价格结构可分为零点、套菜、宴会菜单；从内容变化可分为固定菜单、应时菜单、循环菜单等。

### （一）根据餐别划分

这种划分的出发点是根据民族习俗发展而来的。从理论上讲，全世界有多少民族，就会出现相应数量的餐别，但在全球范围内，大家普遍接受并使用的餐别为数不多，这些已为大

家接受的餐别及对应的菜单是：

1. 中餐菜单

中餐菜单是在中餐餐馆中使用的菜单，餐食的内容、所用的原料、烹饪的方法及服务的程式，反映的是中华民族的饮食风格和习惯。

2. 西餐菜单

西餐菜单以欧美国家和民族的餐馆使用为主，它反映的是西方人的饮食习惯、风俗、菜肴的烹饪加工特点、口味特色等内容，同时也反映出相应的服务要求和服务方法。

3. 其他菜单

其他菜单是中西餐菜单以外的其他菜单的总称。目前，在国内外餐饮业常见的其他餐食有：日本餐、韩国餐、越南餐、印尼餐、拉美餐等。此类菜单就是为这些不同的餐食所配备的，它反映的是上述民族、国家的餐食风格和服务方法。

**（二）根据就餐时间划分**

不同的餐饮营业点，其供餐时间不一样；同一个餐饮营业点，依据每天的不同时间，其经营服务的内容也存在着差异，不同时间使用的菜单也不尽一样。这些菜单主要有：

1. 早餐菜单（Breakfast Menu）

这类菜单专为早餐用餐设计。单上所列的经营品种，具有鲜明的早餐食品特点。早餐菜单一般内容较为简单。

2. 正餐菜单（Dinner Menu）

专为正餐而设计。菜单所含餐饮品种较完整、齐全、丰富多彩、富有特色。此类菜单既可用于午餐，又可用于晚餐。

3. 消夜菜单（Nighttime Menu）

中餐厅使用较普遍。主要为习惯于夜生活的人而设计，使用时间通常是子夜前后。

**（三）根据传统形式划分**

根据饭店餐饮的特点，早中晚菜单可划分为固定菜单、应时菜单、循环菜单几种形式。

1. 固定菜单

固定菜单又称标准菜单，是餐饮企业为满足餐饮者对餐饮产品的日常消费需要而制定的一种在特定时段内所列的品种、价格等内容不发生变动的菜单。按国际餐饮惯例，这一特定时间通常为一年，但在中国这一时间非常短。

固定菜单是不常变换的菜单，经常应用于宾客流动性较大的餐饮企业之中。由于菜单上的品种比较固定，容易使餐饮产品生产和管理达到标准化，这种标准化包括：采购和储藏标准化；加工烹调标准化；产品质量标准化；降低成本；节约人力资源并可使设备得以充分利用。

固定菜单的缺点表现在：一是给常客带来厌倦感；二是菜单的灵活性小；三是生产操作者会感到厌倦疲劳。

2. 应时菜单

应时菜单又称即时性菜单，是指仅供当日使用的菜单，它既不固定模式，也无循环周期，须天天更换。除其中一小部分为保留菜式外，其他菜式皆根据当时情况决定，通俗地说就是有什么卖什么，什么合适就卖什么。这类菜单常为规模较小的餐饮企业采用，如自助餐馆等。

它的优点表现在：一是灵活性强，可随食客的需要随意调节；二是可充分利用库存商品原料；三是可充分调动厨师制作菜肴、创新菜肴的积极性。缺点表现为：菜单品种更换频繁，给采保仓储带来难度，且菜肴制作成本会因库存量加大而加大。

3. 循环菜单

循环菜单是按一定天数的周期循环使用的菜单。循环菜单适宜于旅游饭店的团体餐厅、度假型饭店、长住型饭店、公寓型饭店及企事业单位食堂餐厅使用。旅游饭店使用循环菜单一般以一周左右为宜，因为大多数旅游者不会在饭店逗留一周以上。

使用循环菜单，饭店必须按照预订的周期天数制定一套菜单，即周期有多少天，这套菜单便应有多少份各不相同的菜单，每天使用一份。当这套菜单从头至尾用一遍后，就算结束了一个周期，然后周而复始，再从头至尾地使用这套菜单。有的饭店根据不同的季节准备四套菜单，这种菜单能反映不同季节的时令菜，减少不同季节原料缺货或原料成本过高的现象。

它的优点表现在：一是便于厨房进行标准生产加工；二是可以降低菜肴制作成本；三是能迅速适应季节的变化。缺点表现为：原料库存量加大，剩余食品不好处理。

**（四）根据菜单价格形式划分**

根据不同的菜单价格形式，所有菜单可以分成零点菜单、套菜菜单和宴会菜单三种类型。也就是说，前面所提及的形形色色的各种菜单，如果以价格形式作为分类依据，那么不外乎就是以下三者之一。

1. 零点菜单

零点菜单是餐厅的基本菜单，也是使用最为广泛的菜单，无论是旅游饭店的餐厅，还是餐饮业的餐馆，一般都将它作为基本的菜单应用。

零点菜单按一定的程序排列餐厅供应的程式菜点，每个菜点品种都分别标定价格，顾客可以根据其口味和喜好任意选购。

零点菜单的特点是，菜单上所列菜点种类较多，有些还图文并茂。中式零点菜单通常按内容如冷盘、特色菜、鸡、鸭、鱼、肉、蔬菜、汤菜、饭面点等分门别类，并按菜点的大、中、小份标定价格；西式零点菜单每道菜中有许多选择，也是每一份菜分别定价，菜单上的菜肴往往是点菜后才进行烹调。

零点菜单制定时应考虑其要有足够的选择项，既要使宾客选择余地较大，又可促使宾客再来光顾。早餐的零点菜单一般比午、晚餐菜单简单，午、晚餐零点菜单上菜点、饮料的品种多，除了口碑较好、销量较大的固定菜点品种外，还应备些应时新鲜的蔬菜品种，给宾客以一种新鲜感。

因此，零点菜单不但适用于餐饮业的一般餐馆，而且同样适用于旅游接待饭店的种类餐厅、风味餐厅、咖啡厅、酒吧等。但由于餐饮形式的限制，零点菜单不适用于饭店的团体餐厅、自助餐厅，当然也不适于宴会和酒会服务之用。

2. 套菜菜单

套菜菜单是固定价格的整套餐饮的意思，通常将一个人或几个人吃一餐所需的菜肴、点心或饮料等组合在一起，成套定价销售。普通套菜菜单的菜点品种较少，价格也较零点菜便宜。中餐套餐多见于快餐厅、风味餐厅，如午、晚餐的二菜一汤一饭、三菜一汤一饭等快餐以及成套供应的风味餐饮。而各种早茶、早点精巧组合，完美的搭配，亦别具特色。

西餐的一些套菜菜单已成为国际化标准菜单。如欧式早餐菜单和美式早餐菜单。欧式早餐中供应面包、黄油、果酱、咖啡加热奶或红茶加凉奶，有时可加水果汁。美式早餐是在东欧式早餐的基础上增加种类食物和蛋类食品。

3. 宴会菜单

宴请是一种社交手段，宴请形式多样，有围桌而坐的、有站立式的（如冷餐会）；有婚宴、寿宴、庆功宴等。所以，宴会菜单的制定，是要花费一番心思的。

宴会菜单均是为特定的某种社交聚会而设计的，具有一定规格质量的由一整套菜点组成的菜单，因而它也是一种特殊的套菜菜单。

我国历来有通过设宴这一形式来表达情、礼、仪、乐的传统，因而宴会菜单也在其规格、要求等方面与其他菜单有所区别。因此，宴会菜单可依据其设宴目的、档次规模、季节时令、宴请对象及地点的不同，但中餐宴会的结构仍遵循传统习惯，通常为三组：第一组为冷盘，配置酒水；第二组为热炒和大菜、甜食、汤品；第三组为饭菜、点心、果品和香茗。西餐宴会菜单一般按头盘、汤、鱼、鸡、鸭、色拉、干果、甜食、水果、咖啡或茶水顺序设置。西餐宴会还有圣诞火鸡大餐、自助餐等。

正是由于宴会形式的特殊性，因此，就要求宴会菜单应像说明书一样，向宾客介绍本餐厅的宴会产品，菜单设计者要根据宴请对象标准、客人意见等安排合适的菜点内容。宴会菜单一般是在预订宴席时，根据客人要求确定其内容，整个设计过程称得上是一种艺术和技巧的组合。

## 第二节　菜单的内容与形式

菜单是餐饮经营管理者经营思想与管理水平的体现。从某种意义上说，它就好似一个人的一双眼睛，一个人的精神是否饱满，往往可以从眼睛中看出，一家餐饮的外在形式和内在品位是否结合完美也可以从菜单呈现。因此，设计一份编排合理、内容齐全的菜单，是将餐饮产品的信息直接传递给顾客的十分有效的媒介。在内容和形式上要体现餐饮企业的经营特点。作为餐饮推销的宣传品，它的内容编写、顺序编排、艺术设计以及印制装帧，对于功能的发挥起着十分重要的作用。

### 一、菜单的内容

菜单的内容主要包括菜品的名称和价格、菜品的介绍、餐厅广告宣传。

#### （一）菜品的名称和价格

菜品的名称的确大有文章可做，它可以直接影响顾客对菜品的选择，特别是顾客未曾尝食菜点之时，往往凭菜名去挑选。如果给菜点起个特定的名称，它就会在人们头脑里产生一种特定的印象，也会引起人们不同的联想。因此，在给菜点命名时，菜单上菜肴的名称和价格必须具有真实性，这种真实性应具有以下因素：菜肴名称真实性、菜肴质量真实性、菜肴价格真实性、外文名称准确性。

### （二）菜品的介绍

为了促进菜品的销售和提高宾客选择菜点的速度，菜单要对一些产品进行介绍，这种介绍可代服务人员向顾客介绍，节约了宾客的选菜时间。例如，说明其主料和辅料、特殊烹调和服务方法、菜肴的份额、招牌菜、高利润和需促销菜肴等菜品介绍。菜单上的介绍要注意让宾客去选购那些餐饮企业希望销售的菜肴，因此要介绍特色菜、名牌菜。但是，菜品的介绍不宜过多，非信息性介绍会使宾客产生厌烦心理，而拒绝菜单产生不购买行为。反之，如果一份菜单就像产品的目录那样呆板地列出菜品和价格，又显得过于枯燥。

### （三）餐厅广告宣传

菜单是确立餐厅公众形象的理想工具，在具体做法上也各有千秋。每个餐饮企业均有各自的特色、服务方式和历史沿革，这一切都是可以借鉴的极好素材。

餐厅广告宣传可以用文字介绍和图文并茂，并可以宣扬自己的悠久历史或特殊事件，也可以渲染其优雅氛围和风情掌故。再有一种普通的做法是宣传餐馆的特色名菜，以此确定餐厅的本色。通过富于创意的积极推销文字和生动逼真的图片来提高餐饮企业的知名度，以树立良好的公众形象。

广告宣传还应包括一些告示性信息，餐厅名称、特色风味一般列在菜单封面；餐厅地址、电话号码、营业时间一般列于封底，有的菜单还附有餐厅的交通位置等。

## 二、菜单目录的排列及菜单的表现形式

呈现在宾客面前的菜单，形状有各式各样。可谓是五花八门，不论是大号还是小号；是方形、圆形、心形还是立式台卡形式；是单页还是折叠，菜目的布局一般要求符合就餐程序，方便顾客选择，突出主要菜式。

### （一）菜单程式

所谓菜单程式是指菜单上各类菜式的排列次序。顾客一般按就餐顺序点菜，希望菜单按就餐顺序编排，这既符合人们正常的思维步骤，又能很快找到菜肴的类别，不致漏点某些菜肴。中餐进餐通常是按冷菜—热炒—汤—点心依次进行。因此，设计中餐菜单的程式必须根据这一次序将各类菜式按原料进行分类排列。西餐进餐次序有所不同，一般是按照开胃菜—汤—主菜—甜点进行，因此西餐正餐菜单通常的排列顺序是开胃品—主菜—色拉—甜点—饮品。

### （二）西餐菜单的表现形式

西餐菜单的表现形式通常有如下几种：心形、三角折叠形、单页式、双页式、三页式、四页式或几何形的。具体形式如图 6—1 所示。

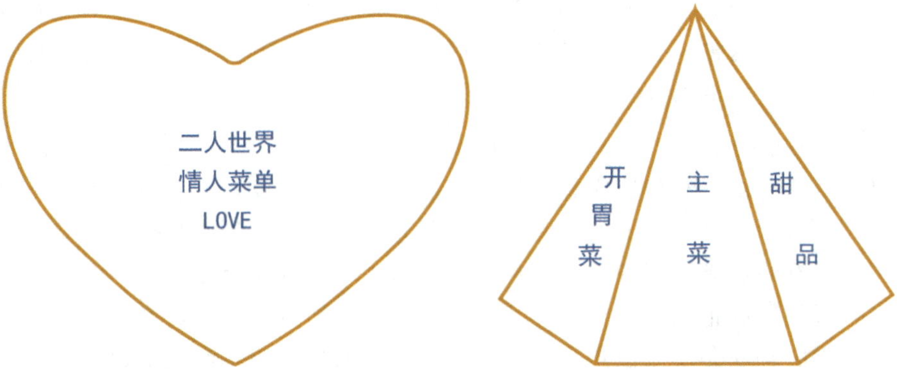


心形　　三角折叠形

图 6—1　西单菜单形式

### （三）中餐菜单的表现形式

中餐菜单的创新改造起步较晚，其最常见的表现形式仍停留在如杂志式的编排上，一份中餐菜单打开之后，菜名菜价平铺直叙，无重点无起伏，这是中餐菜单在形式上亟待改进之处。

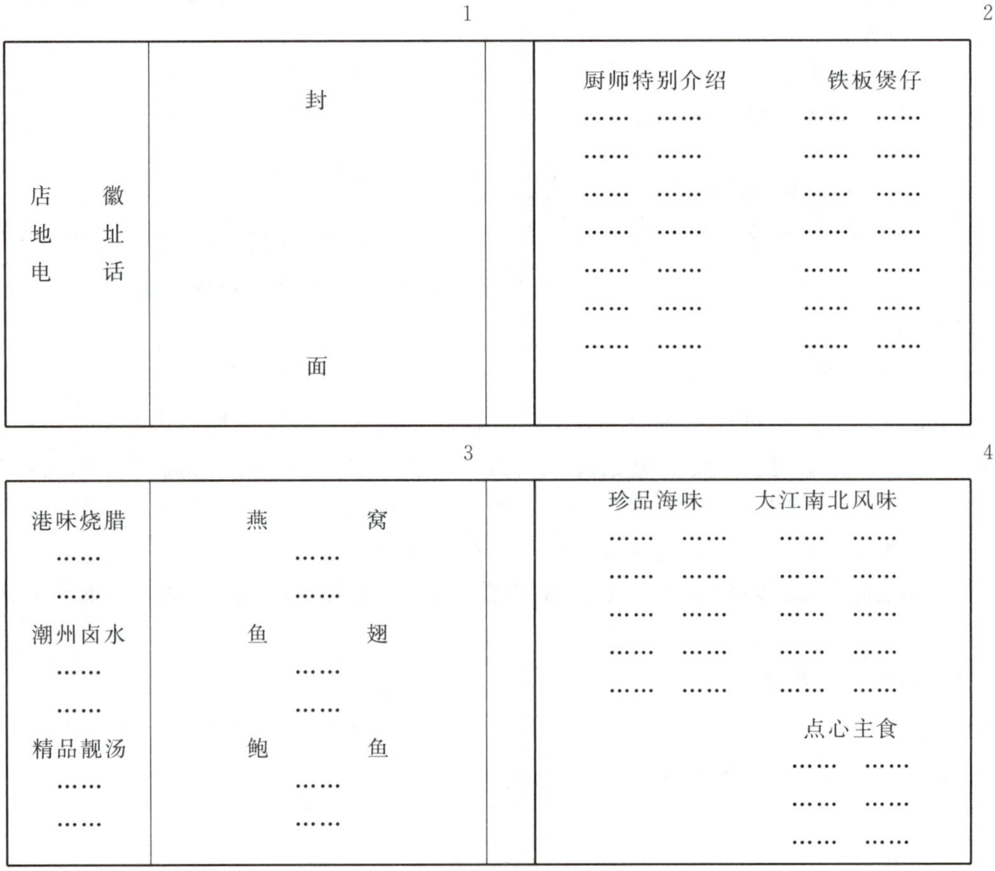


图 6—2　四页菜单内容的排列

由于中西餐的融合，现代中餐菜单可谓是五花八门，为突出自己的菜肴特色，菜单的表现形式各异，但在设计时都非常重视菜肴位置的安排，也就是说重点促销菜的安排。重点促销菜可以是时令菜、特色菜、厨师拿手菜，也可以是由滞销、积压原料经过加工包装之后制成的特别推荐菜。菜肴在菜单上的位置对于重点促销菜有很大影响，要使推销效果明显，必须遵循两大原则：首部和尾部，因为这两个位置往往最能吸引人们阅读的注意力，因此重点推销的名菜、高价菜、特色菜可采用插页、夹页、立式台卡的形式单独进行。

# 第三节　菜单设计

菜单设计，是艺术性很强的创新策划，是饭店、餐厅形象设计系统（CIS）的重要组成部分。菜单的制作必须紧随时代潮流，做到从内容到形式都适应消费者的审美习惯和接受心理。

## 一、设计原则

菜单在餐饮经营中的地位作用以及影响菜单整体综合效果发挥的各种内在、外在的因素，决定了菜单设计必须遵循以下基本原则：

（1）立足市场，目标明确，以宾客的需求为导向。

（2）继承传统，改革创新，突出特色，树立品牌。

（3）常变常新，紧随餐饮市场的时尚潮流。

（4）积极参与餐饮业的竞争，努力提高竞争实力。

（5）代表先进的饮食文化，技术性与艺术性俱佳。

## 二、菜单设计程序

菜单设计制作的过程，既是技术性和艺术性相结合的创造过程，又是团体沟通协作，为了同一的经营目标共同奋斗的过程。在设计时首先应注意以下几点：

### （一）收集各种菜单信息

应根据餐饮特点广泛收集各种具有借鉴价值的菜单，如本饭店的美食节和餐饮促销活动的策划资料；标准菜谱档案；市场行情，包括竞争对手的信息资料分析，餐饮市场新趋势，时尚流行的亮点、新菜品、新原料、新工艺等；成本控制系统；各种权威性的专业书籍库；餐饮营销计划和业绩分析；菜单食品饮料一览表等。

### （二）确定菜肴品种与比例

一般零点菜单的花色品种不少于60种；各类产品比例要合理，冷菜、热菜、汤类、面点比例一般为5∶15∶3∶4；高、中、低档产品搭配合理，菜单中较高档菜肴占25%左右，中档菜肴占55%左右，低档菜肴占20%左右。按照类别、品名和价格列出一份菜品清单，经过反复酝酿和筛选，拟定菜单菜式品种的组合。

### （三）运用标准食谱

标准食谱，是由餐饮部设计建立的、有尽有规范统一的、符合食品烹饪制作方法及原理的说明卡。它列明某一菜肴在生产过程中所需的各种原料、辅料和调料的名称、数量、操作方法，每客分量和装盘工具及其他必要的信息。只有运用标准菜谱，才可确定菜肴原料的各种成分及数量、计算菜肴成本、计算价格，从而保证经营效益。一份质量较好的标准食谱，有助于菜单的设计成功。

### （四）根据经营目标实行菜单定价

菜单定价有五种方法，这五种方法是饮食业目前普遍采用的。在实际应用中，应该使用这五种方法的哪一种，则完全由餐饮者根据情况而定。

1. “随行就市”法

这是一种最简单的方法，即把竞争同行的菜单价格为己所用。这种以竞争为中心的定价策略，在实际中还是经常使用的。使用这种方法要注意以成功的菜单为依据，避免把别人不成功的定价搬为己有。

2. 系数定价法

这种方法是以成本为出发点经验法，使用比较简单，定价者要避免过分依赖自己的经验，计价时要全面、充分，并留有余地。

公式：

食品销售价＝成本×定价系数（定价系数是计划食品成本率的倒数）

例：已知一份猪排的成本是 4 元，所定的销售成本率是 40%（定价系数等于销售成本率的分母（100）除以分子（40），其公式是 100÷40＝2.5）。

猪排销售价＝ 4×2.5＝10（元）

3. 毛利率法

毛利率是根据经验或要求决定的，故也称计划毛利率。这种方法计算十分简单，但由于餐厅人员为每份菜都加同样比率的毛利，使成本高的菜价格偏低，而成本低的菜价格反而偏高。

公式：

食品销售价格＝食品成本/（1－内扣毛利率）

或：食品销售价格＝ 食品成本 ×（1＋外加毛利率）

其中内扣毛利率是毛利占销售价的百分比例，故也称成本毛率 。而且 ，内扣毛利率＝ 外加毛利率/（1＋外加毛利率），这里“食品成本 ”是指该菜肴的原料 、配料 、调料成本之和。

例：一份糖醋鱼，所用鱼的成本为 10 元，配料和调料成本为 1 元，规定内扣毛利率为 40%，而外加毛利率为 65%，则其价格为：

$P$（内扣毛利率法）＝（10＋1）/（1 －40%）≈18. 33（元）

$P$（外加毛利率法）＝（10＋1）/（1 ＋65%）≈6. 67（元）

上述两种方法计算的价格结果不同，是由于这两种方法中所用的比率不同，如果将外加毛利率换算成内扣毛利率的话，其得出的价格就可能一样。

4. 主要成本率法

主要成本率法也是以成本为中心定价的，但它考虑到了餐厅较高的人工成本率，这样如能适当降低人工成本，则定价可更趋于合理。

公式：

$$食品销售价格=\frac{食品原材料成本+直接人工成本}{1-非原材料和直接人工成本率+利润率}$$

例：一盘烧四素原材料成本为3元，直接人工成本1元，从财务“损益表”中查得“非原材料和直接人工成本率”及“利润率”之和为40%，则这盘烧四素的价格为：

$P=$（3+1）/（1−40%）≈6．67（元）

5．本、量、利综合分析定价法

本、量、利综合分析定价法是根据菜肴的成本、销售情况和盈利要求综合定价的。其方法是把菜单上所有的菜点根据销售量及其成本分类。每一菜点都能被列入下面四类中的一类：

（1）高销售量、低成本；

（2）高销售量、高成本；

（3）低销售量、高成本；

（4）低销售量、低成本。

虽然第一类菜点（高销售量、低成本的菜点）是最容易使餐厅得益的，但在实际中，餐厅出售的菜点，四类都有，这样，在考虑毛利的时候，把第一和第四类的菜点加适中一些毛利，而把第三类加较高的毛利，第二类加较低的毛利，然后根据毛利率法计算菜单上菜点的价格。

这一方法是综合考虑了客人的需求（表现为销售量）和餐厅成本、利润之间的关系，并根据成本越大，毛利率应该越大；销售量越大，毛利率越小这一原理定价的。菜单价格还取决于市场均衡价格，你的价格高于市场均衡价格，就把客人推给了别人；倘若与此相反，则你的餐厅就会吸引客人，但是若大大低于市场均衡价格，餐厅也会亏损。因此，在定价时，可以经过调查分析或估计，综合以上各因素，把菜单上的菜点分类，加上适当的毛利，有的取低的毛利率，比如35%，等等。这种高、低毛利率也不是固定不变的，在经营中可以随机适当调整。

本、量、利综合分析定价法看上去比较复杂，有一定难度，但只要餐厅经营者作一些调查分析，经过种种因素的综合考虑后给菜单定的价，必定是比较合理的，能使餐厅经营得益的，而且，这些市场调查分析的结果，能使餐厅经营服务得到不断改进。

### （五）确定菜单实施方案

将被选定的菜式品种，以一定的菜单各式排列，拟定菜单标准样稿并附盈利分析报告和实施说明，召集营销人员、美工人员、营养师以及餐饮管理人员共同讨论菜单的修改意见和可行性实施方案，并进行菜单的程式和装帧设计，报请饭店批准。

## 三、菜单的装帧

菜单的装帧设计是一项专业化要求较强的工作，许多餐饮企业都委托或聘请专业设计人员或公司担此重担。但是，作为餐饮企业的经营管理者应对菜单装帧的基本点有充分的了解和独到的见解。这样，菜单一经推出才能显示出其独到之处。

### （一）菜单的制作材料

制作材料是决定菜单外观质量的重要因素。

（1）菜单选材时既要考虑餐厅的类型与规格，也要顾及成本，根据菜单使用方式合理选择。

（2）长期重复使用的菜单，要选择耐磨又不易沾染油污的重磅纸张。

（3）分页菜单，往往是由一个厚实耐磨的封面加上纸稍逊的活页内芯组成。

（4）一次性使用菜单，一般不必考虑其耐磨耐污性能，但也不能滥造。轻巧单薄的纸上仍然可以印出高质量的菜单。

（5）高规格的宴会菜单，虽然是一次性使用但仍然要求选材精良，设计优美，以此充分体现宴会服务规格和餐厅的档次。

另外，饭店应尽量避免用塑料和绸绢来作菜单封面，因为塑料易让人感到极其低廉；而绸绢装饰菜单，虽显得高雅华贵，但极易沾染污渍。

### （二）菜单的规格尺寸

菜单的规格尺寸应与餐饮内容、餐厅的类型与面积、餐桌的大小和座位空间等因素相协调，要让宾客拿起来舒适、阅读起来方便。例如零点餐厅的菜单，可以根据菜点的内容的多少，相应地采用对折、三折或分面组合菜单。美国餐饮协会对宾客的调查表明，菜单的理想的尺寸为 23 厘米×30 厘米，这样的尺寸客人拿起来比较舒适。尺寸过大，拿起来不方便，尺寸过小，往往因篇幅过小而文字过密。菜单文字所占的篇幅不应多于整个篇幅的 50%，宽阔的空白可使字体突出，易读和清晰。

### （三）菜单的字体

菜单的字体要着重考虑让宾客易于辨认。大多数情况下要求铅字印刷，字迹清晰。也有一些菜单采用手写。但字迹必须娟秀、清楚。例如中餐的宴会菜单往往可用手书。另外菜单上的菜目类别的标题可采用手写字体，这会给菜单平添几分色彩。

不论菜单采用哪一种字体，都有大小之分。菜单的字体要使宾客在餐厅的光线条件下，特别是晚间的灯光下能看清楚并轻松地阅读，一般汉字最低不可小于 4 号字，英文字母不可小于 12 磅。

### （四）菜单的色彩与插图

使用色彩与插图，可使菜单雅致，更能体现餐厅特殊情调和风格。菜单上的图画有两种作用：一是艺术性的装帧；二是实用性的辅助说明。

菜单的色彩运用很重要。第一，赏心悦目的色彩能使菜单显得更加诱人；第二，通过彩色图画能更好地介绍重点菜肴；第三，色彩还能反映一家餐厅的情调和风格。挑选菜单颜色时须顾及对宾客心理上的暗示效果；同时要与整个餐厅的色调均衡和谐。空白之间的颜色对比要清朗鲜明，避免视觉疲劳。总而言之，要根据餐厅的规格大小和种类选择色彩，一般来说，鲜艳大色块、五彩标题、五彩插图较适合于快餐厅之类的设施；而以淡雅优美的色彩

（如浅褐、米黄、淡灰、天蓝等）为基调，运用鲜明色彩加以点缀则适合具有相当规格、档次的餐厅。

### （五）封面设计

菜单封面的色彩要与餐饮内容和餐厅环境相协调。规格较高的正餐厅，通常选用淡雅优美的色彩，例如浅黄、淡灰、天蓝等，也可以点缀运用鲜艳的大色块和五色插图。一般餐厅的菜单当然也可用饭店建筑物或当地风景名胜的图片来装饰菜单封面。而婚宴、寿宴的菜单又要体现出喜庆色彩。

封面设计主要注意以下三个方面：

（1）突出餐馆的风貌特征。菜单封面是反映餐馆真实面目的一个窗口，它应该是餐厅风味特色或象征物的体现。饭店的名字、店徽、店服，具有独特风格的建筑物，富有特色的封面设计，从其基本意义上说也是为了推销。所以要强调餐厅特色，餐厅的名字要一目了然，而且要使宾客间接了解菜单提供的风味等级和大致内容。

（2）必须在设计好菜单版面布局之后再设计封面，因为封面与版面必须相协调。先确定了版面大小、版面多少（即菜单规格、厚度），才可确定封面规格大小。

（3）封面版图设计要考虑制作费用、纸张质量、色彩等因素。一般来说，菜单封面纸张要厚，耐用，表面光滑，看上去质地细腻。传统餐厅一般用真皮或人造革做封面，新式餐厅多用纸做封面。对于封面颜色，传统餐厅一般用深色，如黑色、深棕色、铁灰、暗红，也有些餐厅用金色或银色镶边；新式餐厅封面一般用淡而明亮的颜色，设计风格比较轻快，如鲜红色、黄色或是黄棕色等。

封面设计千万不可缺少餐厅名称与地址，最好还有电话号码与服务时间，但一定要掌握分寸，不可堆积太多内容。

**【案例6—1】**

上海新锦江大酒店曾接待日本天皇明仁和皇后美智子，酒店的公关部从日本人喜爱小折扇的传统出发，结合天皇夫妇至高的皇家身份，设计出集中国书法、工艺技巧与精美菜肴绝佳组合的扇子菜单，配以红木小托架。结果盛宴中的100份极具特色的小菜单极受欢迎，日方政要在餐毕纷纷将小折扇转收入怀中。试分析客人将小折扇转收入怀中给酒店带来的作用。

**【评析】**

创意独特的新款的小折扇菜单无疑随之把上海新锦江大酒店的美誉传到东瀛，在日本政界乃至各界褒扬其名。

**【案例6—2】**

某市高档西餐厅，正值晚餐开餐时间。来了两位先生，入座后开始点菜，连点数种，可厨房都断货，客人火了，最后点了星洲炒米粉，并说，如果还没有的话，就找经理投诉。这天也是怪事，偏偏星洲炒米粉也没有了，客人立刻急了，说："不吃了，要什么没什么，找你们经理来。"

这时看台服务员小 C 看到客人想吃的品种都没有，心里非常着急。他想，一定想法让客人吃上饭。于是忙说："先生，实在对不起，今天厨房备料不足。客人又很多，所以缺货菜多，请您原谅。我想请您品尝我们餐厅刚刚推出的日式乌冬面，星洲炒米粉本来餐厅一直备料很齐，但自从推出日式乌冬面后，便很少有人再吃星洲炒米粉了，两菜式配料大致一样，口味近似，都是有各式海鲜，只是主料不同，而且乌冬面还有汤，吃起来不像炒米粉那样发干，您不妨试一下。"

其实星洲炒米粉与日式乌冬面差别很大，但小 C 硬着头皮进行推荐，怕客人生气不吃饭，事就闹大了。在小 C 的促销下，客人同意了。在之后的服务中，小 C 尽力不厌其烦、细致耐心地服务，一道道的服务程序规范严谨细致，直至客人脸上露出满意的笑容。客人餐毕起身离厅，满意地对小 C 说："我来你们店没有吃到我想吃的菜，但却接受了一位优秀服务员的出色服务。对我来说，比吃珍馐美食更让人愉快，小伙子，下次我还来这儿！"试分析造成客人无菜点的原因，如何解决菜单上的菜肴缺货的问题。

【评析】

餐厅菜单上的品种一旦制定，就必须保证供应，缺货菜品只能是个别品种。若菜单上有的品种，许多都不能保证供应，客人连点几个都没有，客人会失望，会气愤，就会对餐厅失去信任，而不再去光顾，失去客源是很严重的损失。若有些品种长期不能供应，应从菜单上撤下，调换新的品种供客人挑选。本例中餐厅供应品种多缺货，是采购、生产联系脱节而造成，大大的降低了客人的满意程度，给服务员的工作也增加了难度，应立即调整。

缺货的情况一旦出现，服务员就必须采用多种方法来弥补。案例中给出了两种方法，一是为客人推荐类似菜肴，并详细解释；二是特别注意随后的服务，以出色的服务来弥补菜肴产品的不足。

## 复习思考题

1. 菜单包括哪些内容？
2. 与固定菜单相比，循环菜单有哪些优点？
3. 为什么说菜单在餐饮与管理中起着重要作用？
4. 零点菜单与套菜菜单各有什么特点？
5. 结合所学菜单设计知识，对照一份你所熟悉餐厅的菜单，说说它有哪些缺陷？

6. 菜单的装帧有哪些要求？

7. 试述菜单设计的程序？

## 实训题

以小组为单位，调查本地餐饮市场，自行动手设计一份零点菜单和一份喜庆宴会菜单，并根据当地的物价状况，标出销售价格。

# 第七章 餐厅日常管理

【本章提要】

本章主要从餐厅服务人员的角度，阐述与服务人员有着直接关系的餐厅服务质量、餐厅卫生与餐厅财产共三方面的管理基础知识。作为餐厅服务人员必须了解餐厅管理的有关基础知识和基本内容，熟悉餐厅管理与服务的各项质量标准，提高执行各项管理制度的自觉性，保证餐厅服务的正常运行。

【学习目标】

◇明确餐厅服务质量管理的内容。

◇理解餐厅卫生、财产管理的主要内容。

◇掌握提高餐厅服务质量的主要措施。

餐厅管理，其实际内容就是餐厅管理人员在上级系统的指导下，按餐厅实际情况，执行计划、调配物资、扩大销售、培训员工、组织接待服务等多项工作的综合。餐厅管理的优劣，直接关系到餐厅经营的成败，影响到饭店的声誉和信誉。所以，餐厅应不断提高管理水平和质量。各级各类管理人员除了重视提高自身素质外，还要让所有员工都受到严格训练，以具备良好的思想及业务素质，确保餐厅服务质量处于优势地位。

# 第一节　餐厅服务质量管理

## 一、餐厅服务质量的内容

餐厅服务质量是一个综合性的概念。一般来说，它是餐厅环境设施、食物产品、卫生安全、接待服务四个方面质量的综合反映。

宾客进入餐厅，为了解决饥渴、满足食欲、补充营养而购买食品、菜肴、酒和饮料等食物，在进餐过程中，又受到餐厅服务员的接待服务，领略餐厅的卫生状况，感受餐厅的布置和气氛，从而产生种种生理上、心理上、感官上以及精神上、情感上不同程度的满足，并以此种感受和满足程度来衡量餐厅服务质量的优劣。因而可以说，餐厅只有在具备了一定的设施设备的基础上，能提供给宾客一个安全、卫生、舒适的就餐环境，提供食品和饮品，提供热情周到的各项服务，才能达到餐厅服务质量的基础水平。

**（一）环境设施质量**

能否为宾客提供一个品尝美味佳肴的理想环境，是衡量餐厅服务质量优劣的一个方面。宾客在餐厅就餐，一方面为了补充食物营养以滋养身体；另一方面也为了松弛精神、消除疲劳。这就要求创造一个在色彩、温度、照明和装饰方面都显示出安静、轻松、和谐、舒适、愉快以及美观、雅致的就餐环境。与此同时，宾客往往还有对进餐环境的许多特定的心理需求。比如：喜气宴席的热闹、辉煌；亲友聚餐的温馨安逸；随意小酌的无拘无束的环境。因而，根据宾客对就餐环境的各种需求，餐厅的环境装饰布置应采取不同的形式和方法，用不同的灯光、色彩、挂件、花卉布置方法，以科学性、实用性和艺术性的有机结合，来创造不同的艺术效果，以满足宾客的心理需求。在布置餐厅环境时，设施设备等都必须始终处于完好状态，这些是实现优质服务的先决条件。

**（二）食品饮料质量**

保证宾客的餐食质量，让宾客吃饱吃好，是衡量餐厅服务质量优劣的又一重要内容。餐厅服务人员必须在宾客就餐的标准范围内，针对宾客的生活习惯、口味爱好，按照不同的季节提供优质的、适合宾客口味的食品饮料。优质的食品饮料包括食品原料的质量和加工烹调的质量。要做到既达到色、香、味、形俱佳，又讲究营养卫生、突出特色风味，使宾客在品尝中得到物质和精神的双重享受。

**（三）卫生、安全质量**

餐厅卫生、安全质量是餐厅服务质量的重要指标。餐厅是广大宾客就餐的公共场所，其中食品卫生、环境卫生、餐具卫生、操作卫生、服务人员个人卫生，以及宾客的生命安全、财产安全等每一方面都将影响到餐厅服务的质量，影响到餐厅的声誉和经济利益。因此，对于餐厅卫生、安全质量，必须引起高度的重视，切不可有丝毫疏忽。

宾客都非常注意食品、餐具及就餐环境的卫生，每当进入餐厅，他们就开始自觉或不自觉地观察和判断各方面的卫生状况，因为，卫生是他们的基本生理需求，“病从口入”这一道理人人皆知。如果餐厅某一方面存在着不卫生的情况，即会引起宾客的反感；如果发生了食物中毒，将会给宾客带来极大的伤害和病痛。

与卫生相同，餐厅对宾客的安全问题也不可忽视。若是在餐厅发生菜肴汤汁洒在宾客的衣物上，滚烫的茶水滴落在宾客的手上，破损的餐具划伤了宾客的口或手，路面打滑、走道存在障碍物或餐椅不结实而引起宾客摔跤，甚至出现用餐时餐厅的天花板或字画、花草掉落、翻落击伤宾客等安全事故，那么造成的后果是难以挽回的，将严重降低餐厅服务质量的水平。

因此，为了确保餐厅的卫生与安全，提高卫生安全质量，餐厅必须有专人负责这两方面的检查工作。

**（四）接待服务质量**

优质的接待服务往往能掩盖或弥补在就餐环境、餐厅设施、餐厅卫生安全等方面所存在的不足。但粗劣的接待服务势必会使一次本来十分称心满意的就餐活动索然无味，甚至引起宾客的愤慨。由此而知，接待服务质量是餐厅服务质量的主体，是较关键的一个方面，有着极其重要的内容。接待服务质量包括：礼节礼貌、服务态度、服务程序、服务技能、服务效率等方面。

## 二、提高餐厅服务质量的主要措施

评价餐厅服务质量水平高低的最终依据是宾客对餐厅服务的满意程度，即餐厅服务在宾客心目中的完善程度和合适程度。随着科学文化技术的进步，人民生活水平的提高，宾客在就餐方面的生理和心理需求更为复杂，对餐厅服务质量的要求也越来越高。因此，就餐厅而言，必须不断研究宾客的各种不同需求，不断提高餐厅服务质量。

为了提高餐厅服务质量，切实做好服务质量管理工作，在设备用品等硬件基本固定的情况下，重要的就是抓好软件建设。

### （一）进行质量意识教育

餐厅服务质量的管理，即对影响餐厅服务质量的各种因素进行控制、监督和检查，涉及每一员工、每一岗位和每一环节。这不仅仅是餐厅各级管理人员的工作，也是餐厅每一员工的任务和职责。只有使全体员工以“宾客至上、质量第一”的思想为主线，加强服务意识，明确质量目标，参与质量管理，才能在餐厅形成一个完整的质量保证体系，才能使餐厅服务质量稳定和提高。首先，餐厅管理人员应具备丰富的质量管理思想，并身体力行做出榜样。然后，是对全体员工进行质量意识教育，把提高餐厅服务质量的重要性灌输给每位服务员，把质量管理基础知识的宣传和普及列入教育计划。

### （二）进行业务技术培训

在餐厅服务人员的质量意识不断加强的情况下，在一定的物质设备条件下，餐厅服务质量的优劣，将主要取决于服务人员的技能及其熟练程度。因此，对员工的业务技术教育要摆上服务质量管理的重要环节。要有专人负责，有目标和计划，有措施和制度，定期或不定期组织餐厅服务人员学习技术理论、服务规范、操作技能，要分层次、分等级地培训高、中、初级的服务技术人才，包括管理人才。对于岗前培训或换岗培训可以较系统地进行，可集中力量、集中时间采取全日制培训；对于在岗培训，要充分利用时间，采取不同的方法进行。比如，开餐前的几分钟时间，下午的营业间隔时间，餐厅经营的淡季都可进行强化培训，也可采取轮训方法。总之，将培训工作贯穿于经营工作之中，使服务人员的技术能力不断提高，每人都持有上岗技术证书，保证服务质量处于优质的状态。

### （三）建立服务规程

服务规程，即是餐厅服务应达到的规格、标准和程序。进行餐厅服务质量的管理，必须使餐厅服务在一定标准、一定程序下进行，有一定的制度作保证，否则管理就是一句空话。因为规格、标准和程序是服务质量管理的必要前提，而制度则是贯彻落实程序的保证。

餐厅服务规程必须根据高起点、高要求、高标准来制定，要考虑到市场需求、饭店等级，考虑到本餐厅的服务特点和经营特色，吸收国内外先进经验，并结合具体的服务项目、服务过程、接待方式，制定出一整套适合本餐厅的服务标准和程序，如餐厅设备质量标准、餐厅接待服务标准、餐厅安全卫生标准、餐厅服务操作标准、服务人员的礼节礼仪标准、仪表仪容标准、语言举止标准、工作效率标准等。也可细分制定，如卫生标准可细分为：餐厅环境卫生标准、各工作岗位卫生标准、服务人员个人卫生标准等。然后，根据各项标准，制定各项工作的操作规程和检查保证制度。用服务规程来统一各项工作，使各项服务工作既能各自顺利展开，又能相互有机结合，使服务质量在这些扎实的基础工作中，真正达到标准。当然，服务质量标准与服务规程不是一成不变的，它需要面对千变万化的形势和社会需求，需要与灵活性相结合，因服务对象、变化的情况、各种原因而异。

**（四）收集反馈信息**

所谓反馈信息，就是宾客在餐厅就餐后的满意程度如何，及对餐厅的饮食、环境和服务有何意见和建议。这些信息的反馈，可及时了解在餐厅服务工作中各环节所存在的不足，尽快采取必要措施，迅速改进不足之处，以实际行动使宾客满意。信息的来源有多种渠道，有的是收集了餐厅服务人员对就餐宾客所征求的意见，有的是从服务人员自查、互查和管理人员的抽查、普查中的实际例子和数据中收集而来，有的是直接来自餐厅备有的顾客意见簿上，有的宾客是以书信反馈，有的却是当面直接反馈，也有的团体是派代表反馈。不论从哪条渠道反馈而来的哪类信息，餐厅都必须认真对待，给予高度重视，并对反馈意见进行分析研究，对于不足之处，寻找原因，对症下药，以利于在今后的工作中有所改进、有所提高。当然，在反馈的信息中，也有赞誉和表扬的信息，对此类信息也应分析研究，发扬长处，加强和巩固成绩。

**（五）督察服务质量**

定人、定期进行服务质量监督和检查，是餐厅服务规程具体实施的有力保证，是服务质量管理的一个行之有效的手段和方法，也是餐厅服务质量得以提高的必要措施。服务人员按各自工作岗位自查或互查，管理人员根据有关标准定时检查，要按照服务质量标准，逐条逐项进行量化检查。质量检查可在餐前、餐中和餐后有秩序有规律地进行。监督检查的前提要求是按服务人员的礼貌礼节、仪表仪容、服务态度、清洁卫生、服务技能和服务效率等方面，以所规定的要求、标准列出较细的服务质量检查表，表中的每一项目在检查时可根据实际情况评定出优、良、中、差，每项成绩的综合，即是一个总成绩。这一检查表既可以作为餐厅常规管理的情况表，又可以作为服务人员评定考核的标准，还可以作为餐厅之间、班组之间、个人之间的竞赛成绩。同时将日常检查与奖惩措施结合起来，树立榜样人物，弘扬个人或集体的先进事迹，树立良好风气，制定更高的目标，最大限度地调动员工的积极性，保证餐厅在服务质量的激烈竞争中处于优势地位。

# 第二节　餐厅卫生管理

餐厅的清洁卫生工作在餐厅服务工作中占有重要的地位，是反映餐厅服务质量的重要标志之一。它关系到广大消费者的身体健康乃至生命安全，关系到社会主义精神文明的建设，关系到餐厅的服务质量和社会声誉，也关系到餐厅的经营成败。因此，在餐厅管理工作中，绝不能忽视卫生工作。

餐厅卫生工作主要包括环境卫生、餐具卫生、服务员个人卫生、操作卫生以及食品卫生。进行餐厅卫生管理，首先必须有专人负责，或建立卫生管理领导机构，各餐厅设置卫生管理人员，各班组下设卫生员，做到组织上层层落实。在人员落实的基础上，结合餐厅实际情况，对餐厅工作的每一环节、每一岗位制定具体卫生标准，建立卫生责任制，对环境卫生实行五定，即定人、定时、定任务、定标准，并做好定期检查。对个人卫生也要制定标准，坚持利用班前会检查个人卫生的制度。管理人员在餐前、餐中、餐后都必须认真检查各部门、各班组、各岗位的卫生工作，发现问题，及时改进。餐厅要组织每个员工学习食品卫生法，掌握餐厅的各项卫生标准，以确保卫生工作质量的不断提高。

## 一、餐厅环境卫生

餐厅的环境卫生直接反映了餐厅服务人员的精神面貌和文化素养，反映了餐厅的管理水平。服务人员应为宾客创造一个清洁雅静、整齐美观、空气新鲜的就餐环境。餐厅环境卫生包括：餐厅的通道、走廊、盥洗室、休息室、工作间等场所的卫生，其中包括地面、墙面、门窗、灯具、装饰品、工艺品、挂画、餐桌椅的卫生。

### （一）地面卫生

餐厅的地面无论采用哪一种材料，都应保持洁净。例如：大理石地面要天天用拖把推扫，定期打蜡上光；木质板地面要天天用蜡拖把擦扫，定期上新蜡磨光；如果地面铺设地毯，每天应吸尘 2～3 次，如发现有污渍时，可用地毯洗涤剂，反复擦拭，直至干净。

### （二）墙面卫生

墙面要定期除尘，若有污渍要随时清除，以保持清洁美观。若墙面挂有字画、装饰品或工艺品，应根据不同材料，采用不同方法定期擦洗。

### （三）门窗卫生

门和窗的玻璃要每周擦拭一次，外露的玻璃经过风雨天，即应及时擦洗，保持玻璃的明亮程度。擦窗要选择合适的天气，并根据玻璃的洁净程度，选择不同的方法和顺序进行。

### （四）桌椅及工作台的卫生

桌面、台面每餐须擦净，桌脚、椅脚要定期擦洗，做到无尘、无油、无垢。工作台必须每餐整理，餐具用具要摆放有序，经常更换工作台内的垫布，做到洁净美观、井然有序、使用方便。

### （五）空间卫生

餐厅在营业前，要打开窗户，通风换气，保持空气的清新；宾客能到达的一切地方，都不准堆有杂物；凡服务人员的私人用品和清洁工具都应放入固定保管室。

要积极采取有效措施，消灭苍蝇、老鼠、蟑螂等害虫。灭虫药和灭鼠药应与食物严格分开，防止污染。

## 二、餐具用具卫生

餐具用具卫生主要是针对餐厅所用餐具用具的洗涤、消毒等环节的卫生，这对保证宾客的身体健康有着特殊的意义。

### （一）餐具卫生

餐具的卫生要求是一刮二洗三冲四消毒，即一是洗涤前刮去器皿中的污物，分类清洗，以免损坏；二是用含有洗涤剂的热水清洗；三是用清水冲洗干净；四是进行消毒。然后，用专业消毒布将餐具擦干，以免受污染，并按类存放，做好保洁工作。大型餐厅餐具使用量较大，一般用洗碗机和洗杯机进行洗涤、消毒、烘干。

### （二）服务用具卫生

服务人员使用的抹布、托盘，应每天洗涤消毒，确保洁净无菌；菜单、收银夹等不能洗涤的用具，应该定期用红外线消毒，以防止细菌、病菌的传播；餐桌上用的台号、花瓶或花盆，也应定期清洗、擦净；对于佐料等各种容器，应按规定加盖、加罩、防尘、防菌。

餐具用具的消毒方法有多种，如煮沸消毒、蒸汽消毒、消毒液浸泡消毒、红外线消毒等。服务人员可根据不同材料，采用不同的消毒方法。其中，煮沸消毒须将餐用具置入沸水中，煮沸 15 分钟左右，才达到消毒效果；蒸汽消毒，是将餐具放入蒸屉或蒸柜中，盖严后，再打开桶阀约 15 分钟即可；消毒液的品种很多，适合于那些不耐高温的餐用具的消毒，如玻璃器皿等。餐用具的消毒必须严格按照规定的程序和方法，认真操作。消毒处理后的餐具，要妥善保管，防止污染。

## 三、服务员个人卫生

服务员的个人卫生，是餐厅卫生的一个重要组成部分。餐厅服务人员每天和食品打交道，直接接触食物、餐具，他们有可能成为致病菌的携带者。所以，餐厅服务人员要严格要求自己，养成良好的卫生习惯。

（1）定期进行体格检查。新员工正式上岗前，必须进行体检，其他员工也须定期进行体格检查。凡患有某种不能从事饮食服务工作的疾病，应立即调离服务工作岗位。在病痊愈后，恢复工作之前，必须重新进行体检。

（2）具有健康卫生意识。服务人员平时要睡眠充足，保持健康的身体。若得了呼吸道、肠道疾病，或患有皮肤病、红眼病等传染性疾病，应主动汇报上级领导，暂时调离餐厅服务岗位，或安排休息，康复后才能上岗。

（3）讲究个人清洁卫生。服务人员要做到勤洗手、剪指甲。由于服务人员的双手经常接触食品，并时时展现于宾客之前，所以，不允许留长指甲，不允许涂彩色指甲油，并注意经常洗手，保持双手洁净无菌；勤洗澡、理发。服务人员应经常洗澡，消除身上的汗味。经常梳理头发，保持头发的清洁和整齐；勤换洗工作服。上岗穿着的工作服必须平整、洁净，替换下的便服要保存在个人专业衣柜内，切勿乱挂乱放。

（4）注意客前的文明卫生。服务人员在上岗前应注意不食韭菜、大蒜、洋葱等强烈气味的食品；在宾客面前或近对食品时，咳嗽、打喷嚏须用手帕或餐巾纸捂住口鼻，并转过身去，尽量背对宾客和食品，养成文明卫生的习惯。

## 四、服务操作卫生

餐厅服务人员是面对面地、直接地对宾客进行服务，在服务操作中，保持良好的操作卫生习惯是十分重要的。它不但直接影响宾客的健康，而且也会因为不卫生的操作而失去回头客，降低餐厅的声誉。所以，在操作中，服务人员应做到：

（1）走菜、端汤、斟酒，一律用托盘端送，托盘必须洗净擦干。

（2）结账收款时，需要用收银盘或收银夹进行。宾客所付现金，应放入盘中，服务人员用专用镊子点清数目，而不应该用手直接接触现金，以防细菌、病菌的传播。

（3）服务人员拿取餐具、食物时，手法要卫生，不能拿取餐具上那些宾客触口部位，不能用手直接抓取食物，应尽可能地使用消毒夹、消毒勺或消毒筷拿取食物。如果食物必须用手直接操作，如分派整鸡、整鸭，那么必须使用一次性塑料卫生手套，操作完毕后，妥善处理使用过的手套。

（4）不可用不洁抹布擦餐台，也不可以将餐巾或小毛巾当抹布使用。服务人员应该用消过毒的抹布擦餐台和工作台。

（5）掉落在地面的餐具不可再使用，必须更换干净的。有缺口或者破裂的餐具，应及时更换，保证宾客的用餐安全。

（6）在餐厅服务操作中，要杜绝出现不良的习惯动作。例如，在客人面前抓头皮或身上其他部位；梳理头发，挖鼻、挖耳、剔牙等动作。因为这些动作既不文明，又不卫生。

（7）餐厅内所陈列的销售食品，必须按有关规定加盖、加罩，注意防尘。

（8）凡不符合卫生要求的食品坚决不予出售。如果宾客发现食物有变质现象，应立即进行调换，同时致以歉意。

# 第三节 餐厅财产管理

餐厅财产主要包括设备、家具、餐用具等。餐厅财产是保证餐厅服务接待工作正常开展的必要物质条件，其品种繁多，数量庞大。所以，正确地使用与保管餐厅财产，不仅能减少损耗、降低成本，而且能延长各类财产的使用寿命，提高餐厅服务管理水平。

## 一、建立健全餐厅财产管理制度

### （一）固定财产的管理

餐厅固定财产一般是指餐厅内使用寿命较长，不易损耗的各种设备及用具。例如：空调设备、音响设备、电冰箱、餐桌椅、餐车、不锈钢或银制器皿等。餐厅固定财产的管理要做好两方面的工作：

（1）建立账目。将餐厅各类设备、家具、餐用具按照保管程序，详细地登记于财产保管账簿上，做到分类细致、账物相符。每种物品都应清楚地注明名称、数量、规格、购进日期、保存情况等。

（2）健全财产保管制度，制定财产保养条例；建立财产损坏、丢失的赔偿制度；健全财产的领用手续；定期对餐厅财产进行清点检查。容易丢失或贵重物品要每月、每星期，甚至每天清点。

### （二）低值易耗物品的管理

低值易耗物品一般是指餐厅内经常使用，价值较低，又极易损坏的物品，如酒杯、碗碟等。对于此类物品的管理，可采用专人负责、分类保管、定期清点的方式。由于属易耗品，所以应该按规定手续，根据实际损耗情况，及时补充。在报损易耗物品时，要写明损耗原因、报损数量，经餐厅经理审核签字才有效。对于无故或由于操作不当而损坏的物品，要根据实际情况、物品的本身价值、损坏程度，收取一定的赔偿费，同时进行必要的批评教育。

## 二、餐厅主要餐具的使用与保管

### （一）高级餐具的使用与保管

餐厅高级餐具是指本身价格昂贵、材料名贵或工艺精湛，一般用于隆重宴会或高级餐厅内的餐具，如名贵的陶瓷器皿、水晶玻璃杯、玛瑙杯具、玉杯具、镀金碗盘、银餐具等，还包括金或银制烛台、花瓶、调味架、冰桶、酒篮、冰夹等餐用具。这些高级贵重餐具应派专人负责管理，制定管理规范和管理人员应遵守的制度，登记造册。每次使用后都要清点，防止缺损。其中银餐具每次使用后，要细致地洗涤，而且要擦干擦亮。尤其是吃过蛋品的银餐具，如果没洗干净会产生化学反应，所以，更应仔细洗涤。对于长期不使用的银器皿，也须定期擦洗，否则会氧化变黑。高级餐具的种类很多、规格不一、形状不一，相互碰撞极易损坏。为了拿取方便和安全卫生，一定要用专橱专柜，分类存放。这样既整齐安全，又便于清点。

### （二）玻璃器皿的使用与保管

玻璃器皿在餐厅使用较广，有多种类型酒杯、饮料杯、洗手盅、调味瓶等。玻璃器皿具有光洁明亮、造型美观的优点，但容易破碎。因此，在管理、使用、保养方面要注意以下几个问题：一是使用过的玻璃器皿要先用洗涤液浸泡洗刷，酒杯可先用冷水浸泡除去酒味，清水冲净后，再进行消毒。二是将消毒后的玻璃器皿，用消毒布擦干水渍，保持玻璃的透明光亮。倒扣在卫生的盘格内或杯架上，防止碰碎，面上覆盖口布，防止再次污染。三是拿取时不能拿取宾客触口位置，要手法卫生，轻拿轻放。发现破损，立即拣出，确保宾客安全。

### （三）陶瓷器皿的使用与保管

陶瓷器皿是餐厅常用餐具，主要有各种碗、盘、碟、壶、盅、匙等。虽然它们各有不同用途，但保养方法是基本相同的。陶瓷器皿日常使用量大，使用频繁，搬运的机会也多。所以，服务员在搬运移动此类餐具时，要尽量轻拿轻放，餐后收拾餐具时，应大小分档、叠放有序，防止因混乱叠放或操作太重，而造成压裂、碰碎。洗净、消毒后的陶瓷器皿，须用专门干布擦净水渍，然后分类分档，放入碗柜橱。做到干净整齐、满足日常接待服务的需要。

### （四）其他餐用具的使用与保管

餐厅常用餐具还有许多品种，如各类不锈钢的刀、叉、匙、夹；各式以木、玉石、牙骨、塑料等材料制成的筷子；竹编的毛巾垫、面包篮、酒篮等。每一类型的餐具都应分门别类，妥善保管，注意防止脏物、灰尘的污染。不锈钢餐具虽无金银餐具昂贵，但也须擦干擦亮，经常检查清点，防止缺损。

## 三、餐厅主要家具的使用与保养

餐厅家具主要有：木器、藤器、竹器等制成的桌子，包括圆桌、方桌、长桌、吧台、工作台（服务台或落台）、转台；椅子，包括木椅、钢木结构椅、钢结构椅、扶手椅、藤椅、儿童椅、吧凳；酒柜；餐具柜；沙发；茶几；屏风，包括折屏、座屏；衣帽架；画架等。

餐厅家具绝大部分是木制家具。根据木制家具的特性，在使用与保养方面一般应注意以下几点：

### （一）严防受潮暴晒

在服务工作中，服务人员切记勿要把湿的物品搭放在木质家具上，如果发现水迹，应尽快用干布擦去，保持木质家具的干爽。因为，木质家具被高温烫坏表面的油漆，或受阳光的暴晒、高温的烘烤，使木质家具裂缝、掉漆、褪色或变形。所以，木制家具的放置位置最好避开阳光，或以窗帘保护。在有暖气设备的餐厅内，家具的摆放不能靠近暖气或空调热气出口处，以防木质面被烘烤干而破裂。

### （二）经常揩擦，定期上蜡

木质的餐台、吧台、柜台等都有着古朴的色泽和平滑光亮的表面。为了保持其光洁度，要经常用柔软干燥的布揩擦。半年左右需要在其表面上一次家具蜡。上蜡后，用洁净柔软的干布反复揩擦，使其光亮如新。

### （三）注意通风，轻稳搬动

木质家具在闷热不通风的环境中，容易失去光泽，在湿度过大的环境中，容易发生霉变。所以，应保持室内空气的畅通。此外，由于服务的需要，餐厅内的家具，尤其是桌子椅子经常要搬动位置。在搬动时，切忌硬拖硬拉，东碰西撞，而应多人一起将家具抬高地面后再移动，起放动作要轻稳，以防木质家具接口处发生松动，或使家具表面碰破掉漆。

## 四、餐厅布件、地毯的使用与保养

### （一）布件

餐厅常用的布件有台布、餐巾、毛巾、消毒垫布、台裙、窗帘。其中台布、餐巾、毛巾属食品专业布件，要注意保持清洁，不得与其他布件相混合。对已使用完的湿布件，应当天送洗衣房，若当天来不及送，应晾开过夜，第二天及时送洗。台布使用后，要抖去杂物，用专用器具装好，清点后由专人送洗衣房洗涤。切勿将脏台布包成一大包，当作包裹在地板上拖来拖去。若当天不能送洗，应妥善保存，以防止害虫咬坏。布件要注意防霉、防蛀。换取布件时，要仔细清点，按规格、品种分类存放，妥善保管，以防失落。

### （二）地毯

地毯是饭店较为高档的设施之一。将它铺设在餐厅，能烘托热烈隆重的气氛，显示雍容华贵的气派，创造幽雅整洁的就餐环境。其使用保养的要求也较高。地毯有很多种类，如羊毛地毯、化纤地毯、混纺地毯、单色地毯、彩色地毯等，大小厚薄不一。地毯的日常保养很重要，每天要用吸尘器，吸去灰尘、纸屑、杂物，保持干净整洁。服务员要尽力注意勿让宾客的烟蒂及一切火星掉落在地毯上，每天收市前也应检查一遍，以免发生火灾。如果地毯上有小面积的污迹，应及时用地毯清洁剂进行局部洗刷。如果不小心将水或汤汁洒在了地毯上，应及时用餐巾纸或干抹布将湿的部位吸干、擦净，以防发霉。平时要根据地毯的污秽程度，用干洗或湿洗的方法清理，也可上报工程部，由工程部用洗地毯专用机进行彻底洗涤。

## 五、餐厅主要设备的使用与保管

餐厅设备种类繁多，例如：吸尘器、打蜡机、洗碗机、洗杯器、消毒柜、电冰箱、空调器、音响与电视、计算机、制冰机、负离子发生器等。关于这些设备的使用与管理应定人、定机、定岗位，本着谁使用、谁保养的原则，由专人定期清洁、维修、保养。

【案例 7—1】

陈先生独自一人出差在外。一天晚上，他来到下榻的饭店的餐厅，点了三个菜和一瓶啤酒，准备慢慢享用。当餐厅服务员小崔要为他倒啤酒时，陈先生发现杯子很毛糙，似乎有划痕和指印。因此，他当即对小崔说：“小伙子，请暂缓倒酒，这只杯子不干净，先给我换只。”

小崔放下啤酒瓶，小心翼翼地拿起陈先生面前的酒杯，对着灯光照了一下，然后对客人说：“先生，这只杯子很干净，虽然看起来有点毛糙，但那是杯子使用时间较长的缘故。”陈先生听完小崔的解释，有点不悦地说：“请给我换只杯子。”

【评析】

饭店的清洁卫生不仅会影响客人的身体健康，而且还会给客人带来心理上的不安。客人在饭店消费过程中，除了关注其人身、财物安全外，更追求一种心理上的从容、愉悦感受。因此，在服务过程中，饭店服务员应特别注意客人的心理需求的满足。

本案例中的陈先生在自己都不能肯定杯子是否干净的情况下，他仅凭心理感受即要求小崔给他更换杯子。这种行为很可以理解，因为客人是付费的消费者。此时小崔的最好做法是根据客人的要求马上更换杯子，无须任何的解释。不必要的解释反而会让客人产生误会，以为小崔在指责他无事生非。另外，饭店也应特别注意提供给客人的用品不仅要方便客人使用，而且还要整洁、美观，否则会给客人带来心理上的不安，从而影响他们对饭店清洁卫生的印象。

【案例 7—2】地毯上的斑

一天晚上 19：40，某饭店新装修的 2 楼餐厅内灯火辉煌，十分热闹，服务员忙个不停。在餐厅靠窗户的位置，坐着三位客人，他们是住在饭店 605 房间的一家三口。那个调皮的小男孩一会儿站在椅子上，一会儿在餐厅里跑来跑去。突然，小男孩不小心将他妈妈为他盛的一碗羹碰翻在地上，地毯上顿时湿了一大块。值台服务员小彭立即找来抹布，对地毯做了简单的处理，并安慰小男孩，帮助客人检查有未烫着。惹了祸的小男孩在爸爸的训斥之下乖了许多。

晚餐结束之后，小彭拿来一个装有清洁剂的小桶和刷子、抹布，对地毯进行去除污渍的处理。经过处理的地毯很快又恢复了原来的美丽，小彭将一块专用的干抹布铺在地毯上，防止踩脏。

【评析】

及时除渍是饭店清洁保养成功的秘诀。除渍最及时的人就是在现场工作的服务员。因此，饭店通常要求服务员能够养成及时除渍的良好习惯，习惯一旦养成之后，饭店必然受益匪浅。如在一些管理出色的饭店中，服务员一旦发现地毯上有斑迹，不必吩咐即会很自觉地拿来小刷子和地毯除渍剂（或高泡地毯水）将其清除干净。及时除渍可以保持地毯十年如新，真正做到无斑无迹。而大多数饭店的地毯 3～5 年便难以入目。

本案例中的小彭就是一个非常优秀的服务员，她具有的清洁保养意识和技能使她能够在晚餐结束后立即对地毯加以除渍处理，将清洁保养作为她自己的一项重要的岗位职责，这非常可贵。这就要求饭店为所有服务员进行除渍方面的专业化培训，使服务员掌握除渍的知识和技能，但目前许多饭店在这一方面做得较为欠缺。

## 复习思考题

1. 提高餐厅服务质量有哪些重要的意义？
2. 如何衡量餐厅服务质量的优劣？
3. 餐厅服务质量包括哪些方面的内容？
4. 提高餐厅服务质量有哪些途径？
5. 为什么要搞好餐厅卫生工作？
6. 餐具的卫生要求是什么？
7. 服务人员应在哪几方面注重餐厅操作卫生？
8. 如何对餐厅固定财产进行管理？
9. 餐厅有哪些主要餐用具？如何保管？
10. 怎样保养餐厅的木质家具？

# 第八章 服务质量管理

## 【本章提要】

本章着重阐述餐饮服务质量及其管理内容、餐饮服务质量管理分析、餐饮服务质量控制、餐饮服务质量的监督检查、正确处理宾客投诉等内容。

## 【学习目标】

◇了解提高服务质量的意义。

◇掌握服务质量的概念、特性、餐饮服务质量管理分析的几种方法。

◇掌握正确处理宾客投诉的方法。

◇将本章所学的理论知识运用到实践当中去，做到学以致用。

# 第一节　餐饮服务质量观念

### 一、服务质量的概念

经营成功的餐厅，除了管理水平高、地理位置好、就餐环境优美、经营规模适度、经营策略灵活、食品饮料适销对路等因素外，更重要的是该餐厅的服务质量好。服务质量好的标志是为顾客提供使人心情舒畅的服务态度、高于他人的服务技巧和规范而优雅的服务方式。

服务质量是指服务能满足服务需求的特性的总和。这里所指的“服务”，是包含由餐厅为顾客所提供的有形产品和无形产品；而“服务需求”是指被服务者——顾客的需求。餐厅顾客的需求既有物质方面的，也有精神方面的，具体反映在顾客对食品饮料的价格、质量、卫生和服务是否及时、周到、热情、礼貌等要求上。

服务工作能否满足顾客的要求，很大程度上取决于进行服务工作的人的素质和能力的发挥，即是由服务工作质量所决定的。

服务需求质量，即顾客的要求和服务工作质量，亦即为满足顾客需求而进行的工作的水平或能力，两者紧密结合构成了“服务质量”的完整概念。

## 二、提高服务质量的意义

提高餐饮服务质量，把精湛的烹饪技术与完美的服务艺术有机地结合起来，是餐厅赢得信誉的根本所在。在餐饮管理工作中确保制作质量和服务质量，具有十分重要的意义。

### （一）服务质量是饭店的生命线

旅游经济学家罗斯德对服务质量在饭店的重要作用有非常精辟的论述，他所建立的“恶性循环分析理论”很能说明问题。

由图 8—1 可见这个恶性循环的关键点是“服务标准降低”。要想突破恶性循环的锁链关键在于提高服务标准，只有在服务质量上狠下功夫才会以点带面带来良性循环，否则企业将永远无法摆脱这条恶性循环的锁链，直至一败涂地。

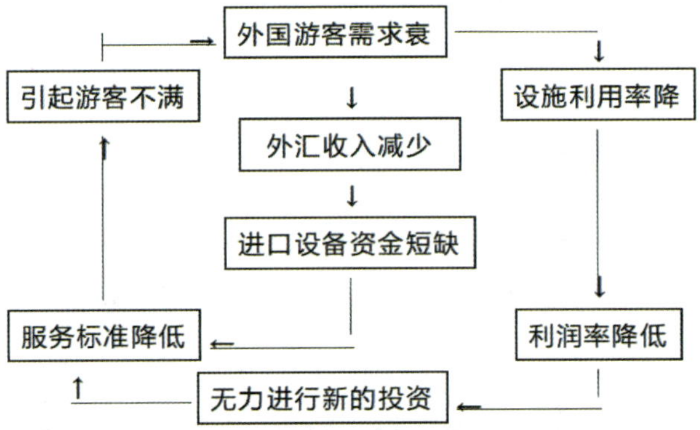


图 8—1 罗斯德恶性循环示意图

图 8—1 中的“服务标准”包括设备水准、服务水准、管理水准，而这三个水准与服务质量的优劣有着相同的内涵。事实上，国内外许多饭店的良好声誉与经营成功，无一不是饭店自身的服务质量所创造出来的。

服务质量关系到国家和企业的声誉，关系到客源的消长，关系到企业的经济效益和经营的成败。这是当今各国旅游业特别重视服务质量的重要原因。

### （二）提高服务质量是企业竞争的需要

旅游饭店之间的竞争包含着不同的方面和不同的内容，它可以在地理位置、外观装饰、宣传广告方面进行，也可以在服务项目、商品推销、价格优惠等方面进行。但无论如何，饭店的竞争以质量竞争为首。谁能够为宾客提供全面的最佳服务，谁就能取得优势地位，谁就能招徕更多的宾客。

旅游饭店的餐饮部门除了为住店宾客提供服务和膳食外，更多的服务对象是非入住顾客，即本地区的非住店宾客。这些宾客虽然消费层次不同，但都是宴会和零餐的最大主顾，他们为餐厅带来了相当数量的收入。

入店顾客在年龄、职业、经济收入、教育水平、民族、宗教信仰、生活习惯上差异很大。分析顾客的消费心理，影响他们的选择，从而有效地进行销售活动，有赖于服务质量的高低。谁能够吸引入店顾客，谁就能在竞争中稳操胜券、取得成功。因此，不断提高服务质量不仅是竞争的需要，而且是在激烈竞争中求胜的必备条件。

### （三）服务质量是判断管理水平的重要标志

饭店管理的目标是利用企业的人力资源、物资资源和信息资源为宾客提供第一流的服务，以获得利润和外汇，并训练和培养一批高水准的从业人员和管理人才。

人力资源是最重要的资源原因：经营管理是一项复杂细致的工作，而服务员的劳动对象是人不是物，实物产品仅仅是联系饭店和顾客之间的中介物，饭店商品最终是人对人的工作，这就是服务。有良好的服务才能招徕并留住顾客，而顾客是企业生存与发展的基础和条件。被誉为“饭店之父”的斯塔特勒说：“饭店出售的商品只有一个，那就是服务。能为顾客提供优质服务的饭店是成功的饭店，而为顾客提供劣质服务的饭店是失败的饭店。”因此，饭店管理者总是愿意在开发利用人力资源上花大力气、下大功夫。

饭店工作以提高服务质量为中心。要提高服务质量，必须使管理的各种职能充分发挥作用并相互配合协调。服务质量的提高有赖于计划、业务、物资、设备、人事、财务、工程、安全等方面工作的配合，可以说，服务质量水平是饭店管理水平的综合反映。从服务质量的优劣表现可以判断出饭店经营者管理水平的高低。

## 三、餐饮服务质量的特性

饭店出售的商品和一般市场商品的根本区别在于：它是通过固定的有形设施和服务人员热情周到的无形服务相结合来体现其价值的。饭店商品侧重满足顾客的心理需求，很重视环境氛围和精神产品的价值作用。

在有形的设施上，要为顾客提供优美、舒适的就餐环境和精美膳食；在无形的服务上，则须在“情”字上下功夫，做到“热情、友好、好客、相助”。

针对顾客精神需求所提供的服务是无形的。所谓“无形”是指它无法像有形产品那样定出一系列量化的标准，也不能以物质化的形态来体现其存在。但我们可以根据顾客对服务共同的、普遍的要求来对餐饮服务质量的特性进行分析，进而有针对性地采取相应措施，实现优质服务。

### （一）综合性

餐饮服务是一个精细复杂的过程，而服务质量则是餐饮管理水平的综合反映。质量有赖于各项餐饮计划、餐饮业务控制、设备维修与保养、餐饮物资供应、劳动组合、餐饮服务人员的综合素质、财务控制、与其他部门的协同配合以及餐饮环境、餐饮营销策略、餐饮价格策略等多方面的保证与顺利运转。

### （二）短暂性

餐饮产品是现生产、现销售，生产与消费几乎同时进行。短暂的时间限制对餐饮管理及餐饮工作人员的素质是一个考验；能否在短暂的时限内很好地完成一系列工作任务，也是对服务质量的一种检验。

### （三）协调性（也称关联性）

从饮食产品生产的后台服务到为宾客提供餐饮产品的前台服务有许多环节，而每个环节的好坏关系到服务质量的优劣。在这许多的工序中所有工作人员只有通力合作、协调配合并充分发挥集体的才智与力量，才能够保证实现优质服务。

**（四）一致性**

在这里是指餐饮服务质量与餐饮产品质量的一致性。质量标准是通过制定服务规程这个形式来表现的，因此服务标准和服务质量是一致的。即产品质量、规格标准、产品价格与服务态度、服务技巧、服务效率均保持一致。

# 第二节 餐饮服务质量管理内容

## 一、标准化

标准化是指在向宾客提供各种具体服务时所必须达到的一定的准绳和尺度。

在餐饮服务过程中，宾客总是希望能得到尽可能多和好的服务，而饭店为了考虑到成本和效益，又不可能无条件地满足宾客的一切要求。例如，中档饭店餐饮不可能提供高档饭店的餐饮。48 元的自助餐不可能提供 148 元标准的宴会服务。另外，服务人员的工作也需要有一个客观的依据和标准。这就要求实行标准化管理。

**（一）制定标准的客观依据**

（1）设施、设备的质量标准必须与餐厅的等级和规格相适应。

（2）产品质量标准必须与价值相吻合，体现质价相等的原则。

（3）劳务质量标准必须以“宾客至上，服务第一”为基本出发点，作出具体规定。

**（二）制定标准**

制定标准是一项非常复杂的工作，主要有以下八个方面内容：

（1）设备、设施质量标准；

（2）产品质量标准；

（3）接待服务标准；

（4）安全卫生标准；

（5）服务操作标准；

（6）礼节、仪容标准；

（7）语言、动作标准；

（8）工作效率标准。

## 二、程序化

程序化是指接待服务工作的先后次序，以标准化为基础，通过服务程序使各项服务工作有条不紊地进行。制定接待程序应做好下列基础工作：

（1）要研究服务工作的客观进程，即在制定标准程序的同时，要分析各项工作的先后次序，使之形成一个整体。

（2）要考虑企业的人、财、物，尽量扬长避短。

（3）程序化是规范化而不是公式化，因此要有相对灵活性。

（4）要分析宾客的风俗习惯和生活需求，并根据不同的接待对象和服务项目来制定。

（5）各项服务工作程序的制定和执行，要有一个过程。

总之，服务程序的制定要以宾客感到舒适、方便为原则，而不能仅以服务人员自己的方便、轻松为基点。因此，程序要经试行，并逐步修改使其完善，最后达到科学合理、提高服务质量的目的。

### 三、制度化

制度化是指用规章制度的形式把餐饮内部服务质量的一系列标准和程序固定下来，使之成为质量管理的重要组成部分。

餐饮制度有两类：一类是指直接为宾客服务的各项规章制度，如餐饮产品检验制度，餐具更新、补充制度等。这些制度全面而具体地规定了各项服务工作必须遵循的准则，要求餐饮工作人员共同执行。所制定制度要责任明确、分工清楚、避免扯皮，便于贯彻执行和检查考核。另一类是指间接为宾客服务的各项规章制度，如餐饮交接班制度、工作记录制度、客户档案制度、考勤制度等。这类规章制度是用以维护劳动纪律、保证直接对客服务制度的贯彻执行。

## 第三节 餐饮服务质量管理分析

餐饮服务质量管理分析的目的是找出存在问题并解决问题，以提高餐饮服务质量。

### 一、A、B、C 分析法

A、B、C 分析法的一般步骤：

（1）确定分析对象，如原始记录内容中的服务员工作记录、宾客意见记录、质量检查记录、宾客投诉记录等如实反映质量问题的数据。

（2）根据质量问题分类画出排列图。

（3）通过各类问题所占比例找出主要问题。

（4）将分析结果总结出的问题分别加以解决。

例如，某饭店利用调查表向宾客进行服务质量问题的意见征询，共发出 150 张表，回收 120 张，其中反映服务态度较差的有 55 张，服务员外语水平差的有 36 张，餐饮菜肴质量差的 24 张，饭店设备差的有 4 张，失窃的有 1 张。

坐标为频数，即某质量问题出现的次数，用绝对数表示，右纵坐标为频率，常用百分数来表示。横坐标表示影响质量的各种因素，按频数的高低从左到右依次画出长柱排列图，然后将各因素频率逐项相加并用曲线表示。

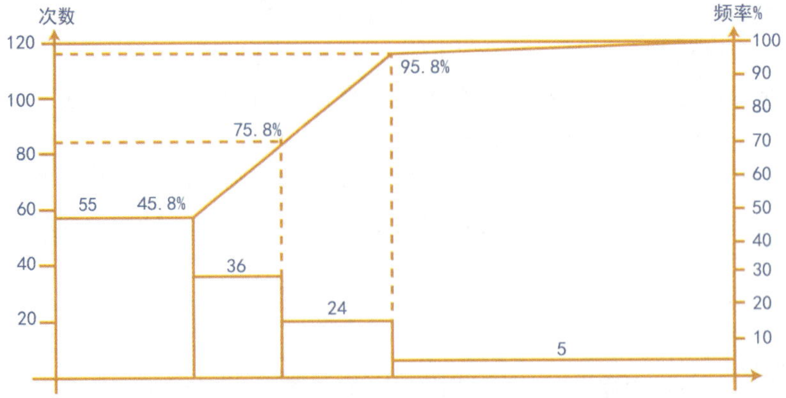


**图8—2　巴雷特曲线图**

累计频率在80%以内的为A类因素，即是亟待解决的质量问题。

## 二、圆形百分比分析图

例如，某餐厅在一个星期内随机调查了100位宾客的餐饮服务意见，根据数据统计得出了如图8—3所示的百分比分析图。由图8—3分析可知，本餐厅当前需要重点解决的服务质量问题是增加服务项目和提高服务技能 。

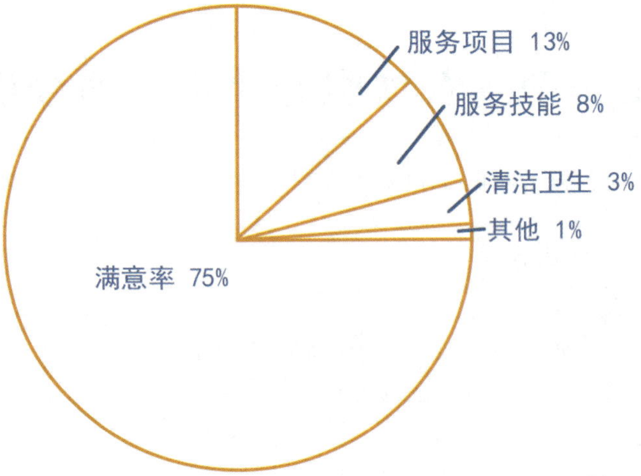


**图8—3　百分比分析图**

## 三、因果分析图法

这是利用因果分析图对质量问题产生的原因进行分析的一种方法。因为因果分析图形类似鱼刺，因此又称为鱼刺图。

在餐饮经营管理过程中，影响服务质量的因素是错综复杂且多方面的。因果分析图就是整理分析影响服务质量的各因素之间关系的一种方法，它通过带箭头线，将质量问题与原因之间的关系表示出来，如图8—4所示。

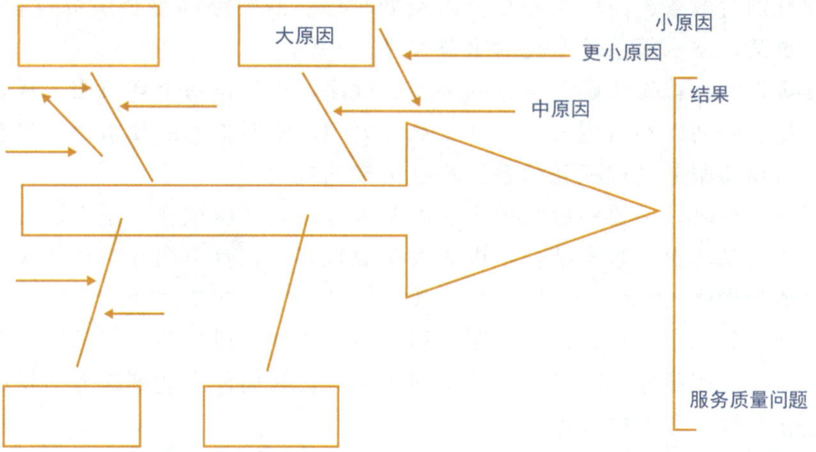


**图 8—4　因果分析图**

分析步骤：

（1）找出质量问题，确定分析的问题。

（2）发动员工共同寻找产生质量问题的原因。

（3）将找出的原因进行整理后，按原因大小画在图上。

在进行分析时，要深入调查，请各方面人员参加分析，以听取不同意见。对原因的分析应细到能采取具体解决措施为止。对影响服务质量的大原因可以从人、设备、原料、方法、环境等角度加以分析。

# 第四节　餐饮服务质量控制

进行餐饮服务质量控制的目的是使餐厅的每一项工作都围绕着为宾客提供满意的服务。

## 一、餐饮服务质量控制的基础

要进行有效的餐饮服务质量控制，必须具备若干基本条件。

### （一）制定服务规程

餐饮服务质量标准就是服务过程的标准。服务规程是餐饮服务所应达到的规格、程序和标准。为了提高和保证服务质量，我们应该把服务规程视为工作人员应当遵守的准则和内部服务工作的法规。

旅游饭店的餐饮服务规程，必须根据发达国家旅游者生活水平较高、对服务的要求也高的特点来制定。西餐厅的服务规程更要适应欧美宾客的生活习惯。另外，还要考虑到市场需求、饭店类型、饭店等级、饭店风格、国内外先进水平等因素的影响，并结合具体服务项目的目的、内容和服务过程，来制定出适合本饭店的标准服务规程和服务程序。

餐厅中的工种很多，各岗位的服务内容和操作要求都不相同，为了检查和控制服务质量，餐厅必须分别对散餐、团体餐和宴会以及咖啡厅、酒吧等的整个服务过程制定出迎宾、引座、点菜、走菜、酒水服务等全套的服务程序。

制定服务规程时，首先要确定服务的环节和顺序，再确定每个环节服务人员的动作、语言、姿态、质量、时间以及对用具、手续、意外处理、临时措施的要求等。每套规程在开始和结尾处应有与相邻服务过程相互联系、相互衔接的规定。

在制定服务规程时，不要照搬其他饭店的服务程序，而应该在广泛吸取国内外先进管理经验、接待方式的基础上，紧密结合本饭店大多数顾客的饮食习惯和本地的风味特点，推出全新的服务规范和程序。

管理人员的任务，主要是执行和控制规程，特别要注意抓好各套规程即各服务过程之间的薄弱环节。一定要用服务规程来统一各项服务工作，从而使之达到服务质量的标准化、服务过程的程序化和服务方式的规范化。

#### （二）收集质量信息

餐饮管理人员应该知道服务的结果如何，即宾客是否感到满意，从而采取改进服务、提高质量的措施。应该根据餐饮服务的目标和服务规程，通过巡视、定量抽查、统计报表、听取顾客意见等方式来收集服务质量信息。

#### （三）抓好全员培训

企业之间质量竞争的实质是人才的竞争、员工素质的竞争。很难设想一个没有经过良好训练的服务员能提供高质量的服务。因此新员工在上岗前，必须进行严格的基本功训练和业务知识培训，不允许未经职业技术培训、没有取得上岗资格的人上岗操作，在职员工必须利用淡季和空闲时间进行培训，以提高业务技术、丰富业务知识。

### 二、餐饮服务质量控制的方法

根据餐饮服务的三个阶段——准备阶段、执行阶段和结束阶段，餐饮服务质量的控制可以按照时间顺序相应地分为预先控制、现场控制和反馈控制。

#### （一）餐饮服务质量的预先控制（第一阶段）

预先控制就是为使服务结果达到预订的目标，在开餐前所做的一切管理上的努力。预先控制的目的是防止开餐服务中所使用的各种资源在数量和质量上产生偏差。

预先控制的主要内容包括人力资源、物质资源、卫生质量与事故。

1. 人力资源的预先控制

餐厅应根据自身的特点灵活安排人员班次，保证开餐时有足够的人力资源。那种“闲时无事干，忙时疲劳战”、开餐中顾客与服务员在人数比例上大失调等都是人力资源使用不当的不正常现象。

2. 物质资源的预先控制

开餐前，必须按规格摆好餐台、准备好餐车、托盘、菜单、点菜单、预订单、开瓶工具及工作车小物件等。另外，还必须备足相当数量的“翻台”用品，如桌布、餐巾、餐纸、刀叉、调料、火柴、牙签、烟灰缸等物品。

3. 卫生质量的预先控制

开餐前半小时，对餐厅的环境卫生从地面、墙面、柱面、天花板、灯具、通风口到餐具、餐台、台布、台料、餐椅、餐台摆设等都要做一遍仔细检查。发现不符合要求的地方，要安排迅速返工。

4. 事故的预先控制

开餐前，餐厅主管必须与厨师长联系，核对前后台所接到的客情预报或宴会通知单是否一致，以免因信息的传递失误而引起事故。另外，还要了解当日的菜肴供应情况，如个别菜肴缺货，应让全体服务员知道。这样，一旦宾客点到该菜，服务员就可及时地向宾客道歉，避免事后引起宾客的不满和投诉。

### （二）餐饮服务质量的现场控制（第二阶段）

现场控制是指监督现场正在进行的餐饮服务，使其程序化、规范化，并迅速妥善地处理意外事件。这是餐厅管理者的主要职责之一。餐饮部经理也应将现场控制作为管理工作的重要内容。餐饮服务质量现场控制的主要内容包括服务程序、上菜时机、意外事件及开餐期间的人力。

1. 服务程序的控制

开餐期间，餐厅主管应始终站在第一线，通过亲身观察、判断、监督、指挥服务员按标准程序服务，发现偏差，及时纠正。

2. 上菜时机的控制

掌握好上菜时机要根据宾客用餐的速度、菜肴的烹制时间等，做到恰到好处，既不要让宾客等候太久，也不能将所有菜肴一下全上。餐厅主管应时常注意并提醒服务员掌握上菜时间，尤其是大型宴会，每道菜的上菜时间应由餐厅主管亲自掌握。

3. 意外事件的控制

餐饮服务是与宾客面对面直接交往，极容易引起宾客的投诉。一旦引发投诉，主管一定要迅速采取弥补措施，以防止事态扩大，影响其他宾客的用餐情绪。如果是由服务员方面原因引起的投诉，主管除向宾客道歉之外，还可在菜肴饮品上给予一定的补偿。发现有醉酒或将要醉酒的宾客，应告诫服务员停止添加酒精性饮料；对已经醉酒的宾客，要设法让其早点离开，以保护餐厅的和谐氛围。

4. 开餐期间的人力控制

一般餐厅在工作时实行服务员分区看台负责制，服务员在固定区域服务（可按照每个服务员每小时能接待20名散客的工作量来安排服务区域）。但是，主管应根据客情变化，对服务员在班中进行第二次分工、第三次分工……如果某一个区域的宾客突然来得太多，应该从其他服务区域抽调人力来支援，待情况正常后再将其调回原服务区域。当用餐高潮已经过去，则应让一部分员工先休息一下，留下另一部分员工继续工作，到了一定的时间再进行交换，以提高员工的工作效率。这种方法对于营业时间长的散席餐厅、咖啡厅等特别有效。

### （三）餐饮服务质量的反馈控制（第三阶段）

反馈控制就是通过质量信息的反馈，找出服务工作在准备阶段和执行阶段的不足，采取措施，加强预先控制和现场控制，提高服务质量，使宾客更加满意。

质量信息反馈由内部系统和外部系统构成，在每餐结束后，应召开简短的总结会，以利于不断改进服务水平、提高服务质量。信息反馈的外部系统，是指来自就餐宾客的信息。为了及时获取宾客的意见，餐桌上可放置宾客意见表；在宾客用餐后，也可主动征求宾客的意见。宾客通过大堂、旅行社、新闻传播媒介等反馈回来的投诉，属于强反馈，应予以高度重视，切实保证以后不再发生类似的服务质量问题。建立和健全两个信息反馈系统，餐厅服务质量才能不断提高，从而更好地满足宾客的需求。

# 第五节　餐饮服务质量的监督检查

餐饮服务质量的监督与检查是餐饮管理的重要内容之一。在饭店服务质量系统中，部门和班组是执行系统的支柱，其以岗位责任制和各项操作规范为保证，以提供优质服务为主要内容，从上到下逐级形成工作指令系统、信息反馈系统，并将部门所制定的具体质量目标分解到班组和个人，由质量管理办公室或部门质量管理员协助部门经理负责对餐饮服务质量实施监督检查。

## 一、餐饮服务质量监督的内容

（1）制定并负责执行各项管理制度和岗位规范，抓好礼貌待客、优质服务教育，实现服务质量标准化、规范化。

（2）通过反馈系统了解服务质量情况，及时总结工作中的正反典型事例的经验和教训并及时处理宾客投诉。

（3）组织调查研究，提出改进和提高服务质量的方案、措施和建议，促进餐饮服务质量和餐饮经营管理水平的提高。

（4）分析管理工作中的薄弱环节，改革规章制度，整顿工作纪律，纠正不正之风。

（5）组织定期或不定期的现场检查，开展评比和组织优质服务竞赛活动。

## 二、餐饮服务质量检查

根据餐饮服务质量内容中对服务员礼节礼貌、仪表仪容、服务态度、清洁卫生、服务技能和服务效率等方面的要求，将其归纳为“服务规格”“就餐环境”“仪表仪容”“工作纪律”四个大项并按顺序列出一个详细的检查表。这种服务质量检查表既可以作为餐厅常规管理的细则，又可以将其数量化，作为餐厅与餐厅之间、班组与班组之间、个人与个人之间竞赛评比或餐饮服务员考核的标准。

餐厅服务质量检查表在使用的时候可视饭店本身的等级和本餐厅的具体情况增加或减少检查细则项目，可以将四个大类的检查项目分成四张检查表在不同场合使用；在“等级”栏目中，可将“优、良、中、差”分别改为得分标准，如将“优”改为得4分，“良”得3分，“中”为2分，“差”为1分，最后将四大项90个细则得分统计并进行比较；也可按优、良、中、差各个等级的得分率来进行比较、得出结论，详见表8－1。

表 8—1　餐厅服务质量检查表

餐厅/班组/姓名：　　　　时间：　月　日　时　　　　检查者：

服务规格检查

| 序号 | 检查细则 | 等级 | | | |
| --- | --- | --- | --- | --- | --- |
| | | 优 | 良 | 中 | 差 |
| 1 | 对进入餐厅的宾客是否问候、表示欢迎？ | | | | |
| 2 | 迎接宾客是否使用敬语？ | | | | |
| 3 | 使用敬语时是否点头致意？ | | | | |
| 4 | 在通道上行走是否妨碍宾客？ | | | | |
| 5 | 是否协助宾客入座？ | | | | |
| 6 | 对入席宾客是否端茶、送巾？ | | | | |
| 7 | 是否让宾客等候过久？ | | | | |
| 8 | 回答宾客提问是否清脆、流利、悦耳？ | | | | |
| 9 | 与宾客讲话，是否先说“对不起，麻烦您了”？ | | | | |
| 10 | 发生疏忽或不妥时，是否向宾客道歉？ | | | | |
| 11 | 对告别结账离座的宾客，是否说“谢谢”？ | | | | |
| 12 | 接受点菜时，是否仔细聆听并复述？ | | | | |
| 13 | 能否正确地解释菜单？ | | | | |
| 14 | 能否向宾客提建议并进行适时推销？ | | | | |
| 15 | 能否根据点菜单准备好必要的餐具？ | | | | |
| 16 | 斟酒是否按照操作规程进行？ | | | | |
| 17 | 递送物品是否使用托盘？ | | | | |
| 18 | 上菜时，是否介绍菜名？ | | | | |
| 19 | 宾客招呼时，能否迅速到达桌旁？ | | | | |
| 20 | 撤换餐具时，是否发出过大声响？ | | | | |
| 21 | 是否及时、正确地更换烟灰缸？ | | | | |
| 22 | 结账是否迅速、准确、无误？ | | | | |
| 23 | 是否检查餐桌、餐椅及地面（有无宾客失落的物件）？ | | | | |
| 24 | 是否在送客后马上翻台？ | | | | |
| 25 | 翻台时，是否影响周围宾客？ | | | | |
| 26 | 翻台时，是否按操作规程作业？ | | | | |
| 27 | 与宾客谈话是否点头行礼？ | | | | |
| 28 | 是否能根据菜单预先备好餐具及佐料？ | | | | |
| 29 | 拿送玻璃杯是否叠放？持杯时，是否只握下半部？ | | | | |
| 30 | 领位、值台、上菜、斟酒时的站立、行走、操作等服务姿态是否符合规程？ | | | | |

**就餐环境检查**

| 序号 | 检查细则 | 等级 | | | |
|---|---|---|---|---|---|
| | | 优 | 良 | 中 | 差 |
| 1 | 玻璃门窗及镜面是否清洁、无灰尘、无裂痕？ | | | | |
| 2 | 窗框、工作台、桌椅是否无灰尘和污渍？ | | | | |
| 3 | 地板有无碎屑及污痕？ | | | | |
| 4 | 墙面有无污痕或破损处？ | | | | |
| 5 | 盆景花卉有无枯萎、带灰尘现象？ | | | | |
| 6 | 墙面装饰品有无破损、污痕？ | | | | |
| 7 | 天花板是否清洁、有无污痕？ | | | | |
| 8 | 天花板有无破损、漏水痕迹？ | | | | |
| 9 | 通风口是否清洁，通风是否正常？ | | | | |
| 10 | 灯泡、灯管、灯罩有无脱落、破损、污痕？ | | | | |
| 11 | 吊灯照明是否正常？吊灯是否完整？ | | | | |
| 12 | 餐厅内温度和通风是否正常？ | | | | |
| 13 | 餐厅通道有无障碍物？ | | | | |
| 14 | 餐桌椅是否无破损、无灰尘、无污痕？ | | | | |
| 15 | 广告宣传品有无破损、灰尘、污痕？ | | | | |
| 16 | 菜单是否清洁，是否有缺页、破损？ | | | | |
| 17 | 台料是否清洁卫生？ | | | | |
| 18 | 背景音乐是否适合就餐气氛？ | | | | |
| 19 | 背景音乐音量是否过大或过小？ | | | | |
| 20 | 总的环境是否能吸引宾客？ | | | | |

**员工仪表仪容检查**

| 序号 | 检查细则 | 等级 | | | |
|---|---|---|---|---|---|
| | | 优 | 良 | 中 | 差 |
| 1 | 服务员是否按规定着装并穿戴整齐？ | | | | |
| 2 | 制服是否合体、清洁？有无破损、油污？ | | | | |
| 3 | 名号牌是否端正地挂于左胸前？ | | | | |
| 4 | 服务员的打扮是否过分？ | | | | |
| 5 | 服务员是否留有怪异发型？ | | | | |
| 6 | 男服务员是否蓄胡须、留大鬓角？ | | | | |
| 7 | 女服务员的头发是否清洁、干净？ | | | | |
| 8 | 外衣是否烫平、挺括、无污边、无褶皱？ | | | | |
| 9 | 指甲是否修剪整齐、不露出于指头之外？ | | | | |
| 10 | 牙齿是否清洁？ | | | | |
| 11 | 口中是否发出异味？ | | | | |

续表

| 序号 | 检查细则 | 等级 | | | |
|---|---|---|---|---|---|
| | | 优 | 良 | 中 | 差 |
| 12 | 衣裤口袋中是否放有杂物? | | | | |
| 13 | 女服务员是否涂有彩色指甲油? | | | | |
| 14 | 女服务员发夹式样是否过于花哨? | | | | |
| 15 | 除手表戒指外,是否还戴有其他的饰物? | | | | |
| 16 | 是否有浓妆艳抹现象? | | | | |
| 17 | 使用香水是否过分? | | | | |
| 18 | 衬衫领口是否清洁并扣好? | | | | |
| 19 | 男服务员是否穿深色鞋袜? | | | | |
| 20 | 女服务员着裙时是否穿肉色长袜? | | | | |

**工作纪律检查**

| 序号 | 检查细则 | 等级 | | | |
|---|---|---|---|---|---|
| | | 优 | 良 | 中 | 差 |
| 1 | 工作时间是否扎堆闲谈或窃窃私语? | | | | |
| 2 | 工作时间是否大声喧哗? | | | | |
| 3 | 工作时间是否有人放下手中的工作? | | | | |
| 4 | 是否有人上班时间打私人电话? | | | | |
| 5 | 有无在柜台内或值班区域内随意走动? | | | | |
| 6 | 有无交手抱臂或手插入衣袋现象? | | | | |
| 7 | 有无在前台区域吸烟、喝水、吃东西现象? | | | | |
| 8 | 上班时间有无看书、干私事行为? | | | | |
| 9 | 有无在宾客面前打哈欠、伸懒腰的行为? | | | | |
| 10 | 值班时有无倚、靠、趴在柜台的现象? | | | | |
| 11 | 有无随背景音乐哼唱现象? | | | | |
| 12 | 有无对宾客指指点点的动作? | | | | |
| 13 | 有无嘲笑宾客失慎的现象? | | | | |
| 14 | 有无在宾客投诉时作辩解的现象? | | | | |
| 15 | 有无不理会宾客询问的? | | | | |
| 16 | 有无在态度上、动作上向宾客撒气的现象? | | | | |
| 17 | 有无对宾客过分亲热的现象? | | | | |
| 18 | 有无对熟客过分随便的现象? | | | | |
| 19 | 对所有宾客是否能做到既一视同仁,又能提供个别服务? | | | | |
| 20 | 有没有对老、幼、残宾客提供方便服务?是否对特殊情况提供了针对性服务? | | | | |

## 三、提高服务质量的主要措施

（1）从餐饮部经理到各级管理人员都应具备丰富的质量管理经验，并以身作则。有关质量的标准和准则，如无强有力的督查手段是不可能被所有员工自觉地全盘接受并加以维护的。

（2）关心和负责质量控制和质量维持的责任不仅是几个人的事情，只有全员进行全过程的管理和参与，才能有服务质量的稳定和提高。

（3）餐饮各部门应该有清晰的职能划分，各个岗位的工作人员应该有明确的职责分工，并严格遵循服务规格和规程，才能为宾客提供高质量的服务。

（4）对已取得的质量成果要不断加强和巩固，并坚持长期不懈地作出系统化的努力。

（5）前台质量与后台质量必须一致，对两者的控制也应步调一致。前台质量管理的目的是确立并加强通向积极循环的机制；后台质量管理的目的是拥有可供选择的各种质量管理的策略。

（6）随着消费变革、价格波动和服务项目的变化而提出新的质量标准和实施计划，并跟踪监督实施。

（7）加强现场指挥，切实提高销售水平和服务质量。

# 第六节　正确处理宾客投诉

餐厅服务工作是直接与宾客打交道的。服务人员每天要接待大批的宾客，由于来自四面八方的宾客具有不同的职业、教育背景、生活环境、经济条件、性格习惯和饮食口味，对就餐和服务的要求也是千差万别的。他们虽然都是来餐厅就餐，但具体要求却各不相同，例如：有的口味浓重，有的喜食清淡；有的讲究快捷；有的追求情调；有的需要精美高档；有的希望经济实惠。因此在服务工作中无固定模式可循，而必须因人而宜。我们希望向宾客提供完美的服务，但是也难免因为我们某些工作上的差错或者宾客的误解而使宾客产生不满情绪甚至引起宾客的投诉。如果处理不当，将影响饭店的声誉。本节就如何处理宾客投诉作些介绍。

宾客投诉是指宾客将他们主观上认为由于我们工作上的差距而引起的麻烦和烦恼，或者损害了他们的利益等情况向服务人员提出或向有关部门反映。

## 一、投诉原因

宾客投诉是有原因的。投诉原因是多种多样的，有我们服务接待中的主观原因，也有客观方面的原因。下面我们从主客观两方面来分析宾客投诉的原因。

### （一）主观方面的原因

主观方面的原因主要表现为不尊重宾客和工作不负责任两种情况。

1. 不尊重宾客

不尊重宾客是引起宾客投诉的重要原因。对宾客不尊重主要表现在以下几点：

(1) 待宾客不主动、不热情。有的服务人员不主动称呼宾客，或者以“喂”代替。在工作时间有的服务人员与同事聊天，忙私事，打私人电话等。当宾客到来时，态度冷淡，爱理不理，或者宾客多次招呼也没反应。有的接待外国人热情，接待华侨、港澳台同胞冷淡。

(2) 不注意语言修养，冲撞宾客。有的服务人员对宾客态度生硬，用不礼貌的言语冲撞宾客。如有一位华侨与朋友到某宾馆餐厅，要了两杯咖啡，十分钟后服务人员却端来了啤酒，这位华侨便告诉服务人员，这啤酒不是我要的，这位服务人员不但不道歉反而还气鼓鼓地说：“不是你的，是谁的？”

(3) 挖苦、辱骂宾客。有的服务人员对宾客评头论足，挖苦宾客。如有的宾客点菜时选来选去最后选了低价菜，服务人员挖苦道：“我看你这副寒酸样，早就知道你没钱买啦！”有的甚至用粗话辱骂宾客。

(4) 不尊重宾客的风俗习惯。如给不吃牛肉的泰国、印度宾客用牛肉做的菜品；给伊斯兰教徒送猪肉做的包子；在海员吃饭时将菜碟里的鱼翻身；给法国宾客生日送黄菊花；在日本宾客的餐桌上摆放荷花等。

(5) 无根据地乱怀疑宾客取走宾馆的物品，或者误认为他们没有付清账目就离开等。

(6) 在餐厅里大声喧哗，高声谈笑，打电话等，影响客人就餐。

2. 工作不负责任

工作不负责任是指服务人员在工作时马虎了事、不细致、不认真、粗枝大叶等，主要表现在以下几个方面：

(1) 工作不主动。不及时换餐具、烟灰缸，不及时续添酒水等。

(2) 忘记或搞错了客人交代办理的事情。将宾客的菜单写错，或者遗失宾客的菜单，上菜太慢，结账拖拉等，都容易使宾客反感而投诉。

(3) 损坏宾客的物品。服务人员上菜时不小心，菜汁或汤弄脏宾客的文件、衣物等。

(4) 清洁卫生工作马虎，食品、用具不洁。有的服务人员卫生习惯不好，仪表不整齐，工作服不扣纽扣，脏了也不洗，随地吐痰、丢烟头，有的边工作边吃东西、抽烟。餐厅食品不洁，菜品变质，或上席的菜品有虫子、头发、杂物，有些食物未煮熟就端出或太多油、太咸、太冷等。服务人员送菜上台时将手指插入菜、汤里等。

**(二) 客观方面的原因**

引起宾客投诉的客观原因主要是：设备损坏没有及时修好；餐厅中的座椅不牢固摔倒宾客；电梯坏了将宾客关在里面；收费不合理，在结账处发现应付的款项有出入引起宾客的误会；在酒店叫不到出租汽车；遗失了物品等。出现这些情况都会使客人投诉。

## 二、客人投诉时的一般心理

**(一) 求尊重的心理**

宾客在采取了投诉行动之后，都希望别人认为他的投诉是对的，他是有道理的。他们希望得到同情、尊重，希望有关人员、有关部门重视他的意见，向他表示歉意，并立即采取相应的措施。

### （二）求发泄的心理

宾客在碰到他们烦恼的事情之后，或者被讽刺挖苦甚至被辱骂之后，心中充满了怨气、怒火，要利用投诉的机会发泄出来，以维持他们的心理平衡。

### （三）求补偿的心理

宾客在受了一定的损失而向有关部门投诉时，希望能补偿他们的损失，这是普遍的心理。如食物不洁希望换一碟，弄脏了衣物希望能免费洗干净等。

## 三、对宾客投诉的对策

对宾客投诉的处理，一定要慎重，并须做到：耐心倾听，弄清真相，同情宾客；诚恳道歉；征客同意，恰当处理。

### （一）对宾客的投诉耐心倾听、弄清真相、同情宾客，绝对不急于辩解反驳或埋怨别的部门

宾客来投诉时，我们应当礼貌地接待，有可能的话可以倒一杯茶给他，请他坐下，慢慢地讲。我们要耐心地听他们把话讲完，因为宾客心中有怨愤，不通过发泄，他们的心里是不舒服的。我们的耐心有时可以使本来暴跳如雷的宾客会很自然地平静下来。我们耐心地听其投诉，也是为了能弄清事情的真相，以便恰当处理。有的服务人员在听宾客投诉时急于去辩解和反驳，这是没有好处的，这样做的效果往往不好。因为宾客的心理企求是我们接受他的意见，而不是来听我们的辩解或反驳的。我们的解释在宾客的盛怒之下，可能会被认为是对他们的指责和不尊重，使宾客越发受到刺激，问题反而不易解决，甚至有时会使宾客愤然离去。听宾客投诉时，在适当的时候应表示对宾客的同情，这样也容易使宾客平静下来。

### （二）以诚恳的态度向宾客道歉

当宾客向我们投诉时，我们切忌置之不理和与之发生争吵。有些服务人员认为宾客投诉是他们“多事”或有意“找碴儿”，有意和我们过不去，这是不应该的。如果我们处处能向宾客提供周到的服务，一般宾客是不会来投诉的。因为我们的工作出现差错，或者宾客有误会，他向我们投诉是相信我们能处理好这件事。想请我们帮助或希望我们改进工作。无论宾客投诉的动机如何，客观效果上是有利于我们做好工作的。如果一个人或一个单位不意识到自己的弱点，就难以改进工作。我们在接受宾客投诉时，一定不要理解为是对个人的指责。我们的一些服务员听不进投诉，往往是认为宾客指责自己。当宾客前来投诉时，我们应当热情地以诚恳的态度，以自己是宾馆代表的身份去接待，欢迎他们的投诉，尊重他们的意见，向他们表达歉意。有时请职位高的经理或主管向客人道歉也是一种诚意的表示。这样做使宾客觉得我们重视他们的投诉，满足了他们的自尊心，为圆满处理他们的投诉铺平了道路。

### （三）区别不同情况，在征得宾客同意后做出恰当的处理

对一些看来明显是我们服务工作的过错，应当马上道歉，在征得宾客同意后做出补偿等处理。如宾客投诉菜肴、饮料有不洁物或菜端出时已冷了，冰淇淋端上桌时已经融化了，就要郑重地道歉，换上好的。征得宾客同意是为了避免处理时不合宾客的意愿，反而使问题更复杂化。如果上的菜不是宾客订的，不要说自己听错了或说宾客说错，而应爽快地承认是自

己的责任，马上去换。

对一些较复杂的问题，在弄清真相之前，不应急于表态或处理。应当有礼、有理，在宾客同意的基础上做出处理。有礼就是要有礼貌，不能对这类宾客失礼；有理就是清楚明白地列出充分的理由说服宾客，并在征得宾客同意的基础上做出恰如其分的处理。有的餐厅管理人员在宾客吃完饭之后才抱怨其菜质量不好时，为了改变宾客的情绪免费向宾客提供一杯饮料，以表歉意。

【案例 8—1】“投降”的客人

某天晚上，老沈正在宴请远道而来的老朋友小李一行。在点菜时，服务员小陈热心地向老沈推荐应时的大闸蟹，老沈欣然接受。当大闸蟹上桌时，小陈又热情地向小李等人介绍本地大闸蟹的特色，在座的客人们非常满意小陈的服务。在客人们津津有味地品尝大闸蟹时，小陈走近小李说：“对不起，先生，给您换一下餐碟好吗?”此时的小李右手拿着半只螃蟹，见状后忙侧身让开，为避免碰到小陈，小李还把右手举过了肩膀，小陈发现餐碟中还有半只螃蟹时，便提醒小李：“先生，还有半只螃蟹呢。”小李又连忙用左手拿起另半只螃蟹。双手各拿半只螃蟹的小李为不影响小陈更换餐碟而成举手投降状，一旁的老沈看到后便打趣地说：“小李，是不是喝不下酒而向我投降了?”小李一听，忙自嘲地说：“我是向漂亮的服务员小姐投降，要说到喝酒，我哪会怕你。等小姐换好餐碟，我好好与你喝几杯。”等小陈换好餐碟，小李果真要与老沈喝酒，老沈也不甘示弱。当两人干完第一杯后正凑在一起说着话时，小陈过来说：“对不起，先生，给您倒酒。”小李和老沈不约而同地向两边闪，小陈麻利地为两人斟满酒，两人又干了一杯，然后又凑在一起说话，小陈又上前说：“对不起，先生，给您倒酒。”此时的小李忽然对着小陈大声怒吼道：“没看到我们正说着话吗?”小陈一脸茫然，不知该怎么办才好。

【评析】

大多数饭店的餐厅服务规程明确规定：当客人餐碟中的骨刺杂物超过 1/3 时必须及时撤换；当客人杯中酒水不足 1/3 时应及时添至八分满，等等。这些规定对保证饭店的服务质量有一定的作用，但关键是饭店的服务应以不打扰客人为原则，否则，服务规程就显得毫无意义。

本案例中的小陈严格按饭店的服务规程为客人提供服务，最终却招致小李的怒吼，应该引起所有饭店从业人员的深思。小陈的错误在于其服务非但没有给客人带来舒适感和享受感，反而令客人感到麻烦，实际上变成一种打扰，难免使小李生气。其实小陈在第一次换餐碟而听到老沈的玩笑话时，即应意识到自己服务中的不足，在此后的斟酒服务时，应待客人谈话告一段落后再倒酒，即会使客人满意。本案例充分说明饭店在提供规范化服务的同时，更应注意顾及客人的个性需求而要求服务员灵活应变。

【案例 8—2】帮客人点菜引起的麻烦

一天晚上，一家开业不久的饭店的餐厅来了一批客人，共有五位大人、两位小孩。客人看过菜单后，因对该饭店的菜肴、点心了解不多，便向餐厅服务员小茹询问。小茹当即主动、热情地帮客人点菜、配菜，并说："一定让您们满意。"然后小茹便替客人点了一组菜肴和点心。

客人用餐结束时，向餐厅经理胡先生提出投诉，他们认为餐厅服务员代点的菜肴分量不够，姜葱梭子蟹（一只）等菜肴，连一人一块都没有，结果是菜肴价格不低，最终却没能吃饱。餐厅经理胡先生立即向客人道歉，婉转地向客人解释小茹为他们所点的菜肴的原料价格，消除了客人对价格的疑虑；接着对菜肴数量、分量等也做了详尽的说明，并向客人表示餐厅可向客人赠送两份蛋炒饭和一个水果拼盘，客人表示接受。

【评析】

在餐厅中，经常会有客人因各种原因而要求餐厅服务员代为点菜，如客人对菜肴不了解或不愿点菜等。这是餐厅服务员的工作内容之一。但在代为客人点菜时，餐厅服务员应做到：首先，餐厅服务员应随时征求客人的意见，并根据客人的口味要求、消费能力等因素，安排有针对性的菜肴、点心；其次，餐厅服务员在替客人安排好菜点之后，应向客人复述，在获得客人认可后，方可填写正式的点菜单；最后，在服务过程中，餐厅服务员应随时征求客人对菜点的意见和要求，并做出相应的调整。

本案例中的小茹在代为客人点菜时，就没有按饭店的服务标准提供服务，因而导致客人投诉。小茹至少在三方面做得不够标准：一是帮客人点菜时不征求客人的意见，只是凭自己的想象为客人安排菜点，没有顾及客人的口味、数量等要求；二是不熟悉本饭店所供菜肴的具体分量标准，诸如像梭子蟹之类的菜肴，安排的数量明显不足，以至于会有客人没有吃到；三是在上菜之后没有及时征求客人对所安排菜点的意见，致使客人在用餐结束时投诉。餐厅经理胡先生对投诉的处理比较及时、到位，最终使客人消除了不满。本案例说明：新开业的饭店在岗前培训时一定要到位，应让每位服务员明确饭店的服务标准，餐厅的经理、领班等基层管理者在营业过程中应加强巡视，督促服务员按标准提供服务，当发现不符合饭店质量标准的情况发生时，应对服务员进行及时的指导和纠正。

【案例8—3】菜上错了以后

某个冬天的傍晚，常客李先生在某饭店的餐厅宴请他的几位大学同学。因多年不见，他们便忙着说话，没有留意到上桌的基围虾并非他们所点，是由于传菜员的失误，将别桌客人点的错上到李先生的餐桌上。直到就餐完毕结账时，李先生才发现账单上多出了基围虾的钱。李先生心里十分气愤，认为是饭店有意将由自身的失误造成的损失转嫁到他的头上，于是，他来到大堂，找到大堂副理投诉，要求饭店给他一个说法，否则他将考虑退房去其他饭店。

大堂副理在得知情况后，当即向李先生道歉，向他解释说："李先生，这是我们工作中的失误，并非有意将我们失误带来的损失转嫁给您，我会立即将此事圆满解决，给您一个说法的。"随后，大堂副理马上到餐厅找到餐厅经理，餐厅经理立即和大堂副理一起来到李先生的房间，再次向他道歉，并将多收的钱交还给李先生，请李先生多多原谅，餐厅经理表示在李先生下次就餐时，餐厅将给予八折优惠。李先生对该饭店的办事效率和处理结果感到满意，表示他仍将会是饭店的常客。

【评析】

在餐厅经常会发生本案例中所描述的情况。这说明餐厅服务员对传菜服务的工作标准执行不力。在餐厅的传菜过程中，传菜服务员应仔细查对厨房制作的菜肴是否与客人的点菜单相符，并应认真核对桌号，以防止传菜差错。另外，餐厅值台服务员将菜肴上桌之前也应仔细检查，以免菜肴上错桌的情况发生。

大堂副理在受理李先生的投诉后的处理是及时而有效的，他首先向客人道歉，并明确表示会给李先生一个说法；其次，他立即与餐厅经理联系，并一起到李先生的房间再次道歉，退回多收的钱，并给予李先生下次餐饮消费八折的优惠，使李先生感到他受到充分的尊重，从而使李先生打消了退房去别的饭店的念头。

案例的教训是各饭店应严格按标准为客人提供服务，不管业务多么繁忙，都应把握服务标准，提高服务质量，以使饭店在所有客人面前树立高标准服务的良好形象。

【案例 8—4】北楼不送餐

某四星级饭店有南、北两幢楼。南楼的设施设备较好，而北楼稍次，房价也较南楼低。一天，远道而来的楼先生经客户介绍，入住该饭店的北楼，因刚下飞机，旅途疲劳，便不愿到饭店的餐厅就餐，而打电话要求饭店提供客房送餐服务。过了很久，楼先生点的面条还没有送到客房，他便再次打电话向餐厅询问，这时，接电话的餐厅服务员却告诉楼先生："对不起，先生，北楼不提供客房送餐服务。"楼先生十分恼火，对餐厅服务员说："尽管北楼的房价较低，但属于同一个饭店，就应该提供相应的四星级服务，有什么理由不送餐?"餐厅服务员回答说："对不起，先生，这是本饭店的规定。"楼先生听完，便下楼找大堂副理投诉，要求饭店做出合理的解释。

大堂副理听完楼先生的诉说，便向楼先生道歉，随即说："对不起，楼先生，这是本饭店的失职，请您先回房间休息，您要的面条马上送到。"将楼先生送入电梯后，大堂副理便来到餐厅，要求厨房以最快的速度制作楼先生所需的面条，然后亲自送至楼先生的客房，再次向楼先生道歉，并免去本餐的费用，楼先生对此表示满意。

【评析】

中华人民共和国国家标准《旅游涉外饭店星级的划分与评定》明确规定：四星级饭店应有送餐菜单和饮料单，24 小时提供中、西式早餐、正餐送餐服务。

本案例中的楼先生要求该四星级饭店提供送餐服务，但餐厅服务员不仅没能及时送到，甚至还以北楼不送餐作为理由，显然使楼先生觉得受到歧视。正如楼先生所说，尽管北楼的房价较低，但属于同一个饭店，就应该提供同等规格和标准的服务。好在大堂副理的处理弥补了饭店没有达到四星级服务标准的不足。

如果饭店真的规定北楼不提供客房送餐服务，说明该饭店的服务没有达到四星级的服务标准；如果是餐厅服务员因客人仅仅点了一碗面条而不愿意送餐，说明服务员确实在歧视低消费的客人。因此，该饭店应引起高度重视，一方面应按星级评定的要求提供相应的服务，另一方面应督促服务员严格执行服务标准，以免损坏饭店的良好形象。

【案例 8—5】三位难伺候的客人

以药膳名闻南京双门楼宾馆时珍厅里，右边靠窗的一张桌前坐了三位客人，服务员小谬给他们沏好三碗八珍茶后离去。

“这水一点儿不烫!”其中一位客人吼道，惊得所有客人都转过头来，小谬闻声旋即转身还是用那把有 2 尺余长壶嘴的四川铜壶在另一个碗里注水，然后请他们品尝。事实证明壶里的水很烫，那位大声叫嚷的客人面前的茶碗也是烫得难以用手握住，一会儿，四碟冷菜送上，那张桌上另一位客人又嚷开了：“盐水鸭这么咸，叫人怎么入口!”一连两次吼叫，小谬明白这几个客人不是喝醉了酒便是无理取闹，他便向正在餐厅里巡视的下经理汇报。下经理闻言后，便暗示小谬去总台了解这三位客人是否住店客，“我是餐饮部经理，姓下，我能为三位做点什么吗?”下经理不卑不亢地上前作自我介绍，“算了，算了，不多说了。”一位年纪最大的客人说道，“一直听说双门楼药膳远近闻名，那么就请你给介绍几个好菜吧。”下经理一口气报了近 10 个菜，还介绍了每个菜的药用价值，客人们讨论后决定先点 5 个。这个时候小谬已出现在门前，对着下经理使了个眼色，下经理借故走到门口，小谬告诉下经理，这三个客人已是第三次入住本店，前两次都没有在餐厅用过餐，但每次都有向服务员找碴子的“迹”，上次离店时故意打碎了一个茶杯还不愿赔偿，最后还是记在账上与房钱一起结算了，小谬最后告诉下经理，在总台的客户档案上这几个客人的名字前都注有记号，要求下次接待时多加小心，下经理“啊”了一声后，又回到时珍厅，他不时地在那三位客人旁边走过，有时帮忙上道菜，介绍菜的烹制过程及有关典故，2 小时内三位客人总算太平无事，起身付账时，还同下经理道别。

【评析】

本案例中三位客人一开始便摆出一副咄咄逼人、寻人吵架的架势，一连提出“水一点儿不烫”和“盐水鸭这么咸”的抱怨。严格地说，这种抱怨也属于投诉。服务员小谬及时发现这一情况，向上级领导汇报，这是非常明智的，也是十分必要的。

酒店在处理客人投诉时有若干原则必须遵循，例如要站在“客人永远是正确的”这一立场上，做出必要的、适当的承诺或赔偿；对客人关心酒店服务质量，应代表酒店向客人表示谢意；不要试图用自己的“道理”去说服客人等。还有一条十分重要的原则，那就是酒店有关人员必须不失时机地向领导报告，尽一切可能将潜在的“事故”消灭于“摇篮”之中。

客人产生投诉的念头，通常不会是突然冒出来的，必然有一个过程。许多事情由于开始没引起重视，或有关人员缺乏质量意识，最终导致重大投诉。有些服务员担心领导知道客人不满后会批评自己，其实那种想法是很错误的，每个管理人员要让他们懂得，如确是服务方面的问题，隐瞒是不可能的，最终酒店及服务员本人都会受其害。为了整个酒店的声誉，服务员遇有投诉或其他隐患苗子都必须及时向领导汇报，以便采取防范措施，别无其他选择。

本案例中服务员小谬发现投诉苗子，及时向下经理汇报，这反映了双门楼宾馆对服务质量的重视。客人的需求是多种多样的，投诉是难免的。如果酒店员工能及时向领导汇报，以便采取预防措施，投诉量一定会减少，“恶性”投诉的数量也会大幅度减少。另外，从本案例可以看出，南京双门楼宾馆已经建立了一套十分良好的客户档案记录，一旦需要查询，马上可获得所需信息。客户档案，包括客人投诉档案，对于一家现代化酒店实行科学管理是必不可少的。

## 复习思考题

1. 什么叫餐饮服务质量？
2. 餐饮服务质量有哪些特征？
3. 餐饮服务中，体现良好服务态度应包括哪些内容？
4. 餐饮服务质量管理基础工作有哪些？
5. 进行餐饮服务质量控制的基本条件是什么？
6. 如何对餐饮服务质量进行控制？
7. 宾客投诉通常有哪些原因？
8. 宾客投诉时一般有哪些心理？
9. 怎样对待宾客的投诉？

## 分析题

某饭店餐饮服务质量检查小组根据日常检查评分，全月共发现“差”的项目有200项。结果为：服务态度差的有76人次，占38%；卫生状况差的52次，占26%；菜肴质量差的42次，占21%；工作效率反映差的16人次，占8%；设备问题14次，占7%。

请进行分析，并作巴雷特曲线图。

# 附：星级饭店评定有关餐饮服务质量的部分标准

## 一、餐厅经理（主管）

1. 掌握客情，每餐都在服务现场指挥、协调。
2. 主持召开餐前会，布置服务工作。
3. 主动征求宾客就餐意见（要有记录）。
4. 具有熟练的专业知识和技能。
5. 检查考核严格，效果好。
6. 处理宾客投诉迅速，宾客感到满意。
7. 主动推荐食品。

**二、餐厅领班**

1. 服务热情、有礼貌。
2. 具有熟练的专业知识和技能。
3. 为“VIP”宾客提供特别食物服务。
4. 为宾客点菜、落单，结账及时、准确。

**三、餐厅服务员**

1. 微笑服务，热情有礼貌。
2. 服务按程序操作。
3. 服务使用托盘，规格适宜（餐厅备有大、中、小三种规格托盘）。
4. 坚持定位值台。
5. 及时将宾客的意见和投诉转告主管，不与宾客争吵。

**四、餐厅温度**

1. 冬季保持在20～24℃。
2. 夏季保持在24～26℃。

**五、餐厅背景音乐效果**

1. 每天早上6：30开始，晚上9：00结束。
2. 音质清晰，音量适中。
3. 播放乐曲为轻音乐。

**六、餐食和饮料质量**

1. 设有标准菜谱和购物规格书。

2. 食物温度：热汤80℃以上，砂锅100℃，热菜70℃以上，热饭65℃以上，水果低于14℃，啤酒低于8℃，白葡萄酒低于1℃，红葡萄酒18℃左右。

3. 食物原料新鲜，口味符合标准。
4. 食物定价符合规定的毛利率。

**七、菜式美观程度**

1. 菜肴色形符合标准菜谱。
2. 菜肴刀工符合标准菜谱。
3. 器皿精致，装盘讲究。

**八、食品卫生**

1. 食品生熟分开。
2. 实行双刀、双板、双抹布。
3. 炊具、用品清洁、消毒，冷菜间有紫外线灯，各厨房有洗手消毒水，砧板显本色。
4. 炉灶、冰箱、冷库、橱柜、工作台等设备清洁、明亮。
5. 食品原料分类存放。
6. 每餐剩余食品原料及时登记保管。
7. 厨房、洗碗间配有带盖的垃圾桶，每餐清理。

8. 厨房、餐厅无苍蝇、蚂蚁、蟑螂、老鼠。

## 九、零点服务效果

1. 服务热情、有礼貌，引客入座。
2. 设有日常菜单及厨师长特选两种菜单。
3. 服务按程序操作。
4. 饭热、汤热、菜热，菜单点菜率达 98%。
5. 小毛巾清洗消毒，温度 70℃，不低于八成新。
6. 熟知本店所销售菜肴、饮料，并主动介绍。
7. 托盘服务。
8. 入座后 3 分钟内点菜，15 分钟内出菜。

## 十、团队服务效果

1. 服务热情、有礼貌。
2. 服务按程序操作。
3. 摆台规范。
4. 饭热、菜热、汤热，入座后 15 分钟内出菜。
5. 小毛巾清洗、消毒，温度 70℃以上，不低于八成新。
6. 托盘服务。

## 十一、宴会服务效果

1. 服务热情礼貌，站台迎宾，拉座，放口布。
2. 服务按程序操作。
3. 高档宴会（100 元/人），餐台布置、餐具用品、菜单应高级、精致。
4. 食品风味突出，兼顾主客的习惯。
5. 托盘服务，“无声”服务（轻拿、轻放、轻步）。
6. 茶水用茶壶、盖杯，泡当年产一级茶，备红、绿、花三种茶。

## 十二、自助餐服务效果

1. 服务热情、有礼貌。
2. 服务按程序操作。
3. 大小银盘、餐具保温车等设备用具较齐全。
4. 餐台布置标准、主题突出。
5. 提供食品该冷要冷、该热要热，保证数量和质量。
6. 酒水服务符合规范标准。
7. 托盘服务。
8. 宾客用过的餐具立即收拾，不积留在台面上。

## 十三、酒吧服务效果

1. 服务热情、有礼貌。
2. 咖啡、茶水、酒水服务按程序操作。

3. 设有酒单，印制精细。
4. 高、中、低档酒水齐全，外国酒应在 10 种以上。
5. 用具齐全，酒杯 6 种以上。
6. 引客入座，服务快捷。
7. 咖啡浓度、温度和服务方式符合标准。
8. 茶水用茶壶、盖杯，泡当年产一级茶，备红、绿、花三种茶。
9. 调酒用具齐全。
10. 鸡尾酒用配料应有 6 种以上。
11. 托盘服务，“无声” 服务。

**十四、咖啡厅（西餐厅）服务效果**

1. 服务热情、有礼貌。
2. 有菜单，印制精细。
3. 服务按西餐程序操作。
4. 西餐设备、用具齐全，西式餐具配套齐全。
5. 引客入座，服务快捷。
6. 食品符合标准菜谱。
7. 咖啡浓度、温度及服务方式符合质量标准。
8. 茶水用茶壶、盖杯，泡当年一级茶，备红、绿、花三种茶。
9. 托盘服务，“无声” 服务。

# 第九章 餐厅岗位实习指导

## 【本章提要】

本章主要从餐厅服务人员岗位出发，阐述餐厅迎宾员、中餐厅值台员、中餐厅传菜员、西餐厅服务员、酒吧服务员、订餐员及送餐员的实习部门、岗位设置、主要业务和素质要求，通过学习、训练掌握各岗位的服务程序与标准，以保证餐厅服务的正常运行。

## 【学习目标】

◇了解餐厅迎宾员、值台员、传菜员、西餐服务员、酒吧服务员、订餐员、送餐员的实习部门、岗位设置。

◇理解各实习岗位主要业务和素质要求。

◇掌握各实习岗位实习工作内容、程序、标准及要求。

餐厅是现代酒店的主要对客服务部门，其与客房部、娱乐部共同构成酒店的三大赢利部门，是酒店不可缺少的组成部分。餐厅服务不仅能满足客人的基本生活需求，也是客人的主要活动场所和交际中心，是酒店参与市场营销竞争的重要手段。作为服务的窗口部门，还直接关系到酒店的经济效益与声誉。另外，餐厅工作人员众多、工种繁杂。因此，它在酒店中具有极其重要的地位。

酒店餐饮部中，餐厅是其经营的第一线。只有科学分工、各司其职，建立一个科学、合理、有效的组织机构，才能保证其正常运转，形成合理健全的对客服务体系。依据精简、高效、统一的基本原则，按照酒店的星级、规模，餐饮部门的种类、职责，酒店的经营方针和服务方式，最终决定其组织机构和人员配备。

餐饮部的内部组织部门主要包括各类餐厅（如各地风味中餐厅、各国风味餐厅、订餐部等）、宴会厅、酒吧、管事部和厨房。管理编制多采用部门经理、主管、领班、员工四个级别。

餐饮部的实习岗位主要集中在中餐厅迎宾员、值台员、传菜员、西餐厅服务员及酒吧服务员、咖啡厅服务员这几个工种上。

# 第一节　餐厅迎宾员

## 一、实习部门

迎宾员是与客人第一个打交道的工作人员，也是餐饮部的形象大使。迎宾员的主要工作是与餐厅、吧台经理或主管一起负责迎送客人、安排客人就座等工作。

大中型酒店餐饮部的中餐厅、西餐厅、酒吧、咖啡厅等均设有此岗位。

## 二、岗位设置

（1）直属上级——餐厅或吧台主管。

（2）协作人员——餐厅值台员、服务员或酒吧、咖啡厅服务员等。

## 三、主要业务

迎送、引领、安排客人就座是迎宾员的主要工作。除此之外，回答客人的询问、接受客人预订、协助服务员等也很重要。

## 四、素质要求

（1）仪容仪表要求。面容端庄秀丽，身材高挑匀称。妆容清新淡雅，时常保持微笑。优雅轻盈的站姿和走姿，标准自然的手势和动作。

（2）语言表达要求。使用规范服务用语，讲究礼节礼貌，口齿清楚伶俐，表达方式委婉，声调柔和，语速适中。能熟练运用一至两种外语。

（3）接待服务要求。快速准确地引领客人入座，尽快地熟悉客人，了解其国籍、宗教信仰、生活习惯、特殊要求等，以便提供个性化的服务。

（4）文字处理要求。准确记录各项相关工作，如客人订座单、餐台安排表等。

（5）协调工作要求。良好的人际关系，协助相关工作岗位做好安排，互惠互助。

（6）应变调整要求。遇事冷静清醒、积极应对，快速应变、减小影响。

## 五、岗位职责

（1）参加餐前准备工作。

（2）在工作岗位主动而规范地迎送客人。接听电话或接收电邮，协助客人订座订餐；认真做好记录，并负责具体落实。解答客人有关菜肴、服务、设施等方面的询问。

（3）对近期或当日的餐厅的餐台安排、预订情况切实掌握；为引领接待做准备。

（4）对前来参观的非用餐客人和衣着不整的客人能婉言谢绝。

（5）根据客人需要、餐厅实况为客人引座至餐台边。

（6）协助客人拉椅让座、寄存衣帽。
（7）为就餐客人递送菜单、开胃酒单及推销餐前酒。
（8）为客人介绍值台员。
（9）掌握客人进餐人数、桌数、翻台等餐厅业务情况，并认真做好书面记录。
（10）接听电话，并及时通知受话人。
（11）接受宾客建议、投诉，并及时向上级汇报。
（12）有礼貌地送别客人，并协助客人叫车、按电梯门。
（13）当餐厅满座时，尽力安排客人在不打扰其他就餐客人的区域等候；提供茶水、刊物等。
（14）了解酒店内其他餐厅客情，以便随机安排。
（15）做好本服务区内的卫生清洁工作。
（16）参加餐后结束工作。

## 六、工作器具

电话机、纸笔、各种单据（如预先订座单等）、抹布。

## 七、实习工作内容

（1）提前整理准备好自身的仪容仪表和工作器具，按时到岗。
（2）清洁好工作区域内的环境卫生，整理好相关物品。
（3）参加班前会，了解当日工作安排和具体的工作分工。
（4）将为宴会事先准备的鲜花、指示牌摆放在相宜的位置，依单落实客人的各项特殊要求。
（5）营业前五分钟侍立于指定的工作岗位，等候客人的到来。
（6）营业期间，随时欢迎客人的到来，引领客人到餐位并为其拉椅就座。
（7）客人就座后，迅速将菜单、酒水单以双手奉送至客人面前。
（8）向客人介绍值台员，由值台员接着为客人服务。
（9）餐位紧张或满座时，尽力向客人解释清楚，请客人在不打扰其他就餐客人的区域等候；提供茶水、刊物等。
（10）随时和餐厅工作人员保持沟通联系，及时互通信息。
（11）按酒店标准规范接听电话，认真做好笔录，及时落实电话内容。
（12）欢送用餐完毕的客人，并表示欢迎再次光临等。
（13）认真做好各类订餐记录，及时通知有关部门做好准备。
（14）与下一班同事做好交接班工作，紧要事宜需着重交代。
（15）营业结束时，做好餐厅收尾工作。

## 八、实习工作程序、标准及要求

### （一）营业前的准备工作

1. 仪容仪表整理

按餐厅服务员要求上岗。

2. 参加班前会

（1）按时到会，必要时拿好纸笔。

（2）认真倾听当日工作任务的分配与指派。

（3）及时向上级汇报工作，如已经发现的情况或可能出现的问题。共同商议，想出对策，采取措施。

（4）熟记当日头牌菜、特荐菜的名称、制作工艺流程、口味特点与装饰造型等。

（5）汇总当日餐厅预订情况，掌握重要客人的姓名、人数、用餐时间及餐台安排等。

（6）接受主管对自身仪容仪表、准备工作的检查。

3. 整理清洁工作区

（1）将迎宾台上的物品用具归类，擦拭干净，摆放整齐。

（2）做好本工作区的清洁卫生。

（3）将工作所需用具物品准备齐全，如菜单、酒水单的数量，纸笔等。

**（二）迎宾引领送客工作**

1. 迎接客人

（1）仪容仪表符合要求，站姿正确优美。

（2）站立于餐厅门口迎宾台后，保持良好的工作状态，随时准备迎接客人。

2. 问候客人

（1）当客人到来时，用规范的专业礼貌用语问候客人。

（2）等客人确定用餐后，询问客人是否预订、人数、姓名、是否吸烟、有无其他特殊要求等。

（3）对前来参观的非用餐客人和衣着不整的客人婉言谢绝。

3. 协助客人存放衣物

（1）询问客人是否需要存放衣物。

（2）协助客人存放，提醒客人保管好自己的贵重物品。

（3）小件衣物临时穿脱，可挂在椅背上用椅套封好。

（4）提醒客人保管好取衣牌，记得走时凭此取回衣物。

4. 引领客人入位

（1）询问客人是否选择无烟区就餐。

（2）引领时，走在客人的左前方，侧身前行。与客人保持2至3步的距离，步速适中。

（3）右手持菜单，左手前伸、四指并拢、掌心向上，为客人指示方向，同时辅以微笑。

（4）如座位有充分宽裕，要尽量按客人要求安排座席。

（5）到达餐位后，询问客人对之是否满意。

5. 为客人拉椅让座

（1）站立于餐椅之后，将餐椅拉开半米左右的距离。

（2）当客人坐下时，将餐椅轻轻前送适当距离，既靠近餐桌又能活动自如、自由进出。

（3）服务过程中，注意依照先宾后主、先女后男的顺序。

6. 将客人交给值台员

（1）向客人介绍值台员，点明其身份、工作范围。

（2）如是预订客人，则将客人姓名、身份、就餐人数等信息告知值台员，以便值台员更好地为客人服务。

（3）如客人有小件衣物，提醒值台员为客人挂上椅背，并用椅套罩好。

### （三）菜单酒水单展示

1. 餐前菜单检查

（1）开餐前认真检查每一本菜单，确定每本都干净、整洁、无破损，标价清晰，无缺页。

（2）核实菜单数量是否能够满足营业时的需要。

2. 将菜单递送给客人

（1）客人入座后，将菜单打开，从客人的右侧双手递送给客人。

（2）注意遵照先宾后主、先女后男的服务顺序。

（3）根据客人的身份、地位、用餐目的等，向客人简单介绍当日特色菜、特价菜。

（4）礼貌地与客人道别，返回自己的工作岗位。

3. 收回菜单

（1）当客人点菜完毕后，值台员会适时将菜单收回，交送至吧台规定位置。

（2）迎宾员见机将菜单收回迎宾台，以备下一批客人来时使用。

（3）检查菜单是否干净完好，有无缺页。整理好后备用。

### （四）接受各式订餐

1. 接听电话

（1）在电话铃响三声之内接听电话。

（2）用礼貌用语清晰地问候客人，报上酒店餐厅名称、自己的岗位。倾听客人的要求并给予答复。

（3）客人确定预订后，提醒客人预留台面或包厢的保留时限。

（4）结束谈话时，要礼貌地向客人道别，等客人挂机后再将电话归至原位。

2. 接待客人当面订餐

（1）见到客人时，要主动礼貌地问候客人，倾听客人的要求并给予答复。

（2）对于不能满足客人需求的，要向客人表示歉意，提出相应的代替方案，共同协商解决。

（3）谈话结束后，无论结果如何，都应向客人表示感谢，祈望。

3. 接受客人用餐预订

（1）将客人的姓名、详细联络方式、就餐人数、具体时间及对餐厅各方面的要求包括用餐环境、餐食要求等，准确清晰地记录在订餐本上。

（2）对于宴会套餐预订，应根据客人的情况，主动地试着向客人推荐介绍几款套餐菜单。简要介绍菜单菜肴构成特点时，一定要充分考虑到客人的真实需求。

（3）当客人对自身意见或推荐表示认可时，必须将之准确详细地记录下来。

（4）适时向客人推荐餐厅的其他配套服务与酒水、饮料等。

4. 重述客人预订内容

（1）当预订工作接近尾声时，应为客人重述预订的内容：姓名、详细联络方式、就餐人数、具体时间及对餐厅各方面的要求、用餐环境、用餐标准、套餐菜单等。

（2）请客人最后审核订单，必要时签上自己的名字与客人的名字。

（3）告诉客人餐厅将等候客人的光临。如有变动请客人按约定提前通知餐厅，并对客人的配合表示感谢。

（4）将订单复制一份给客人，并请客人按订餐金额的比例事先交纳一定的定金。

5. 协调落实客人订餐

（1）及时通知餐厅有关领班按客人要求布置餐台，并将预留卡放于台面显著位置。

（2）将宴会确认单备份发给有关工作人员与部门，共同配合做好宴会的各项迎接准备工作。

### （五）准备鲜花、指示牌

1. 准备鲜花

（1）依据客人要求，将所需花的品种、数量及附言、需要时间等，填单送往酒店花卉服务管理部门。

（2）在客人到来前一小时，打电话确认鲜花制作程度、领取时间等。

（3）在客人到来前 15 分钟，将鲜花按客人要求准备、摆放在指定位置。写好单据汇入客人账单中。

2. 准备指示牌

（1）将指示牌从保管室领出，做好清洁卫生工作。

（2）按客人需要把事先印好的底稿取出，在适当位置添加上客人姓名等相关内容。检查核对是否正确。

（3）在开餐前 45 分钟，将指示牌放置在餐厅门口等显眼处，或客人指定位置，恭候客人光临。

### （六）等候就餐座位客人的安排

1. 迎接客人

（1）见到客人要主动热情地问候，询问客人是否订餐。

（2）当客人表示未订时，抱歉地告知餐厅已满。

2. 为客安排

（1）对餐厅内客人用餐情况进行了解，预计客人等候的最短时间。并将详情告诉客人。

（2）就客人是否继续等候，或接受建议到酒店其他餐厅用餐征询客人的意见。

（3）若客人明确表示愿意等候，则安排客人在不打扰其他就餐客人的区域休息；及时向客人提供茶水饮料、报纸杂志。

（4）将菜单递送给客人，请客人事先设想、选择。

（5）若客人同意到酒店其他餐厅用餐，向客人作简要介绍；打电话帮助客人订餐。

（6）告诉客人去其他餐厅的路线，向客人表示歉意和祈望。

3. 请客就餐

### （七）各类投诉解释工作

（1）接受客人投诉。认真听取客人的意见，做好记录，及时向上级汇报。

（2）答复客人投诉。向客人诚恳道歉，耐心解释，不埋怨推诿责任。

（3）重视客人投诉。尊重并征求客人意见，共同商议得出处理方案。

（4）上交客人投诉。若客人提出的要求超出自己的职权范围，不要急于处理，应立即请求上级协助。否则会给工作带来被动。

（5）落实客人投诉。落实处理决定措施，了解客人的满意程度。

（6）感谢客人投诉。感谢客人的关心爱护，帮餐厅发现问题。

（7）建立投诉档案。将事情前因、经过、后果，处理方案，处理结果等记录下来，整理成册，作为参考备忘。

# 第二节　中餐厅值台员

中餐厅值台员是餐厅服务工作的主力军。通过她（他）们的服务，前来用餐的客人的各种需要就能得到满足。为了让客人乘兴而来，满意而归，对于餐厅服务工作者特别是值台员来说，就必须具备高超的服务技巧和优良的服务意识。

## 一、实习部门

餐饮部中餐厅。

## 二、岗位设置

（1）直属上级——中餐厅领班。

（2）协作人员——中餐厅迎宾员、中餐厅传菜员等。

## 三、主要业务

为就餐的客人提供细致而周到的各项服务；在上级的指导下做好服务前的准备、席间服务和清洁卫生等具体工作。

## 四、素质要求

（1）仪表要求。妆容淡雅，时常微笑。姿态优雅轻盈，动作标准自然。

（2）语言表达要求。使用规范服务用语，能熟练运用一至两种语言与客人良好沟通。娴熟自然的推销技巧。

（3）接待服务要求。通过迎宾员的介绍等途径尽快地熟悉了解客人。以高超的服务技巧，优良的服务意识赢得客人的满意。

（4）文字处理要求。迅速而准确地记录菜单、酒水单等。

（5）协调工作要求。良好的人际关系，协助相关工作岗位做好安排，互惠互助。

（6）应变调整要求。遇事冷静清醒、积极应对，快速应变、减小影响。

## 五、岗位职责

（1）着装干净整洁，守时，服从工作安排。

（2）餐前餐后擦净整理好餐具、服务用具，搞好餐厅的卫生工作。

（3）负责定时送洗、收回餐厅的布草。

（4）负责餐厅摆台，做好开餐前的准备工作。保证各类餐用具清洁无破损，调味器皿干净、量充足。

（5）负责补充工作台。

（6）准备好为客人订餐所用的订餐单、笔，用餐所需打火机、开瓶器等。

（7）熟悉餐厅菜单所列各式菜肴，了解其原料、配料、烹调方法、烹调所需时间，菜肴口味、所属菜系、是何来历、有何典故，菜肴价格、分量、相应的服务方式方法等。做好推销工作。

（8）熟悉餐厅内所经营的各种酒水、饮料，了解其产地、特点、指标、价格等，能够做好推销工作。

（9）按餐厅规定的服务程序和标准及就餐客人的要求，提供优质服务，令客人满意。

（10）正确地为客人结账，接受客人对菜肴服务等提出的建议或投诉，及时汇报。

（11）清理餐台，将脏餐具分类。

（12）客人走后，迅速翻台或为下一餐摆台。

（13）积极做好餐后收尾工作。

（14）负责清查包厢情况，补充用具，做整理工作。

（15）保持良好的工作态度，积极参加培训进修。

## 六、工作器具

纸、笔、托盘、服务用巾、打火机、开瓶器、抹布、冰桶、冰夹等。

## 七、实习工作内容

（1）提前到岗，做好准备工作：整理仪容仪表、工作用具等。

（2）参加班前会，了解当日的工作安排和具体的工作分工。

（3）将当日所安排服务区卫生做好，准备好营业期间所需服务用具。

（4）按当日班前会要求做好餐前准备，布置餐厅、摆设餐台。

（5）主动热情地问候客人，拉椅让座，按其要求上茶水。

（6）为在椅背上挂衣物等私人物品的客人套上椅套。

（7）为客人点菜，填点菜单。在适当或必要时，为客人介绍菜点酒水。

（8）点菜单确定后，送进厨房、收银台的同时，将菜单、酒水单送回服务台。

（9）征求客人意见得到同意后，将筷套取下，餐巾拉出铺好，送上香巾，添茶。

（10）在客人接受询问同意上菜后，通知厨房出菜。

（11）在传菜员将菜送至工作台后，将茶水香巾撤下，为客人上菜。

（12）在客人就餐期间，细心观察，主动及时地满足客人的需求。

(13) 客人用餐完毕，送上香巾、茶水。

(14) 为客人查送账单，结账找零。

(15) 礼貌送客，提醒客人拿好随身物品，提取寄存物品。欢迎其再次光临。

(16) 检查有无客人遗留物品。如有，立马报告领班，将之交到服务台暂存。

(17) 迅速清理台面，将脏餐用具送至清洗间；重新摆好台面迎客。

(18) 营业结束后，清理服务区，清点物品，做好清洁卫生。

## 八、实习工作程序、标准及要求

### (一) 营业前的准备工作

1. 整理仪容仪表，参加班前会，整理清洁服务区（具体要求参考迎宾员同项）。

2. 摆台

依据餐厅餐台分区、就餐预订情况等摆设布置餐台。

3. 开餐准备

(1) 开餐15分钟前，一切准备工作必须周密、详尽操作完毕。

(2) 将笔、点菜单、托盘、服务用巾等用具备齐，按餐厅标准摆放在工作台上。

(3) 在茶壶内放入适量茶叶，注入少许开水将之冲泡开。

(4) 开餐5分钟前，站在规定位置上迎客。

### (二) 餐前服务

1. 上茶水

(1) 礼貌地询问客人就餐人数，将多余餐具撤下。

(2) 询问客人饮用何种茶水听取客人意见。

(3) 按先女后男、先宾后主的顺序从客人右侧斟茶；斟八分满即可。

(4) 斟完后，将茶壶重新注满开水，放于餐桌上供客人使用。

2. 上香巾

(1) 客人点完菜，厨房出菜前10分钟，开始上香巾。

(2) 将干净的香巾自专用柜中取出，分条放于盛载物上。

(3) 依照先女后男、先宾后主的顺序送上。

3. 铺餐巾

站在客人右侧，将餐巾花从杯中拿出，打开；并轻轻地铺在客人的腿部。

4. 撤筷套

将筷子连筷套一起拿起；右手将筷套向上抽出，将筷子搁在筷架上。

5. 上椅套

(1) 如客人将小件衣物挂在椅背上时，询问客人是否需要罩上椅套。

(2) 将椅套取出，打开拉链。

(3) 将衣物罩在椅套内，拉上拉链。

(4) 提醒客人走时记得拿好属于自己的物品。

### （三）零餐服务

1. 拉椅服务

（1）迎宾员将客人领至餐台边时，应为客人拉椅让座。

（2）注意遵循先宾后主、先长后幼、先女后男的顺序。

（3）将座椅轻轻后拉半米，客人进入欲坐时再轻轻前推适当距离。

2. 茶水服务

（1）向客人介绍茶叶品种，询问客人的选择。

（2）按客人要求制备茶水。

（3）依服务次序为客人斟茶。

3. 点菜服务

（1）向客人介绍菜单内容、餐厅特色菜肴，帮助客人选择。

（2）注意揣摩客人的口味喜好和价位标准。

（3）可以详细介绍，但应尊重客人自身的选择。

（4）点单完毕后，一定要复述菜单内容、菜肴数量、价格等。

（5）询问客人有无特殊要求，将之记在点单上并加上着重记号。

（6）将点单迅速送往传菜间、厨房、收银台。

（7）收回菜单。

（8）询问客人酒水选择。

（9）在客人右侧为客人撤筷套、铺餐巾、上香巾。

4. 席间服务

（1）传菜员将菜送至工作台后，将茶水香巾撤下，为客人上菜。

（2）在副主人位右侧或方便的地方为客人上菜，并清晰准确地报出菜名。

（3）细心观察，主动及时地满足客人需求。

（4）及时撤下空盘空碗，撤换骨碟和烟灰缸。

（5）随时注意清理台面卫生。

（6）见客人用餐完毕后，征询客人的意见，将餐具尽数撤去。

（7）为客人上水果拼盘。

5. 餐后服务

（1）再次为客人上香巾茶水。

（2）与领班一道询问客人的意见并表示感谢。

6. 结账送客

（1）客人提出结账时，将账单拿来交给客人核对。

（2）将账单夹在账单夹中，从主人位右侧递上，请主人结账。

（3）礼貌送客，欢迎其再次光临。

### （四）宴会服务

1. 准备工作

（1）根据班前会安排，了解宴会要求与任务布置情况。

（2）在宴会开餐前30分钟内完成摆台工作。

（3）迎宾员到岗准备迎接客人。

（4）开餐前15分钟，凉菜上席。

（5）准备好冲开的茶水与香巾、餐巾纸。

（6）依据宴会要求，将酒水、香烟、水果等物品上席并摆放整齐。

（7）一切准备就绪，站在规定位置面向门口迎接客人的到来。

2. 迎客就餐

（1）问候客人，确认客人的身份后，将之领至合适的席位。

（2）为客人拉椅让座。

（3）从客人右侧将餐巾花拉开铺好，取下筷套。

（4）送上香巾。

（5）请客人稍候，准备开餐。

3. 酒水服务

（1）征询客人的意见，将酒水饮料打开。

（2）用托盘从客人右侧为客人斟上酒水饮料，注意操作规范与服务顺序。

（3）将未斟完的酒水饮料摆在台面上。

（4）将多余的杯具撤下，备用。

4. 就餐服务

（1）征询客人的意见将茶杯撤下，准备开餐。

（2）注意上菜顺序，一定要先上主桌，注意不能主次颠倒。

（3）在陪同、翻译之间或副主人右侧上菜，报菜名。

（4）将菜的优质部分或观赏面转至主宾位前，菜肴摆放造型优美、位置恰当，一般保持五个菜品。

（5）按规范进行分菜操作。

（6）依据菜肴特色上佐料、洗手盅。

（7）用餐中，随时注意为客人撤换餐用具。

5. 水果服务

征询客人的意见将餐台撤干净，上果盘，附水果叉。

6. 茶水服务

重新为客人摆上茶杯，从客人右侧斟茶，再次上香巾。

7. 结账送客

（1）清点客人消费，将额外消费单汇总至收银台，一并结账。

（2）宴会结束时，为客人拉椅，向客人道别。

### （五）自助餐服务

1. 准备工作

自助餐台上，食品分类摆放，互为装饰，需方便客人选择，注意颜色搭配诱人，能产生食欲。

2. 展台布置

（1）客人选取食物的餐盘应摆放在餐台一端，或在餐台边特设一个专用柜摆放餐盘，一摞数量在20～25个。

（2）餐台摆设应有层次感，从低到高较易为客人取食。

（3）最好能按客人进食顺序摆放。

（4）菜牌、配菜调味品、取食的公用餐具等一定要齐全。

3. 餐台摆放

只需在餐台上摆放调味品、公用器具、花等。

4. 开餐服务

（1）在客人用餐的过程中，为客人换烟灰缸、添酒水、撤空餐具。

（2）为客人点超出自助餐规定范围的酒水、菜肴，另外写单。

5. 展台整理

（1）保持台面干净、整齐。

（2）帮助客人拿取食物按需分配。

（3）保证食物数量充足，及时补充。

（4）设法保持食物的特色。

6. 结账送客

无论客人是先交钱后用餐还是先用餐后交钱，一定要对客人表示感谢并亲切地道别。

7. 清理收尾

（1）按食物的可再利用率分类，认真取舍。

（2）做好整理清洁工作。

**（六）打包服务**

（1）准备将客人要求打包的菜肴等撤下台面，准备打包所需包装盒、塑料袋等。

（2）打包将菜肴放入包装盒中，装入塑料袋扎好；尽量不要让汤汁外溢，如有，擦干净。

（3）告知将包装好的食品交给客人，告诉客人品名，提醒客人有汤汁的要小心。

**（七）结账服务**

1. 取送账单

（1）客人表示结账时，请客人稍等，到收银台迅速提取账单。

（2）先核对一遍账单，检查台号、食品、酒水等是否有误。

（3）将账单夹在专用夹中，走到结账者右侧，打开夹子让其查看。

（4）尽量不要让旁人看见，更不要报金额总数。

2. 现金结账

（1）当客人面点清钱数，与账单一并送往收银台。

（2）将找零、发票放在专用托盘或账单夹中送回。

（3）有礼貌地递送给客人。

（4）在客人确定找赎无误时，向客人致谢。

3. 刷卡结账

（1）确认客人所持信用卡是酒店协议用卡，送往收银台。

（2）收银刷妥后，请客人确认钱数，在信用卡收据上签名。

（3）仔细核对签名是否一致，将信用卡、收据存根、发票等递给客人。

（4）向客人致谢，将信用卡收据剩余联交还收银台。

4. 支票结账

（1）将客人所签支票、有效证件交往收银台，检查印章、签名、银行码等。

（2）收银员办完手续后，记录下客人的证件号码、联系电话等。

（3）将证件、发票递给客人，并致谢。

5. 签单结账

（1）核对签单协议或房卡，请客人填写房号、签名或单位名、签名。

（2）将之交收银核对，处理。

（3）向客人致谢。

# 第三节　中餐厅传菜员

传菜员是前台餐厅与后台厨房的纽带，是有力的衔接点。他们的主要工作是将美味佳肴及时、准确地从出菜口传送至厅面席边，把仅剩残羹冷炙的餐具送回洗碗间。

## 一、实习部门

餐饮部中餐厅。

## 二、岗位设置

（1）直属上级——中餐厅传菜部领班。

（2）协作人员——中餐厅值台员、中餐厅厨师。

## 三、主要业务

负责将厨房与厅面有机地结合，共同配合，控制平衡各台出菜速度。将厨师烹制好的菜肴安全有效地传送至餐桌边。

## 四、素质要求

1. 托盘端托要求

具备较强的托盘端托平衡技巧和负重能力，行走平稳，不洒汤汁，不损菜形，端法科学。

2. 菜肴质量要求

具备一定的菜肴知识，能够鉴别成品菜肴的质量并为之配上相应的调料、用具。

3. 菜单控制要求

认真仔细地核对菜单，控制平衡出菜。

4. 协调工作要求

良好的人际关系，协助相关工作岗位做好安排，互惠互助。

5. 应变调整要求

遇事冷静清醒、积极应对，快速应变、减小影响。

6. 基本素质要求

制服干净整洁无破损，仪容仪表符合要求。讲求礼节礼貌，有一定的语言文字能力，能读懂看懂相同文字的菜单和客人的特殊要求。

## 五、岗位职责

（1）按要求做好仪容仪表准备。

（2）提前到岗做餐前准备工作，清洁工作区域的卫生。

（3）做好营业前的餐用具和传菜用具的准备工作，以便开餐时拿取使用。掌握特色菜的端送方法与器具。

（4）配合厨师做好出菜前的各项准备工作，并准备好各式菜肴所需调味品、特殊工具。

（5）负责将订餐菜单送至厨房，并按上菜顺序准确无误地将菜肴送到厅面席边。

（6）走菜快捷准确，控制平衡出菜，积极协助值台员。

（7）协助把好菜品质量关，对菜肴的原料新鲜程度、器皿的选择、分量、菜品的色香味形等是否标准做出鉴别。

（8）及时传递用餐宾客的各种要求，并负责落实。

（9）负责保管点菜订餐菜单，以备随时核查复审。

（10）做好前后台的沟通工作，及时传递信息。

（11）开餐结束后，清洁整理传菜用具、场地卫生。

## 六、工作用具

各式托盘、抹布、台标、保温盖、推车、纸、笔等。

## 七、实习工作内容

（1）提前到岗，整理好自身的仪容仪表和工作用具。

（2）参加班前会，了解当日工作安排和具体的工作分工。

（3）做好传菜工作区域内的清洁卫生工作，整理好托盘等工具。

（4）时时清理菜肴所需调味品、配料，掌握分量与用度，及时添补。

（5）熟悉菜单内容，熟知菜肴、调料、用具的搭配。

（6）快捷准确地将菜肴传至餐台边，令客人满意。

（7）协助餐厅服务员将脏餐具、空菜盘及其他杂物撤回洗碗间，分类摆放。

（8）注意传菜托盘与收餐托盘要严格分开，严格卫生操作规程进行。

（9）严格按上菜顺序传菜，注意控制平衡出菜。

## 八、实习工作程序、标准及要求

**（一）营业前的准备工作**

（1）将清洁完好的各式托盘数个准备好，摆放在出菜口、传菜台合适的位置。

（2）依据菜单特殊菜肴的要求准备好相应器具，与托盘分开放好。

（3）依据菜肴所需配置调味品和装置物，依就餐人数给足分量。

（4）做好个人与工作区域清洁卫生。

**（二）严把菜品质量关，对不合格的菜肴拒绝托送，做到"五不取"**

数量不足不取；温度不适不取；颜色不正不取；调配料不全不取；器皿不洁、破损、与菜肴搭配不协调不取。

**（三）接受菜单**

（1）接点菜单。传菜员接到点菜单后要认真仔细地查看：是否有值台员的签名、点菜时间、上菜时间、客人人数、台号、日期等。

（2）预订宴会，可将主要菜肴的调配料事先备好，以便用餐时加快上菜速度，减轻工作压力。

（3）菜单若有客人的特殊要求，要立马通知厨师，并将结果及时告知值台员。

（4）传菜前一定要核对台号、菜肴品名，避免上错菜肴引起麻烦。

**（四）传送凉菜**

（1）将凉菜订单送到凉菜制作间，并保证头盘凉菜在三分钟之内送至厅面。

（2）注意荤素搭配。

**（五）传送主菜**

（1）主菜一般多是优质名贵菜，上时要将菜名清楚地转告值台员。这样能突出主题，显示档次。

（2）本地风味菜、本店头牌菜、特色菜也是主菜代表，后上则会影响客人品尝。

（3）客人落单 15 分钟内必须上第一道主菜。

**（六）传送热菜**

（1）注意先后顺序：先荤后素、先咸后甜、先淡后浓、先佐酒后下饭等几个最常见的标准。

（2）注意保持菜温，快送快上。特别是调味品一定要同时上，以免影响客人对菜肴的品尝。必要时可加盖保温，或用保温车送菜。

**（七）传送热汤**

（1）汤菜装盘要稳，端托时以碎步行进，以免汤汁摇晃泼洒。

（2）特殊汤菜由值台员揭盖，如炖品，以保持原汁原味和香气不过早地扩散。

**（八）传送甜菜**

注意特殊菜的配用工具，如拔丝菜的垫底热水和冷却凉水。

#### （九）传送水果

宾客用餐即将结束时，将冷菜间制做好的水果拼盘传送至餐厅。

#### （十）营业结束后的收尾工作

（1）将托盘、餐用具交洗碗间清洗保管。

（2）更换传菜区的布草，特别是专用抹布，一起交由洗衣房清洗。

（3）清理菜肴所需调味品、配料，掌握分量与用度，及时添补。

（4）清洁整理场地卫生。

## 第四节　西餐厅服务员

西餐厅是专门提供西式菜点、酒水饮料和服务的场所，是酒店对外营业的窗口，直接影响到酒店的对外形象。因此，西餐厅服务员就成为酒店的形象大使，其服务水平、服务质量直接涉及酒店声誉，是衡量高星级酒店的标准之一。

### 一、实习部门

西餐厅。

### 二、岗位设置

（1）直属上级——西餐厅领班。

（2）协作人员——西餐厅迎宾员、西餐厅传菜员。

### 三、主要业务

为宾客提供热情、规范、细致的服务。

### 四、素质要求

1. 接待服务要求

懂得客人消费心理，有较强的独立操作能力，有优良的服务意识。

其他方面同中餐厅服务员素质要求。

2. 语言表达要求

使用规范的服务用语，口齿伶俐，声调柔和，语速适中。能熟练运用至少一门外语与客人沟通；有良好的推销技巧。

其他方面同中餐厅服务员素质要求。

### 五、岗位职责

（1）按要求布置餐厅、餐台，各种用具准备齐全，做好开餐前的准备工作。

（2）做好指定服务区的清洁卫生工作，餐前餐后擦净整理好餐具、服务用具。

(3) 着装干净整洁，守时，服从工作安排。

(4) 负责定时送洗、收回餐厅的布草。

(5) 保证各类餐用具清洁无破损，调味器皿干净、量充足。

(6) 熟悉餐厅菜单所列各式菜肴，了解其原料、配料、烹调方法、烹调所需时间，菜肴价格、分量等，做好推销工作。

(7) 准备好为客人订餐所用的订餐单、笔，用餐所需打火机、开瓶器等。

(8) 为客人推荐酒水饮料，提供快捷准确的结账服务。

(9) 负责补充工作台，清理餐台，将脏餐具分类。

(10) 客人走后，迅速翻台，积极做好餐后收尾工作。

## 六、工作用具

托盘、笔、开瓶器、打火机、服务巾、冰桶、冰夹、酒篮等。

## 七、实习工作内容

(1) 提前到岗，按要求整理好自身仪容仪表，做好清洁卫生工作。

(2) 参加班前会，了解当日的工作安排和具体的工作分工。

(3) 准备好营业期间所需服务用具，布置餐厅、摆设餐台。

(4) 做好餐前服务工作，如拉椅、上冰水等。

(5) 向客人推销菜肴、酒水饮料，帮助客人点单。

(6) 做好席间服务工作，如上菜、斟酒等。

(7) 为客人提供快捷准确的结账服务，有礼貌地对客致谢道别。

(8) 整理餐台、餐厅，迅速翻台，做好清洁收尾工作。

## 八、实习工作程序、标准、要求

### (一) 餐前准备

(1) 卫生清理。餐厅干净，桌椅整齐，用具光洁完好。

(2) 用具检查。各种设施设备完好，运转正常。

(3) 餐具准备。保管严格，餐具整洁。

(4) 餐台摆放、折叠餐巾花。符合标准，用具齐全；统一折叠，多为盘花。

(5) 用品准备。冰桶、冰夹、糖盅、奶罐事先准备，数量充足。

### (二) 西餐摆台

西餐摆台程序参见第二章第三节摆台内容。

### (三) 早餐服务

1. 准备

西餐早餐分为自助餐和领餐两种方式。

为求高效，早餐餐具摆放简单；准备咖啡、茶、果汁、面包、黄油等；检查卫生状况，用具清洁完好程度。

2. 迎客

主动向客人问好，为客人拉椅让座，零餐则送上菜单。

3. 零餐

（1）从客人右侧为其铺上餐巾。

（2）按客人要求上咖啡或茶，并介绍当日新鲜果蔬汁。

（3）询问客人对煎鸡蛋的喜好要求，帮助客人点单。

（4）按序上面包、谷物类、蛋类、肉类、水果。

4. 结账

检查菜单，规范结账；提醒客人，礼貌送客。

5. 收尾

整理餐台，脏具送洗，迅速翻台。

**（四）午晚餐服务**

1. 准备

做好餐前准备工作（清洁卫生、摆台、设施设备、冰水、调味品等）。

2. 迎客

热情微笑，主动问候；拉椅让座，递送菜单；送上香巾，介绍酒水；斟倒冰水，铺放餐巾；餐前酒水，女士优先。

3. 配餐

（1）询问客人是否点菜，从女士开始，最后为主人点单。

（2）询问客人个人喜好，如牛排需几成熟等。

（3）分别记下不同客人所点菜肴，并帮其推荐佐餐酒水。

（4）所有客人点完后，全部复述得到最后确认。

（5）收回菜单，并向客人致谢。

（6）将点单送出后，依客人所点为其调整餐具、用具。

4. 面包

（1）从女士开始，依次从客人左侧上黄油。

（2）用面包篮上各式面包供客人挑选。

5. 佐酒

（1）将白葡萄酒、汽酒等放入冰桶冰镇，红葡萄酒则用酒篮装好。

（2）向客人示酒，当众开瓶，先请主人品尝得到认可后，开始斟酒，注意女士优先。

6. 开胃品

（1）先为客人斟倒其所点开胃酒。

（2）再从客人右侧上开胃菜或开胃小吃。

7. 汤

（1）询问用完头盘的客人是否可以撤盘，注意撤时连头盘刀叉一同撤下。

（2）报菜名，用汤盅上汤。

（3）从客人左侧上调味汁。

（4）用完汤后，将汤类餐具连同装饰盘一起撤下。

8. 主菜

（1）依餐厅规定提供主菜服务。

（2）从客人右侧上菜并报菜名，注意摆放时要将蔬菜配菜处于主菜上方，牛排要告知几成熟；色拉在主菜盘左上方。

（3）客人用完主菜后，撤下主菜盘与配用刀叉，将桌上的面包屑清理干净，并询问客人对主菜的看法意见。

9. 甜品

（1）将客人所点奶酪切好、装盘，摆上餐台。

（2）重新配面包、黄油、冰镇蔬菜，食完撤下。

（3）从客人右侧送上甜品。

10. 咖啡或茶

（1）请客人选用咖啡或茶，在客人面前制作。

（2）送上糖罐、奶壶、柠檬片，上咖啡具或茶具。

（3）为客人斟倒，随时添加。

11. 餐后

（1）根据客人的要求提供餐后酒服务，如白兰地、利口酒等。

（2）客人点用雪茄，主动帮客人点燃。

（3）撤空饮料杯，撤换烟灰缸。

（4）随时添加冰水、佐餐酒、黄油、面包。

12. 结账

（1）规范地为客人办理结账手续。

（2）如客人要求AA制结账，应分单结账，准确而迅速地办好手续。

（3）感谢客人光临，向客人告别。

### （五）酒水服务

1. 准备

（1）将客人所点用的酒从吧台领出，擦拭干净瓶身。

（2）将红葡萄酒装入酒篮，将白葡萄酒、香槟酒放入冰桶（加1/3的冰和1/2的水）。

（3）将酒连同盛器一同放置在客人桌旁适当的位置。

（4）注意将酒的商标朝上。

2. 开瓶

（1）将酒从盛器中取出，向客人展示。

（2）客人认可后，取出专用酒刀酒钻。

（3）用酒刀割开封住瓶口的铝箔纸，用餐巾轻轻擦拭瓶口。

（4）将酒钻缓缓地旋入软木塞，轻轻拔出，不可使软木塞断裂，更不可转动或摇动酒瓶。

（5）将放置拔出的软木塞的小碟呈送客人验证酒。

3. 品酒

（1）将已开封的酒从盛器中取出，红葡萄酒可直接斟倒，白葡萄酒、香槟酒则需将瓶身水渍擦拭干净，并用干净餐巾包住。

（2）为品酒的客人杯中注入 1/5 的酒液，并轻轻晃动酒杯使酒与空气充分接触。

（3）询问品尝过酒的客人是否可以开始斟酒。

4. 斟酒

（1）按先女后男、先宾后主的顺序从客人右侧斟倒。

（2）红葡萄酒倒至酒杯 3/4，白葡萄酒、香槟酒则为 2/3。

（3）将酒连同盛器一同放置在客人桌旁适当的位置。

（4）当酒只剩一杯时，询问是否需要再来一瓶。

## 第五节　酒吧服务员

酒吧服务员是在营业性酒吧工作的服务人员，与调酒员有不同之处。如工作内容不同，工作区域不同等，不能混为一谈。但他们都是酒吧中不可或缺的一员。

### 一、实习部门

酒水部。

### 二、岗位设置

（1）直属上级——酒吧领班。

（2）协作人员——调酒员等。

### 三、主要业务

与调酒员共同完成酒水推销与对客服务工作。

### 四、素质要求

1. 基本素质要求

制服干净整洁，仪容仪表符合要求。讲究礼节礼貌，有一定的语言文字能力。

2. 器具保养要求

善于保养维修酒吧中各类服务器皿、器具及设施设备。

3. 推销技巧要求

善于向客人推销各类酒水饮料、冰淇淋圣代等，并为客人着想，令客人满意。

4. 应变调整要求

遇事冷静清醒、积极应对，快速应变、减小影响。特别是醉酒客人的处理。

### 五、岗位职责

（1）营业前后酒吧的环境卫生清洁工作。

（2）与调酒员共同做好营业前的各项准备工作。

(3) 规范迅速地为客人提供各类酒水饮料等服务工作。

(4) 从客人的角度出发向客人推销各类酒店产品，令客人满意。

## 六、工作器具

托盘、笔、酒水单、酒水订单、杯垫、开瓶器、打火机、服务巾、冰桶、冰夹等。

## 七、内容

(1) 做好营业前的各项准备工作。

(2) 欢迎问候客人，拉椅让座，填写酒水订单。

(3) 从客人的角度出发积极地向客人推销各类酒水饮料，或酒店其他产品。

(4) 规范迅速地为客人提供各类酒水、饮料、小吃等的服务工作。

(5) 提供巡台服务，随时为客人添加饮品、撤换器具。

(6) 为客人提供开瓶服务，并说明是否另外收取开瓶费。

(7) 对各类酒水、饮料的名称、价格、产地等要有一定的了解，并主动向调酒员学习熟悉。

(8) 为客人提供准确无误的结账服务。

(9) 及时收整走客台，为下次迎客服务做准备。

## 八、实习工作程序、标准、要求

### (一) 酒台酒单摆设

(1) 检查酒台是否平稳。

(2) 酒台铺上干净完好的台布。

(3) 摆上花瓶、烟灰缸、烛台。

(4) 将干净完好、插上酒单的台卡放在酒台中心显眼处。

### (二) 填写酒水订单

(1) 准备足量完好无污渍的酒水单、笔、酒水订单。

(2) 为客人拉椅让座，注意女士优先。

(3) 打开酒水单第一页，从客人右侧递上。

(4) 询问客人是否可以点单。

(5) 将客人所点酒水、饮料准确清晰地记录下来。

(6) 适时向客人推销酒水饮料。

(7) 问清并记录客人的个性喜好要求。

(8) 最好在客人确定后再复述一遍。

(9) 请客人稍等，迅速送单至吧台、收银台。

### (三) 送上酒水饮料

(1) 用托盘将客人所点酒水饮料送至台边。

(2) 从客人右侧上杯垫和酒水饮料，先女后男、先宾后主。

（3）制作时间较长时要向客人说明，请客人稍候。

**（四）添加酒水饮料**

（1）随时巡台，注意客人的饮用情况。

（2）记清几号台客人需要添加何种规定可以添加的酒水饮料。

（3）分类添加，一定要看清楚。

（4）对于不能添加的，适时询问客人是否还需再开单点用。

**（五）撤换烟灰缸、烛台**

随时巡台，注意客人的烟灰缸中是否有 3 个烟头，蜡烛是否即将熄灭。

**（六）为客结账服务**

1. 无论客人采取何种方式结账，都应准确无误。

2. 礼貌送客，欢迎再来。

# 第六节　订餐员、送餐员

## 一、实习部门

餐饮部下属餐厅。

## 二、岗位设置

（1）直属上级——餐厅值班经理或主管。

（2）协作人员——值班厨师等。

## 三、主要业务

为客人订餐并及时送至客人手上。

## 四、素质要求

1. 基本素质要求

制服干净整洁无破损，仪容仪表符合要求，讲究礼节礼貌。

2. 语言沟通要求

至少能用一种以上的语言与客人沟通，熟悉掌握规定菜肴酒水的价格、产地、分量等；适时向客人做好推销。

3. 器具保养要求

善于保养维修各类服务器皿、器具及设施设备，记得回收餐具。

4. 应变调整要求

遇事冷静清醒、积极应对，快速应变、减小影响。

## 五、岗位职责

(1) 做好岗位清洁整理工作。
(2) 检查订餐单是否无污渍、破损；是否有增减和变动。
(3) 检查订餐电话线路是否通畅。
(4) 检查送餐车是否完好灵活。
(5) 至少能用一种以上的语言与客人沟通。
(6) 熟悉掌握规定菜肴酒水的价格、产地、分量等。
(7) 适时向客人做好推销。
(8) 礼貌送餐，拿出事先写好的账单请客人付费或记账找赎。
(9) 告知客人酒店收餐具的规定时间和要求，准时收回餐具。

## 六、工作器具

电话、送餐车、开瓶器、笔、保温箱等。

## 七、实习工作内容

(1) 提前到岗，做好岗位清洁整理工作。
(2) 认真做好交接班，阅读工作记录本。
(3) 检查送餐车是否完好灵活。
(4) 检查订餐电话线路是否通畅。
(5) 熟悉掌握规定菜肴酒水的价格、产地、分量等；适时向客人做好推销。
(6) 在规定时间内将客人所点菜肴酒水送至客人手中。
(7) 正确地为客人结账、找赎。
(8) 努力学习，掌握几种方言、外语，很顺利地与客人沟通。
(9) 告知客人酒店收餐具的规定时间和要求，准时收回餐具。

## 八、实习工作程序、标准、要求

### (一) 准备工作

整理清洁好订餐间，认真做好交接班，阅读工作记录本；查看客人是否有特殊要求。

### (二) 接受预订

(1) 对于客人的电话预订，应在三声内接听。
(2) 使用双语（普通话、英语）向客人问候，报单，与客人沟通。
(3) 按客人需求填单，确定后复述，补充客人的个人喜好，记下客人的姓名、房号。
(4) 告知客人所点的最终消费价格，还需等候时间。
(5) 将收取的客房门把手订单整理好，按时间顺序送餐。

### (三) 餐前准备

(1) 准备送餐器具，如送餐车等。

（2）将客人所点酒水饮料、台布餐巾装车。

（3）准备好账单和找赎。

（4）为送餐做好仪容仪表准备。

**（四）检查核对**

（1）检查菜肴酒水饮料的数量、质量是否符合要求。

（2）检查是否在规定时间内完成。

（3）再次检查台布餐巾、仪容仪表。

（4）若有重要客人，则值班经理或主管同去。

**（五）送餐客房**

（1）电话告知客人送餐员已出发，估计多长时间可到。

（2）送餐员走专用通道、电梯到客房。

（3）注意送餐途中，保持平稳，尽量不让汤汁饮品溢出。

（4）送餐员到房间门口后，先核对房号，按门铃报："RoomService。"退后一步等客人开门。

**（六）结账找赎**

（1）在客人开门时问候客人，称呼询问客人是否点餐。

（2）得到客人肯定后，将餐车推入，所有菜肴酒水规范地放在客人指定的地方。

（3）向客人出示账单，询问客人使用现金或签房单、信用卡等方式结账。

（4）按相关要求、方法迅速准确地为客人结账。

（5）告知客人酒店收餐具的规定时间和要求。

**（七）回收餐具**

（1）在指定时间电话询问客人用餐是否愉快，是否可上门收餐具。

（2）告诉客人大概多长时间可到。

（3）按门铃经客人允许后清点餐具收回。

（4）特殊情况请客人将餐具摆在楼层的指定地点。

**（八）清理结束**

（1）注释记录，写清送餐与收餐的时间。

（2）将客人所签房单交总台结账。

（3）清点餐具，送洗碗间，清洁送餐器具。

## 复习思考题

1. 叙述迎宾员应具备的素质。
2. 详述值台员的岗位职责。
3. 什么是传菜员?
4. 酒吧服务员与调酒员有什么不同?
5. 如何为客人提供西餐酒水服务?

## 案例分析题

1. 中午的餐厅高朋满座，欢声笑语。突然，从角落传出急剧推拉椅子的声音。过了一会儿，就见两位客人拉拉扯扯地一路向楼梯走去，一边还在争吵不休。其中一位客人将手中的酒杯用力往地上砸去，霎时玻璃渣四溅且蹦得老高。有几片还击中了天花板的吊灯灯罩，更多的玻璃渣飞溅下来，空气中弥漫着灰尘。

在这种情况下，坐在灯下的一桌客人声称："不换菜，不付账。"

提问：(1) 值台员是否有失职之处?

(2) 客人的要求是否过分?

2. 在某酒店，客人告诉值台员，炒丝瓜时请不要放辣椒。因为客人是江南人士，惯于吃甜食。结果传菜员传出时，却放了红红的辣椒。客人要求重来一份，却依然照旧。客人生气地将现金留下就离开了餐厅。

提问：问题出在哪里?如何解决?

## 操作训练

布置餐厅操作场景，按迎宾员、值台服务员、传菜员、酒吧服务员等岗位模拟训练。

# 附录 1：中西餐服务常用英语

1. Good morning (afternoon, evening), sir/madam. 早上好（下午好，晚上好），先生/夫人。

2. Glad to meet you. 很高兴见到你。

3. Welcome to our restaurant. 欢迎光临（我们餐厅）。

4. Have a good time! 祝您过得愉快！

5. I hope you will enjoy your stay with us. 希望您在我们餐厅过得愉快。

6. Goodmorning (afternoon, evening)。××restaurant, can/may I help you? 早上好（下午好，晚上好）。××餐厅，请问我能为您做些什么？

7. I beg your pardon? 对不起，请再说一遍好吗？

8. Would you mind repeating, please? 请您重复一遍好吗？

9. It's very kind ofyou. 您真客气 。

10. You are welcome. /Not at all. /Don't mention it. 不用谢。

11. It's my pleasure. /With pleasure. /My pleasure. 非常愿意为您效劳。

12. I'm at your service. 乐意为您效劳。

13. At your service sir/madam 愿意为您效劳，先生/夫人。

14. Excuseme. 打扰/对不起。

15. I'm sorry. It's my fault. 很抱歉，这是我的错。

16. Sorry to have kept you waiting. 抱歉让您久等。

17. Sorry to interrupt you. 对不起，打扰您。

18. I'm sorry about this. 我为此感到很抱歉。

19. I apologize for this. 我为此感到很抱歉。

20. That's all right. 没关系。

21. What can I do for you. 请问我能为您做些什么？

22. Would you like...? 您喜欢（愿意）吗？

23. Just a moment, please. 请稍等。

24. Yes, of course. /Certainly. 当然可以。

25. Do you have/make are servation with us? 请问有预订吗？

26. May I have your name, please? 请问您贵姓？

27. How many people do you have? 请问一起有几位？

28. How many persons in your part? 请问一起有几位？

29. A table for××，sir/madam? 一张××人桌，先生/夫人？

30. I'msorry，there's no vacancy at this moment. 对不起，现在没有空位。

31. I'm sorry，butwe are fully booked this evening. 对不起，今晚我们都预订满了。

32. I'm sorry. We are rather full. 对不起真的客满。

33. May I sugguestour ××Restaurant over there? 我能向您介绍我们这边的××餐厅吗？

34. I'm sorry. Butcould you please waitfor a few minutes? 对不起，您能等几分钟吗？

35. Would you care to wait for a moment in the rest zone? We will accommodate you as soon as possible. 您愿意在休息处稍等片刻吗？我们一有空位就安排您入座。

36. Please take a seat. Here are the menu and winelists. Please have a look at it first. 请坐，这是菜单和酒水单，请您先看一下。

37. Do you smoke? 请问您吸烟吗？

38. We might be able to seat you in ××minutes. 我们能在××分钟后安排您入坐。

39. This way，please. 这边走。

40. Please follow me. 请跟我来。

41. How about this table over here? 这张桌子怎么样？

42. How will that table at the corner do? 那边角落的餐桌如何？

43. How will that table by the window? 窗边的餐桌如何？

44. Will this table all right? 这张桌子怎么样？

45. Please don't smoke here. 请不要在此吸烟。

46. Which kind of tea do you perfer? We have/serve blake tea，green tea，Oolong tea and Puer tea. 请问您喜欢哪种茶？我们有红茶、绿茶、乌龙茶和普洱茶。

47. Would you like to have an aperitif first? 请问您想先来点开胃酒吗？

48. Would you like something to drink? 您想喝点什么？

49. Would you like any drink? 您想喝点什么？

50. Would you care for a drink before ordering? 在点菜前您想先喝点什么？

51. Would you like to order now? 您现在可以点菜吗？

52. May Itake your order? 您现在可以点菜吗？

53. Are you ready to order? 您现在可以点菜吗？

54. Have you decided on something? 您想好要点些什么吗？

55. Whatwillyou have? 您要点什么？

56. Whatwould you take? 您要点什么？

57. Have you chosen anything? 您要点什么？

58. Whatwould you like to have? 您要点什么？

59. Which soup would you like? 您喜欢喝什么汤？

60. Which soup do you prefer，the plain or the cream soup? 您喜欢喝什么汤？清汤还是浓汤？

61. What meat will you have? 您吃点什么肉?

62. Entrée，sir? 主菜要点什么?

63. Willyou have them with your entrée? 和主菜一起上吗?

64. Today's special is ...今天的特别推荐是……

65. We have some very good ×× tonight would you like some? 今晚我们有一些很好的 ×× 你想要吗?

66. ××is rather tasty，would you want to have a try? ××的味道真的不错，来点试试?

67. How about this...? 这个如何?

68. The main ingred ints of this dish are...这个菜的主要配料是……

69. How would you like it cook? 您喜欢怎样的烹调?

70. How would you like your steak ? Rare，medium or well done? 您喜欢什么样的牛排? 三分熟，五分熟还是全熟?

71. Will you have it well done or under done? 您要熟一点的，还是生一点的?

72. I'm sorry. That dish is out of order now. 对不起 ，这道菜已经卖完了。

73. Sorry，It has been sold out. 对不起 ，这道菜已经卖完了。

74. I'm sorry，this is not available right now，it's out of season. 对不起，现在没有这种菜，已经过季了。

75. I'm sorry. But fresh ××is out of season，how about canned? 对不起，现在的季节新鲜的××已经没有了，听装的怎么样?

76. It's not on our menu ，but I 'll check to see if we can prepare it for you. 我们菜单上没有这道菜。但我查查看能否为您准备。

77. This will take about 20 minutes to prepare. 这菜需要 20 分钟准备时间。

78 . It take a rather long time to prepare this dish ，can you wait? 这菜需要很长的烹饪时间，您愿意等吗?

79 . Do you want any desert? 需要甜点吗?

80 . What would you take for desert? 需要甜点吗?

81 . Any desert or fruits? 要不要甜点或水果?

82 . Coffee or something? 要咖啡或其他什么吗?

83 . Anything more? 还要些什么吗?

84 . Will there be anything else ，sir? 还要点别的什么吗? 先生。

85. It everything all right? 可以了吗?（还要点别的什么吗?）

86. Just take your time. 请稍等/慢慢来。

87. I hope you have a good appetite. 祝您好胃口。

88. Would you mind serving now? 现在服务好吗?

89. Please try this champagne/red wine. 请试试这种香槟/红酒。

90. Are you used to chopsticks? 您习惯用筷子吗?

91. What kind of dressing do you want to your salad? 您的色拉跟什么汁?

92 . With ice or straight up? 加冰还是纯饮？

93 . How do you like your tea , with milk and sugar? 您要喝什么样的茶？加牛奶和糖吗？

94. Excuse me. May I take the plate away? 对不起，我可以把这个盘子拿走吗？

95. Please be careful. 请当心。

96. Some more tea? 再添点茶？

97. Would you like a high chair for the baby? 需要给婴儿加个高椅吗？

98. This restaurant. Remains open until 11 pm. 这餐厅一直开到晚上 11 点。

99. How would you like to have your bill? A bill for both or a bill for each? 请问分单结账还是合单结账。

100. Here your bill , please have a check on it. 这是您的账单，请核对。

101. With this be separate checks? 分单结账吗？

102. Make out two chits? 分两单结账吗？

103. The service charge included. 服务费包括在内。

104. Your change , sir. 您的找零，先生。

105. How would you like to pay for it ? 您准备用何种方式结账？

106. Please sign here. 请在这签名。

107. Would you show me your welcome card? 请出示您的欢迎卡。

108. I am sorry , but we can 't accept ××cradicards. 对不起，我们这不收××信用卡。

109. Excuse me , would you please print your name and room number? 请签上您的姓名和房号好吗？

110. Please don't leave anything behind. 请别遗忘了您的东西。

111. Thank you for coming. Hope you 'd come again. 谢谢惠顾。希望您再次光临。

112. Good bey and hope to see you again. 再见，希望您再次光临。

113. Good morning (afternoon , evening) . Room service. May I help you? 您好，客房送餐部。请问有什么需要吗？

114. Good morning ( afternoon , evening) . Room service. May I coming? 您好，客房送餐。我可以进来吗？

115. Where should I put it? 请问放在哪里？

116. Would you please sign the bill? 请签下单好吗？

117. Just feel free to call Room Service , we 're always at your service . Good bye. 如有需要请随时打电话给送餐部。再见。

118. What would you like to have? 请问喝点什么酒？

119. What wine would you like? 请问喝点什么酒？

120. What would you like to drink? 请问喝点什么酒？

121. What liquor do you prefer? 请问您喜欢什么？

122. What can I get you? 请问喝点什么酒？

123. May I pour you some wine? 再给您斟点，好吗？

124. May I refill your glass? 我给您斟满，好吗？
125. What brand? 什么牌子？
126. With soda or water? 加苏打还是水？
127. Would you like anything to go with your drink? 需要来点什么下酒吗？
128. I 'll be right back with your dricks. 酒马上就来。
129. Sorry , we don't serve × × here. 对不起，我们这没有。
130. I afaid we don't have it here. 对不起，我们这没有。
131. Would you like it with soda or ice cubes? 您喜欢加苏打还是冰块？

# 附录 2：餐厅服务员国家职业标准（摘录）

## 一、职业定义

为顾客安排座位、点配菜点，进行宴会设计、装饰、布置，提供就餐服务的人员。

## 二、职业等级

本职业共设五个等级，分别为：

初级（国家职业资格五级）；

中级（国家职业资格四级）；

高级（国家职业资格三级）；

技师（国家职业资格二级）；

高级技师（国家职业资格一级）。

## 三、职业守则

1. 热爱本职工作，忠于职守，对消费者高度负责。
2. 热忱服务，讲究服务质量，自觉钻研业务，紧跟社会发展的需要，不断开拓创新。
3. 树立为人民服务的思想，顾客至上。
4. 讲文明，讲礼貌，遵守国家法律及政策法规。

## 四、知识与技能要求

### （一）初级餐厅服务员

知识要求：

1. 具有初中文化程度或同等学历。
2. 了解餐厅服务接待知识，掌握不同年龄、职业、不同就餐目的的宾客的饮食要求。
3. 了解世界主要国家、地区和国内少数民族的风俗习惯、宗教信仰和饮食习俗。
4. 了解所供应的各种菜点的口味、烹调方法、制作过程及售价。
5. 了解所供应的各种酒类、饮料的名称、产地、特点及售价。
6. 了解销售过程中的各道手续及要求。
7. 懂得各种单据的使用和保管知识。
8. 了解食品营养卫生知识，熟悉《食品卫生法》。

9. 了解餐厅内常用布件、餐具、酒具和用具的使用以及分类保管知识。
10. 掌握托盘、摆台等技能所需的技术及动作要求。
11. 掌握散客和一般宴会的服务规程。
12. 掌握各种菜点、酒类、饮料的适用范围及食用方法。
13. 掌握各种菜点所需的佐料及其特点。
14. 具有服务心理学的基础知识。
15. 了解本岗位的职责、工作程序及工作标准。
16. 掌握安全使用电、煤气及消防设施的知识。
17. 了解餐厅内常用设备、工具的使用及保养知识。
18. 懂得基本化妆知识和一般社交礼仪、礼节。

技能要求：

1. 能准确规范地使用文明礼貌用语，热情规范地接待顾客，微笑服务。
2. 能耐心地向顾客介绍菜肴、食品，并将顾客所选菜肴、食品清楚准确地填入菜单。
3. 能运用不同的折叠技法独立完成20种以上的花形，形象逼真。
4. 餐巾花的选择、插放、摆设要协调、艺术。
5. 能按卫生要求整理托盘，达到无菌、整洁、美观、安全、方便服务的要求。
6. 能按规范装摆物品，码放整齐、合理，重量分布适宜。
7. 能选择合适的步伐端托到位。
8. 能根据客人就餐的人数选择适宜的餐台。
9. 按规范铺台布。
10. 按就餐的需要及摆台规范标准摆放餐、酒具。
11. 能准确、及时地向客人提供酒单。
12. 能根据酒（饮料）的种类选用适当的方法开启。
13. 能准确地选择斟酒的位置，采用标准姿态和正确程序为顾客斟酒。
14. 能做到斟酒量恰当，保证斟酒服务安全。
15. 能准确报出菜品名称。
16. 能介绍菜品特点。
17. 能介绍特殊菜品的食用方法。
18. 能采用正确的程序和规则上菜。
19. 上菜能规范摆放，保证操作安全。
20. 能按礼仪及卫生规范要求正确、及时地撤换就餐餐具、酒具、用具。
21. 能按就餐速度及时撤换餐台上的残菜。
22. 能根据客人用餐中餐巾、小毛巾的使用情况及时进行补充、撤换。
23. 收台后能及时撤换台布。

### （二）中级餐厅服务员

知识要求：

1.具有高中文化程度或同等学历。
2.熟悉某一菜系的特点及名菜、名点的制作过程和口味特点。

3.熟悉餐厅服务各项工作的工作流程，餐厅各岗位的设置、职责、人员配备及要求。
4.掌握餐厅布局知识。
5.具有促销和班组管理知识。
6.掌握餐厅内各项操作技能标准。
7.掌握高、中级宴会的服务知识和要求。
8.掌握餐厅所供应菜肴、点心、酒类和饮料的质量标准。
9.掌握与餐饮业相关的主要商品知识。
10.掌握各种佐料的配制及应用知识。

技能要求：

1. 能主动引客人入座，并热情服务。
2. 能主动介绍特色菜点，按顾客的要求编配团体餐菜单。
3. 能按不同的技法折叠 30 种以上的花形。
4. 能根据宴会的需要选择适宜的餐台，合理安排宴会餐台布局。
5. 能正确安排宴会的宾主桌次与座次。
6. 能够运用正确的方法开启特殊酒水。
7. 能够进行酒水日常保管。
8. 能够运用正确的方法进行宴会分菜服务。
9. 按鱼的不同品种及烹调方法，能独立完成各式整形鱼的分让服务。
10. 能对整鸡、整鸭及整体造型菜进行拆分服务，做到手法准确，动作利落，符合卫生要求和操作规范。
11. 正确配备餐、酒用具。
12. 能对使用后的餐、酒用具进行妥善保管。

### （三）高级餐厅服务员

知识要求：

1.具有高中以上文化程度或同等学历。
2.掌握消费心理学和服务心理学及国内外各种节日的知识。
3.掌握部分疾病患者的特殊饮食要求和食疗的基础知识。
4.有较丰富的烹饪基础知识，掌握主要菜系的风格及名菜、名点的制作过程和特点。
5.精通餐饮业管理知识，掌握市场营销及成本核算知识。
6.掌握各种类型宴会（包括鸡尾酒会、冷餐会）的设计和装饰能力。
7.掌握餐厅内常用空调、视听等设备的原理、使用及保养知识。
8.具有预防、判断和处理食物中毒的知识。
9.掌握与餐饮服务有关的法规、政策和制度。

技能要求：

1. 能够运用恰当的语言艺术，独立地接待服务中外就餐宾客。
2. 能独立布置宴会厅，达到规范、典雅、方便、实用的要求。
3. 能独立完成中、高档中餐宴会摆台操作。
4. 能独立完成中、高档西餐宴会摆台操作。

5. 能独立完成中、西餐宴会餐台插花。
6. 合理布置冷餐会、自助餐、茶话会、酒会餐台。
7. 能运用看、嗅、品的方法对酒水进行鉴别。
8. 能进行高档酒水和鸡尾酒斟倒服务。
9. 能够进行宴会名菜名点服务。
10. 根据茶的不同饮用方法进行茶艺服务。
11. 能够根据消费者的需求拟订符合营养要求的高档宴会菜单。
12. 能够运用正确的方法使用、保管高档餐具、酒具。
13. 能够合理安排人力、物力，组织经营销售。
14. 能够及时地将顾客的消费信息反馈给烹调师及有关人员。
15. 能够组织协调餐厅服务与其他各个环节的关系。
16. 具有一定的应变能力，能解决顾客提出的服务问题。
17. 能够对初、中级餐厅服务员进行培训指导。

# 参考文献


[1] 赵承金．现代饭店餐饮管理 [M]．大连：东北财经大学出版社，1999 年版．

[2] 姚小明．西餐管理员督导实务，广州：广东经济出版社，2003 年版．

[3] 庞雪华．餐厅服务，中国物资出版社，2001 年版．

[4] 李勇平．餐饮服务与管理，大连：东北财经大学出版社，2002 年版．

[5] 郑昌江．现代餐饮经营管理基础，大连：东北财经大学出版社，2003 年版．

[6] 郭敏文．餐饮部运行与管理，北京：旅游教育出版社，2003 年版．

[7] 陈锡畴．饭店服务与管理专业综合实习，高等教育出版社，2003 年版．

[8] 陈尧帝．餐饮服务培训教材，沈阳：辽宁科学技术出版社，2003 年版．

[9] 职业技能鉴定教材、职业技能鉴定指导编审委员会：《餐厅服务员》，北京：中国劳动出版社．

[10] 冯圆．饭店服务，西安：西北大学出版社，2002 年版．

[11] 黎洁，肖忠东．饭店管理概论，天津：南开大学出版社，2003 年版．